JN078338

レイプは本当に犯罪ですか？

Is Rape a Crime?

A Memoir, an Investigation, and a Manifesto

by Michelle Bowdler

Japanese translation rights arranged with
Michelle Bowdler c/o Wendy Sherman Associates,
Inc., New York, through Tuttle-Mori Agency, Inc., Tokyo

メアリー、ベン、ベッカに

残虐行為への通常人の反応はこれを意識から排除することである。社会の規約侵犯のあるものは声を出して語れないほど怖ろしい。これは「口に出せない」という言葉の意味である。残虐行為はしかし埋葬を拒否する。残虐行為を否認したい欲望と同程度に強力なのが〈否認はうまく働かないはずだ〉という確信である。民話は真相が語られるまで墓の中で休らうことを拒んでいる幽霊でいっぱいである。殺人はいつかバレる。怖ろしい事件の真相を回想し語ることは、被害者個人の快癒と社会秩序の回復との両者の前提である。

——ジュディス・ルイス・ハーマン『心的外傷と回復』（中井久夫訳）

「希望」は羽根を持つ存在で
魂のなかにとどまる

——エミリー・ディキンソン

レイプは本当に犯罪ですか？　目次

はじめに　9

第一部　回想　21

一章　夜　23

二章　警察　45

三章　危機　72

四章　仕事　102

五章　恩寵　121

六章　家　141

七章　告白　154

第二部　調査　169

八章　未検査　171

九章　不正義　180
十章　心的外傷　210
十一章　手紙　226
十二章　円卓会議　254
十三章　面会　293
十四章　結末　311

第三部
提言　345

注記　357
謝辞　358
寄稿　牧野雅子　363
原注　379

凡例

- 本書は以下の日本語訳です。Michelle Bowdler, *Is Rape a Crime?: A Memoir, an Investigation, and a Manifesto*（FLATIRON BOOKS, 2020）
- 原注は各章ごとの通し番号を［　］で行間に入れて巻末にまとめました。本文中の〔　〕は訳者による補足、傍点は原文の強調です。書体変更箇所も原文に準じました。外国語文献等からの引用は、既訳がある場合は参考にしながら訳出しましたが、既訳がない場合はすべて訳者による訳です。各章タイトルは著者の了承を得た上で独自に付したものです。
- 本書は著者の経験をもとに書かれており、具体的な性暴力被害に関する記述も多く含まれます。フラッシュバックやＰＴＳＤ（心的外傷後ストレス障害）を懸念される方、読んでいてつらくなった方は無理をせず、体調を優先してください。
- 「性暴力」と「性的暴行」の使い分けは原則、原書に従いました。本文にも登場するＲＡＩＮＮ（レイプ・虐待・近親姦全米ネットワーク）の定義によれば、「性暴力（sexual violence）」とは「性的暴行（sexual assault）」、「レイプ／強制性交等（rape）」、「性的虐待（exual abuse）」などの犯罪を指す、包括的で非法規的な用語です。「性的暴行」は、被害者の同意なしにおこなわれる性的接触や行動を指します（望まぬ性的接触、口腔性交や性行為の強要、レイプ未遂、被害者の身体への侵入など）。「レイプ」は性的暴行の一形態ですが、すべての性的暴行がレイプというわけではありません。レイプは、同意のない性的な侵入を含む法的な用語としてよく使われます（例えばＦＢＩは「被害者の同意なしに、膣や肛門に体の一部や物をどんなにわずかでも挿入すること、または口腔性交すること」と定義）。このように、「性暴力」にはさまざま形態がありますが、ひとつ確実なのは、決して被害者のせいではないということです。

はじめに

レイプは犯罪なのか？　面食らう質問だ。多くの人がきっぱりと「犯罪に決まっている」と答えるだろう。「いったいどういう質問？」と聞き返されるかもしれない。ところが、アメリカや世界でのレイプの扱われ方――捜査はろくにおこなわれず、軽んじられ、犯行が大目に見られる――を考えると、掘り下げなければならない問いだと言える。世界中で戦争兵器だとされているにもかかわらず、一方では確実に笑いをとれるネタとしてコメディ・クラブで語られるものが、ほかにあるだろうか？　アメリカでは、建前ではレイプは重罪（felony）ということになっているが、その証拠はしばしば黙殺され、被害者（victims）は自分が嘘をついていないと証明しなければならない。法執行機関（law enforcement）が有用なリソースの活用を渋る姿勢は、それ以外の重罪――証拠の分析や目撃者の事情聴取がおこなわれ、地方検事がすぐさま訴追し、犯人の逮捕や有罪判決がわずかな可能性以上ある犯罪――では見られない。ここで、一つの重大な矛盾が残る。訊かれれば、多くの人が、レイプは人間に起こりうる暴力のなかでもきわめておぞましいものだと同意するのに、なぜか社会レベルでは傍観に徹しているようで、通報され、捜査がおこなわれてもなお、たいしたことではないと軽んじられる現状がある。

レイプという犯罪は、落雷のように身を焼き尽くす。突然被害者に襲いかかり、殴り倒し、滅茶苦茶にする。それまで傷一つない存在だったのに、予期せぬ暴力に襲われた瞬間、その人の人生や身体は失われる。骨抜きにされた被害者がやっとのことで立ち上がると、疑り深い傍観者はほっとして、「生きていた！　生存者（サバイバー）だ！」と叫ぶが、被害者の内臓が焼き尽くされ、脳はどろどろのスクランブルエッグのようになっているとは思いもよらない。

被害者が内面に負う傷は、どんなものだろう？　時が経てば癒えるだろうか？　落雷によって激しく損傷した身体の傷は、医療の力で元通りになるだろうか？　ダメージの大半が他人には見えない状況で、被害者はどうやって生きていくのだろう？　傷をずっと残るしこりにするのではなく、治療してやわらかくほぐすには、どうすればいいのだろう？

これらの質問にしっかりと答えを出して、目をそらさないようにするためには、性暴力被害者の体験が軽んじられる状況にあって、私たちが果たしている役割を考えなければならない。不作為の共犯関係が生まれる大きな要因になっているのが、自分の弱さを守りたいという思いだ。問題から目をそむける姿勢の裏には、それがもたらす影響の全容が見通せない、強固な権力構造に歯向かう困難さがひそんでいる。こうした態度は、性暴力（sexual violence）への一般的な対応として私たちが受容できるものとはかけ離れている。被害者一人ひとりの物語を受け容れる余地をつくり、ありふれた体験だとされるものをより大きな視点から俯瞰しなくてはならない。つまり、レイプを犯罪とは認めない態度を改めることだ。そうしてようやく、社会におけるレイプへの取り組みを変えていくことができる。

私は読者に困難な作業を求めている――このような暴力犯罪（violent crimes）と徹底的に向き合い、私が語る物語に耳を傾け、性犯罪（sex crimes）の被害者に対する集団無視を汲み取ってほしい。困難な要求ではあるが、読者が耳を貸し、私たちに共通する喫緊の課題にかかわろうという気になってくれることを望んでいる。レイプがほかの重罪とは多くの点で扱われ方が違うことに気づき、意識を高め、変化を求めるようになってほしい。この重要な仕事を成し遂げるには、力を合わせる必要がある。一人の力ではどうにもならないのだ。

✢

「レイプカルチャー（rape culture）」という用語は、一九七〇年代半ばの第二派フェミニズムのなかで生まれたもので、米国で女性に対する暴力がはびこり、普通のことになっている状況を説明したものだ。[1] それから二十年経っても、その用語が表す問題は名前をつけただけでは解決されておらず、『レイプカルチャーを変える（*Transforming a Rape Cuture*）』（未邦訳）の編者は、それが「男性の性的な攻撃を奨励し、女性に対する暴力を支持する、複雑な信念の集合体であり（…）女性への身体的・精神的テロ行為を許容し（…）性暴力とはありふれた（…）避けがたいものだとみなしている」[2] と指摘する。今日、Me Too 運動や危機意識の高まった政治的な環境がレイプカルチャーを定義づけ、それがもたらす影響に対処し、変化をもたらそうと奮闘を続けている。数多くの書籍、エッセイ、印象的なスピーチがレイプカルチャーを主題として取り上げている。[3] 五十年以上もの月日をかけて問題視されているにもかかわらず、非常に手強く、被害者が受けるダメージが黙認されているレイプとは、いったい何なのだろう。数世紀前までは、女性に対する性犯罪は夫に対する犯罪だと考えられていた——つまり、彼らの所有物を傷つけたのであり、彼らの名誉の汚点というわけだ。[4] レイプとは間接的に男性をおびやかすものだという文脈では、レイプ犯罪（rape crime）は現代よりも深刻な問題として扱われることが多かった。性的暴行（sexual assault）、ハラスメント、権力乱用といったニュースの奔流に先鞭をつけたのが、活動家のタラナ・バークが始め、その後またたく間にハッシュタグで拡散したMe Too運動だ。それらの物語が明るみに出ると、おざなりな謝罪がおこなわれ、加害者（perpetrators）からの協力を得ることが約束されたた。しかし、反響は限定的なものにとどまった。有名無名にかかわらず、そのような振る舞いをした男性に何もおとがめがないのが当然であるのに対して、損害を申し立てた人たちは法外な代償を支払う羽目になっている。

米国第四十五代大統領〔ドナルド・トランプのこと〕に訊いてみるといい。

本書では、レイプを本来そうであるような重罪として認識し、しかるべく対処する重要性を論じるために、私自身の物語とあわせて、米国の刑事司法制度（criminal justice system）のレイプに対する姿勢についての研究も紹介する。レイプが犯罪として位置づけられないのは、被害者の圧倒的多数が女性、子ども、周縁的な存在である人たちであることと大いに関係がある。米国女性六人中一人が、そして男性では三十三人中一人が、一生のうちにレイプかレイプ未遂に遭遇する。[5] 本書では性的暴行の被害者に言及する際、通常は女性代名詞を用いるが、女性だという性自認がない人たちも性的暴行に遭遇しているという認識は欠かせない。トランスジェンダー、ジェンダークィア、ジェンダー・ノンコンフォーミング〔世の中のジェンダー規範に異議を唱える人のこと〕の大学生のうち性的暴行の被害に遭うのは二十一パーセントだが、シスジェンダー〔出生時に割り当てられた性別と性自認が一致する人のこと〕の女性では十八パーセント、男性では四パーセントにとどまっている。[6] また、有色人種の女性ほど性暴力を受けやすいという不均衡の存在にも触れておかなければなるまい。[7]

米国におけるレイプ犯罪への反応は、人種と人種差別によって数世紀かけてつくられたものだ。この国では、白人男性が黒人奴隷の女性をレイプするのは法律上不可能だったが、それは、その行為が「犯罪ではない」とされていたからだ。[8] 対照的に、白人女性をレイプしたとして告発された黒人奴隷の男性には死が待ち受けており、しばしば裁判を待たずにリンチされたり去勢されたりした。[9] 全米冤罪事件データベース（National Registry on Exonerations）が示した研究によると、「性的暴行の罪で服役中の黒人受刑者が無実である可能性は、白人の性的暴行を犯した受刑者と比べると三・五倍になる。[10] この国の構造的人種差別（systemic racism）の負の歴史は、社会のすみずみまで影響を及ぼしており、レイプカルチャーの定義や分析をする際は人種偏見（racial bias）の影響を考慮しなければならない。司法の世界では、事件が公判にかけられるかどうか、有罪判決が出る可能性、判決の重さ、司法取引の有無に人種差別が影響を及ぼしている。[11]

すでに世界有数の収監率の高さを誇るこの国で、さらに収監数を増やし、長期刑を宣告すべきだと言っているわけではない。[12] だが、レイプの長年のサバイバーである私には、その犯罪がサバイバーに一生にわたって及ぼす影響と、それが社会、とりわけ刑事司法制度にまともに扱われる度合いとのあいだに著しい落差が存在することが身にしみてわかっている。私が問題視するのはその落差だ。

直近十年間のデータによると、あらゆるレイプのうち通報されたのは約二十五パーセントだが、強盗、脅迫、暴行といった犯罪の場合は六十パーセントが通報されている。[13]「レイプ・虐待・近親姦全米ネットワーク(Rape and Incest National Network: RAINN)」は連邦政府のデータ[14]を合わせて、レイプ千件につき二百三十件が通報されるという数字を出した。そのうち逮捕に至るのは四十六件、起訴されるのは九件、重罪判決が下るのは五件だ。通報されたすべてのレイプ事件(rape cases)のうち、法廷まで到達するのはわずか四パーセントであり、それはレイプ千件あたり一パーセント。有罪判決や服役につながるのは、通報されたレイプのうち二パーセント、レイプ千件あたりわずか〇・五パーセントということになる。最近のデータは、レイプの通報数の急増を示している——二〇一七年に四十パーセントだったが、二〇一八年にはまた下がって二十五パーセントになった。[15] USニューズ・アンド・ワールドレポート誌に掲載されたある記事は、被害者が安心して名乗り出られるようになったのは Me Too 運動が影響を及ぼしている可能性があると推測しているが、それにともなって事件の扱われ方も変化する見込みがあるかどうかを判断するには時期尚早だとしている。その記事で発言が引用された社会学教授のカレン・ワイスは、通報件数が増加したのは、被害者が司法システムをより信頼するようになったからではなく、「自分たちの声を伝える能力に自信が持てるようになった」[16]からだとしている。レイプ被害者は現在でも決まってまともに取り合ってはもらえない。最初はレイピストにやめるよう懇願し、次に法執行機関に正義を追求する手助けをしてほしいとすがるのだが、その訴えの大半は黙殺される。

数々の研究が試算するところによると、レイプの訴えの二から八パーセントが虚偽(false)であるだとか、事実無根(baseless)だとみなされている。[17]だが、この数字の意味するところを正確に問わなければならない。この数字は、レイプの通報を受けた刑事が判断した結果なのだ。多くの警察署が、「特例として解決済み(exceptionally cleared)」だとか「証拠不充分(unfounded)」という、レイプの申し立てを却下するための区分を設けている。[18]「特例として解決済み」とは、捜査がおこなわれたものの、一定の基準により解決済みとされるケースだ——例えば、目撃者の協力が得られないだとか、加害者が死亡しているという場合がこれに当たる。だが、この区分を根拠に、地方検事がうまく訴追に持ち込めないと判断したり、警官が捜査のさらなる進展を待たずに事件として成立しないと判断したりしかねない。レイプ事件における「証拠不充分」という用語は、その事件が虚偽や事実無根だと警官が判断するのに使われるとされる。このレッテルはしばしば捜査開始前に適用され、法執行機関による「事件の解決率(solve rates)」を実際よりも人工的に押し上げている。[19]二〇一九年、ピッツバーグ市はレイプ事件の約三分の一が証拠不充分と判断した。[20]アリゾナ州スコッツデール、カリフォルニア州オクスナードでは、二〇〇九年から二〇一四年にかけて通報されたレイプの約半数が証拠不充分のカテゴリに分類されたという。[21] さらに憂慮すべきは、事件がそのように却下された場合、被害者が虚偽の通報で告発されるリスクを負うということだ――これが、被害者が法執行機関を頼るのを妨げるさらなる要因となっている。[22] このような区分システム（classification system）に対して、私たちは疑問を抱くべきだ。というのもこれは、虚偽の通報の割合が実際は低いことを示すデータとは真逆の事態を示しているからだ。被害者が真実を述べているかどうかが最初に問われ、その推定が事実に裏づけられるものなのかを判断する捜査がその後おこなわれない犯罪など、ほかにあるだろうか。

レイプキットによる検査を受け、性的暴行の被害を正式に申し立てようとする場合、それは誰が考えても気分の良い行為ではない。ほかに選択肢があるなら、人間は進んで性的凌辱（sexual humiliation）や想像を絶する暴力について細かに説明したりしない。にもかかわらず、私たちが日常的に使う言葉に「彼はああ言った、彼女はこう言った（he said, she said）」という〔水掛け論を意味する〕フレーズが出てくるという事実――まるで女性が性的暴行について嘘を言っているとばかりに――それ自体が、この犯罪の社会における位置づけを伝えている。

この国では、レイプは残忍な暴力犯罪ではなく、室内ゲーム（parlor game）として扱われる。つまり、女性を誘う男性の言葉がけ、セックスの後悔、軽蔑しきった恋人に対する復讐（リヴェンジ）というわけだ。州や連邦政府の政治家たちはしばしば、次のようなおぞましい言葉を口にする。「レイプというのは天気みたいなものだ。避けられないものであれば、リラックスして楽しめばいい」「女性に（中絶する権利が）あるのなら、男性がその強い腕力でもって女性を自由にレイプして何が悪い？　少なくとも、レイピストが性的自由を追求しても、（多くの場合は）そのせいで誰かが死ぬわけではないのだから」[23]「なんだってできる（…）プッシー〔女性器の俗称〕をわしづかみにだって」[24]。これらはレイプを暴力行為だと認めない言語道断な発言の長いリストから抜き出した、ほんの数例だ。レイプというのは、不発に終わったゲームか、起こったとしても深刻ではないとされるゲームらしい。被害者は不安定で信用できない人物で、注目や金を集めるのが狙いで、レイピストの人生を破壊しようとしているだとか、加害者の信用を落とすための巧妙に仕組まれた政治的陰謀に加担しているのかもしれないとされる。そのほとんどが功を奏した試しがないとは、お笑い草だが。

私たちが経験したことはたいして深刻ではないのだと冷静に結論づける人たちばかりの環境で、被害者はどうやって生き延びたらいいのだろう。

✣

乱暴に家に押し入られて性的暴行を受け、その後まともに仕事ができなくなるほどの恐怖を味わってから二十年の歳月が流れたのち、暴力の記憶と恐怖が舞い戻ってきた。私が暴行を受けたのは二十年前のことだとわかってはいても、頭と身体がうまくつながらず、ほぼ毎日、喉元にまだナイフを突きつけられているような気がした。今にもナイフが突き立てられるのではないかと恐怖を感じ、静かにしていても心臓が激しく鼓動した。さいわい、優秀なトラウマ専門家が何人も開業しているボストンに住んでいたので、助けを得ることができ、自分は独りではないのだと、自分の経験は特殊なものではまったくないのだと理解できるようになった。恐怖の瞬間に圧倒されすぎて、感じることができずに未処理のままになっていた記憶はどこかに押しやられる。それは、寛解状態の癌のようなものだ——姿を消しても、思いもよらない時期に再発する機をうかがっている。

　臨時雇用の仕事をなんとかこなし、ちょっとでもまともな仕事にいつか復帰できるという希望にすがろうとしていた数年間を経て、私は公衆衛生（public health）の分野でやりがいのある仕事を見つけた。その後、ハーバード大学で修士号を取得して、ある大学で健康と福祉部門の責任者としての職に就いたが、当時は性暴力被害者への大学側の対応が新聞のトップ記事になっていた。若い人たちが性暴力の体験に苦しむだけでなく、信じてもらえず友人たちから仲間外れにされ、学業を続けられなくなる二次的苦痛（secondary pain）を味わう姿を毎日のように目の当たりにしていた。大半の大学には被害者のためのまともな救済措置がなく、性的にだらしないと責められた学生が申し開きできる機会もほとんどなかった。それから、マサチューセッツ州の鑑識部に一九八〇年代にまでさかのぼる未検査のＤＮＡサンプルが何万個も保管されているという記事を読んだ。私の未解決事件はどうなったのだろうと疑問が湧いた。そして、どこの街でもレイプキットが未検査のまま放置され、その数は膨大な量にのぼるということを知った。

古い記憶が身体に押し寄せてからというもの、私はとても忙しくなった。できるかぎり手を尽くして、レイプの証拠と申し立てがこの国でどう扱われているのかを調べた。気持ちを落ち着かせるために、自分の身に起こった出来事をよく理解するためにそうしたのだが、なぜ自分は孤独で、誰からも見えない存在になっているのかと不思議に思ったことがあり、今もそう思い続けている被害者たちの声を代弁するという目的もその後加わった。

ある日、しつこい記憶にさいなまれていた私に妻が言ったように、「あなたは狂ってなんかいない。狂っているのは、あなたが経験した出来事のほう」なのだ。あらゆる事実が逆の可能性を示していても、変化を起こせると私は信じなければならない。今度こそ、司法制度の是正につながると信じなければならない。そうでないと、あまりにつらすぎる。

だからこそ、自分の体験について、膨大な量のレイプの証拠が検査されず捜査もおこなわれない全国的状況について、その状況を長引かせている刑事司法制度の欠陥について、女性嫌悪（ミソジニー）の法律、政策、慣習が広く受け入れられていることについて、私は語るのだ。本書が伝えるのは、一人のレイプ被害者の体験であり、失業、解雇、心的外傷後ストレス（post-traumatic stress）、学業追究の断念、その他の形でレイプが長年にわたって及ぼす影響だ。性暴力が私の人生のあらゆる側面に広範で持続的な影響を及ぼしているのとは対照的に、レイプを通報した法執行機関の職員からはおざなりな反応しか得られていない。何年も経ってから支援者として活動を始め、全国規模でレイプ事件の対応改善を求めるようになったとき、私はボストン警察を再訪して、自分の事件の進展を確認した。そのとき、恐れていたことが現実のものとなった。

DNA解析技術が利用可能になり、レイプ捜査への予算も増えたにもかかわらず、私の事件にかかわる問題の核心については、現在に至るまでほとんど何も調査されていなかったのだ。あまりに多くの事件が捜査されずに放置されている状況では、被害者は、正義が自分たちの手の届かないところにあると思わざるをえない。

私の提言(マニフェスト)は、被害者が立ち上がるよう促すスローガンではなく、現在の社会通念を非難するものだ。それは、性的暴行を捜査して訴追するのが本来の仕事であるはずの法執行機関と、レイプが厳しい対応が必要となる破壊的な暴力犯罪ではないかのように語ることがあまりに多い政治家に、変化と責任を求める訴えだ。被害者が耐え忍んでいる犯罪への正義を求めにくくさせる性的暴行への無関心を、これ以上野放しにはしておけない。目に見える変化を起こそうとしなければならないが、欠陥だらけの世界ではなかなかうまくいかない。そんな常識を疑問視する、どんな声も大切だ。そうした声が、まだ多くのことを成さなければならないと気づかせてくれる。変化は任意ではない。なぜなら、それは暴力犯罪と、それを軽んじる社会によって蹂躙されている人たちの安全・権利・尊厳にかかわることだからだ。自由とは、今でも選ばれた少数にしか与えられない概念であって、自らの身体への権利とその主権はいまだに確保されていない。これから綴る物語によって、遠くにある力(パワー)を私たちが手に入れることに少しでも近づけたらと思う――それは、完全な合法性、尊重、法の下の平等な扱いを含む力、すなわち、手の届くところにあるはずだと私が信じてやまない力だ。

第一部

回想

A Memoir

今夜はきっと
どんな詩も役に立たない
——アドリエンヌ・リッチ

一章　夜

一九八四年

私はパトカーの後部座席に容疑者のように座っている。ボストンに夏が訪れた最初の夜。手錠をかけられたり、私が持つ権利について読み上げられたりはしていない。私は被害者であって、囚人ではないのだから。でも、今夜はそのどちらも大差ない。そして、それは生きているかぎりずっと変わらない。

私の両手両足首は赤くなり、あざだらけだが、これは背中で手足が電話コードでまとめられ、足首のところで縛られて、膝が反り返る形になっていたせいだ――こういう姿勢をロデオの馬乗りになぞらえて「ホグタイ（hog-tied）」と呼ぶということは知っていた。首筋には歯型がくっきりと残り、膣から肛門まで裂けている。それから約三十分後、これは初産の女性が経験する裂傷に近いものだと医師によって記録されることになる。そして今、私は救急救命室（Emergency Room：ＥＲ）に向かっているが、これからそこで数時間を過ごすことになる。向こうも私の受け入れを望んでいるはずだ。そんなのありえない、と私は思う。

これから傷口を縫合され、妊娠検査がおこなわれ、まだ防げる性感染症に対して抗生物質が投与されるだろう。一年後にＨＩＶ（ヒト免疫不全ウイルス）のことが知られるようになると〔一九八五年に米アトランタで第一回国際エイズ会議が開催された〕、もしかしたらあの二人の男から感染したかもしれないと、私は気が気でなくなるだろう。いかにも静注薬物を使っていそうな連中だったし、私はあのとき出血していたから。さらに数年後、勇気を振り絞ってエイズの検査を受けるときには、結果判明までが永遠のように感じられるだろう。その結果だけは、願いどおりになるのだが。

あとになって思い返すと、事件直後のこの段階は、ほんの序の口にすぎなかった。

「必要ありません」。妊娠検査について、私は言う。

「みなさんそう思うんですよ」。検査担当者が説明する。「これは基本的な検査ですから。何週間か経って妊娠が発覚したとき、検査を受けていなかったら、誰が父親かはっきりとわからないでしょう」

父親。まさか、そんな言葉が使われるなんて。ところが、それは法的に適切な用語だと知った。私が襲われた当時はほとんどの州でレイプによって「父親になった」男たちに、ほかの男親と同等の親権と面会権が与えられていた。二〇一二年までは三十一の州でそのような権利が認められていて、現在でもいくつかの州はその法律を改正していない[1]。つまり、レイプで妊娠した女性は「レイピストが子どもにかかわる申し立てを取り下げるのと引き換えに、刑事裁判を受ける法的権利をむざむざ放棄する」[2]しかない。わが国の法律の起草者によると、加害者は尊重されるべき権利を持った父親というわけだ。被害者自身とそのニーズ、そして権利は、そこまで尊重されていない。

✣

病院への移動はひっそりとおこなわれる。私はパトカーのなかを見回して、できるだけ静かにしている。ちょうど夜が明ける頃合いで、日が昇るにつれて周囲の冷たい鉄骨がゆっくりと輝き出し、黒から灰へと色がやわらいでいく。パトカーの前後は金属製の檻（おり）と防弾ガラスで仕切られている。警官に用があるときはどうやって知らせたらいいのだろう。目に入るのは、ハンドルを握る警官の禿（は）げかけた頭と警帽から飛び出ている毛先だけ。ここにはさみがあったらいいのに。彼の相棒は髪を短いポニーテールにまとめている。制帽はかぶっていない。しきりと顔をこちらに向けて話しかけてくるのだが、聞き取れるのは声の調子だけで、何を言っているかまではわからない。少なくとも、優しい声で話している。私はずっと耳鳴りがしている。

その少し前、この二人の警官は、銃を手に私が住むアパートメントの建物に入ってきた。そして、向かいの住人の部屋の片隅で床に座り込んでいる私を発見した。私は自分の部屋から通報しようとしたのだが、電話コードがナイフで切断されて不通になっていた。それまで廊下の向かいの住人に会ったことはなかったし、ノックする私はさぞ恐ろしい姿だったはずだ。「電話をかけないといけないんです」。私はかすれた声でそう言いながら、招かれざる敷居をまたいだ。裸足のままで。髪の毛もぼさぼさだ。住人は何も尋ねず私を電話のところへ案内すると、さっさと自分たちの部屋に消えた。

私は見知らぬ部屋で、できるだけ小さくなろうとしていた。ほこりみたいに小さくなっていたら、警官も気づかずそっとしておいてくれるかもしれない。なぜ警察に通報したのか自分でもよくわからない。

お怪我はありませんか？　安全な状態ですか？　お名前は？

身体のどこかから「ミシェル」という声が聞こえてきて、びくっとする。なんだか呪いの言葉みたいだ。女性警官が銃をしまい、床に座り込んでいる私のかたわらに立つ。私は彼女の脚に寄りかかり、震え出す。そのとき、私が電話をかけたもう一人の相手、五区画離れた場所に住んでいる友人のローラが駆けつけてきた。ローラは到着するやいなや何かしゃべろうと口を開くが、言葉が出てこない。私は彼女の手を取って、アパートメントからパトカーまで一緒に移動する。せいぜい数メートルなのに、私の脚はまるで地球を半周したかのようだ。

パトカーの分厚いガラスを蹴ってちょっと騒いでみたら、警官は反応してくれるだろうか。自分が幽霊になったのではないかと不安になる。ローラは黙りこくったまま、目をきょろきょろ動かしている。赤いネルのナイトシャツのボタンを掛け違えているせいか、首のところをずっと引っ張っている。シャツの上に座り込んでいるからだ。ちょっとお尻を浮かせば楽になれるのに、ローラはそれに気づいていない。

私が死んでいるというのは、どうやらまったくありえる話らしい。数時間前に二人の男がベッドに突進してきて、うわずった声で話しかけてきてからというもの、そう考えるのがいちばん現実感がある。

動くな。ほかに誰か家にいるか？　これを顔に載せろ。しゃべるな。

おそらく彼らは、目隠しの布が顔にかけられる寸前に目に入ったナイフで、私を殺したのだろう。おそらく彼らは、布を喉の奥に突っ込み、きつく縛ったのではなく、それで私の首を絞めたのだろう。その夜のあいだずっと私は覚悟していた。そして実際にそういうことが起きて、死にゆくあいだに、さいわい意識だけは別の場所に抜け出したのだろう。

ひと言もしゃべらずに何が起きたか警官にわかってもらえるのなら、私はよろこんで自分の脳を差し出す。布で覆われた目に映るのは暗闇ばかりだったが、意識の奥底を探せば、記憶の断片ぐらいは掘り起こせるかもしれない。恐怖がきれいさっぱり流し去ってしまったどんな秘密を、どんな証拠を、私は握っている？

ふと、幽体離脱をしたような感覚に襲われた。青い光を点灯させたパトカーがサイレンを鳴らし、警官がカーチェイスさながらの運転をしているのを、私は高いところから眺めている。何をそんなに急いでいるの？

私たちを通すために、ほかの車が脇に寄る。周囲のすべてが静まり返っている。朝日に照らされたボストンの街は薄汚い。ゴミ箱はあふれ、歩道は煤(すす)でうっすらと覆われている。私は行き交う車の上を漂い、コモンウェルス・アベニューへと向かう早朝のTトレイン〔ボストンの地下鉄で地上を走ることもある」についてて行き、私の住む通りまでやってきた。アパートメントの一階の入り口には、犯行現場であることを示すテープが張られていて、その日の仕事に向かう近所の人たちがじろじろ見ている。

「何があったんだ」と言い合っているのだ。

目を閉じていても、パトカーの振動が身体に伝わる。すべてがぼやけている。眼鏡はどこかに行ってしまった。どうせ眼鏡なしではほとんど見えないのだから、あの男たちは目隠しなんかしなくてもよかったのに。おそらく、顔を見られていないとわかっていたからこそ命までは取らなかったのだろう。でも、見えなかったせいで、私はこの晩のことをほとんど何もわかっていないのではないかという気にすでになっている。見ていないのに、どうやって何が起きたかをちゃんと他人に説明できるのか？　視覚以外の感覚から得た情報にしか頼れないのに、どうやって警官があの二人組を見つけるのに協力できるのか？　混乱しているだとか、グルではないかとか、疑われるかもしれない。それが怖くて、私は自分が把握していることすら打ち明けるのをためらい、沈黙する。

今着ている服は変な感じがするが、やわらかくてあたたかい。レイピストが去ったあとで、私はなんとか手足のコードをほどき、床を這って眼鏡を探した。引き出しは空っぽにされ、棚の本はぶちまけられていた。裸の身体をくるめそうなものをつかんだ。それはタオルみたいな手触りで、夕食の野菜カレーのにおいがした。

眼鏡がどこかに落ちていますように。ナイトスタンドそばの狭い置き場所には見当たらない。

毎晩読書を終えると、最近買ったばかりの小さなデスクランプの脇に、グラス一杯の水と眼鏡を置くことにしていたのだ。今やナイトスタンドはひっくり返っている。眼鏡は今ごろフレームを踏んづけられてぺしゃんこになっているか、証拠として押収されているのだろう。新しい眼鏡をどこで入手すればいいのか、そのお金はどうすればいいのか、さっぱりわからない。

レイプはセックスではないと言われているが、そのおぞましいまねごとなのは間違いない。その晩自分の身に起きた出来事と向き合いはじめることすらできず、それは私の心に生々しく居座っている。どうすればいい？　大学一年のときから女性としか経験がないのに。女性と関係を持つなんて、最初は夢にも思っていなかったが、その後は私のアイデンティティになった。それ以前に男性との経験はほとんどなかった。キスぐらいなら何度かしたかもしれないし、身体を触り合ったこともあっただろう。それでもいつかは男性ともつき合うものだと思っていた。それは人生で一度は経験しておくべきことだと思えたから。でもこうなった以上、そんなふうには思えない。決定的だ。可能性のドアは固く閉じられた。これが身体もしくは口にペニスが侵入した最初で最後の経験となった。のちに、幸せな結婚生活を送り、それまでの人生の決断に満足しているにもかかわらず、私はこの喪失体験に苦しめられることになる。自分の意思とは関係なく、偶然と残虐さにより形づくられた何かが、成就しないままに奪われてしまった何かが、しこりとなって残っている。今では、男性経験はあるかと人に聞かれたときは、ただ「ない」とだけ答えることにしている。

私の身に起こったことは、果たして「拷問（torture）」だったと言えるだろうか？　加害者はすっかりくつろぎ、リラックスしていた。

そのうちの一人は、まるでデートの最中のようにふるまい、このまま泊まっていってもいいかと訊いてきた。

「もちろん」。私は頭のなかで、努めてそう答えるようにした。

✣

以前の恋人に電話して、マンハッタンから出てきてもらおうかと、ベス・イスラエル病院に到着する前から考えていた。彼女とセックスをすれば、起きたばかりの出来事のなぐさめや、私がまだ生きているという証（あかし）になるかもしれない。ものごとがはっきり考えられなくなっている。目を閉じて、真っ暗になるのを感じるたびに、そんな考えばかり浮かぶ。

パトカーが急に止まる。病院に着いたのだ。ＥＲは静まり返っている。ガラスの向こう側に待合室があって、誰も座っていない青いプラスチックの椅子が並んでいるのが見える。ローラはエンジンが止まらないうちからパトカーを飛び出した。病院のドアを全速力で通り抜ける彼女のあとを、私はとぼとぼ歩いた。両手両足にサンドバッグを提（さ）げているみたいだが、ローラを見失わないように力を込める。

「私が受付を済ませるから。あなたは警察の人といて」

パトカーのほうを振り返ると身がすくんだ。まだ裸だったかもしれない。そう思って身体の輪郭を叩き、肌が布で覆われているのを確認した。

行かないで。戻ってきて。ここにあの人たちと置き去りにしないで。

ローラは受付の女性に私の名前を伝えたが、別の人の受付が終わるまで待つように言われた。ほどなくその人が手招きした。「お名前を。それから保険証は?」ERの片隅に置かれたメラミン天板のちっぽけなデスクの向こうに、その女性は座っていた。

目の前の知らない人は無視して、私はローラに話しかける。「あっちで座ってる」。待合室のほうを手で示す。「何も持ってないから。何かしなきゃいけないことがあれば呼びにきて」。身につけているものがなんであれ、私はそれを引き寄せると、すぐそばの空席へと歩いていった。

ローラは必要な情報を伝え、申し分のない仕事をしてくれたに違いない。なぜなら今、私の目の前には手術着姿の人が立っているから。「これからあなたの検査をさせてください」。手を後ろで組みながら、彼女はそう言う。私に触れるのは重大なミスだと心得ているのだ。「今のところ、ERには男性医師しかいないようです。そういうことはたまにあります。それでもかまわないでしょうか?」私が答えないでいると、彼女が続ける。「よろこんで女性医師を呼び出しましょう。しばらくお待ちいただくかもしれませんが」

「待ちます」。私の声からは普段の申し訳なさが消えていた。

椅子のみすぼらしさと、窓から差し込む朝日に気をとられていた。もうみんな起き出すころだ。すぐに多くの人の知るところになるだろう。

名前が呼ばれると、ローラがさっと前に飛び出るついでに引っ張り上げてくれた。

「お友達も一緒にどうぞ」。看護師が言った。

私の心に何かが引っかかった。日が昇って、昨晩のままになっている蛮行の現場にルームメイトが足を踏み入れるところを思い浮かべる。アパートメントの電話が不通になっている今、どうやって彼女たちに連絡を取り、ショックをやわらげたらいいのだろう。「ローラ、あなたにはアパートメントに行って、彼女たちに会ってきてもらったほうがいいかも。私の眼鏡も探せるでしょう」

ローラはうなずく。でも動かない。「あなたと一緒にいる」

検査は何時間もかかるだろう。そして、レイプキットは正当な手順の一部として認められている。このときは知らなかったのだが、この証拠採取ツールは、その数年前に使用が開始されたばかりだった。一九七八年にシカゴのＥＲがはじめて導入したのを皮切りに、八〇年ごろには周辺地域の複数のＥＲで採用されていた。[3] ほどなく、ほかの都市部のＥＲでも使われるようになった。

レイプキットとはどんなものなのか、どんな形をしているのかと私は長年質問を受けてきた。簡単に言うと、レイプキットとは、性的暴行の被害者から集めた証拠を保存するための用具一式だ。被害者の身体は犯行現場であり、加害者の身元特定につながる生物学的特性（biological characteristics）、つまり貴重な証拠が残されている。検査は長時間に及び、痛みがともなう。完了するまでに四から六時間かかる場合も多い。それでも、訓練を受けた専門職が証拠を採取し、丁寧に取り扱うので、犯人や余罪の特定につながる可能性がある。

レイプキットは靴を入れる箱のような外見で、表面に検査がおこなわれた州の名前と〝RAPE EVIDENCE（レイプの証拠）〟というラベルが貼られたタイプのものがある。また、州によっては大型のマニラ封筒が使われ、こちらも適切なラベルがつけられる。そのなかには、いくつもの孔（あな）からＤＮＡを採取する清潔な綿棒、分析過程の管理書類、被害者から集めた物質（マテリアル）を保存する封筒、検査担当者が被害者の切傷やすり傷、その他の怪我の部位を記録するために使う、人の形をした紙が一枚入っている。

証拠の汚染を防ぐために、検査担当者は手袋をこまめに取り換え、手術着と手術帽を着用し、髪やひげを覆うネットをつけるよう指示される。すべての証拠が集まると、箱か封筒に納め、内容物が保全されていることを示すために幅広のテープで封をする。検査を受けた当人がレイプ被害を通報するかどうか決めかねている場合、キットは病院に保管される。それ以外は、証拠保全基準（chain-of-custody standards）に従って法執行機関に委（ゆだ）ねられ、裁判になった場合に備える。つまり、レイプキットの移送と、それに触れた人物の記録は各過程で慎重に管理されなければならない。記録がいい加減だったり、サンプルのラベル貼りが適当だったり、証拠を取り扱う資格のない者の手によって移送がおこなわれたりすると、ＤＮＡが一致した証拠の正当性（qualified）が裁判で問われかねないので、この基準は重要だ。

レイプキットが病院から新たな目的地へと旅立つと、被害者は望みを抱き、期待する――採取された証拠が即座に鑑識により分析されて、自分の身体中にＤＮＡを残していった人物もしくは連中が特定されるかもしれないと。犯罪ドラマでは、とにかくそういうことになっている。

レイプ被害者は、テレビドラマ『ロー&オーダー：性犯罪特捜班』のオリビア・ベンソン刑事のような「良い人」を思い浮かべて心の支えにするかもしれない。ベンソン刑事なら大急ぎで証拠を鑑識に送り、すでに着手している捜査の手を広げるだろう。それからほどなくレイピストが逮捕され、有罪判決を受ける展開を迎えて、物語は一件落着となる。だが、現実はテレビ番組の写し鏡ではない。そのような番組は、かえってレイプ被害者の申し立てがいつも真剣に捜査されているという誤った物語をつくり出すのに貢献している。

私がそのとき耐えようとしていた検査を担当するのは、性暴力被害者支援看護師（Sexual Assault Nurse Examiner: SANE）だ。一九七〇年代後半、レイプ被害者への対応基準が不充分だとして、一部の都市のER勤務の看護師たちによってSANEプログラムが開始された。[4]現在までにSANEの人数は増えたものの、全国規模では不足している。二〇一七年、ニューヨーク・タイムズ紙に、ある執筆者がこう書いている。「『女性に対する暴力防止法（Violence Against Women Act: VAWA）』は、レイプ被害者に性暴力検査を受ける権利を保障している。ところが、今いる居場所のせいで利用できなかったり、社会経済的な階級要因から手が届かなかったり、ジェンダーに対する暴力があまりに苛烈だったために検査を受けるタイミングが遅れるのなら、そんな権利があってもほとんど意味がない[5]」。SANEのいる施設に何時間もかけて移動できなかったり、SANEの到着に何時間もかかるため検査を断念したりする人は、裁判に訴えることを決心していても、訴追に持ち込むのは難しいと思うだろう。

性暴力被害者に適切なケアを提供するための訓練をおこなう医学大学院やレジデンシー〔医

師としての卒後研修〕も一部には存在するが、全国的には医学教育に組み込まれていない。[6] 二〇一七年に、トラウマ・インフォームド・ケア（Trauma Informed Care：ＴＩＣ）〔トラウマの知識とそれが及ぼす影響を理解した上でおこなわれる支援〕にかんする医学生と医師のためのオンライン・モジュールを医療専門家のグループが立ち上げたのだが、彼らによると、「そのような人たちに対して適切で思いやりのあるケアを提供するための訓練が、大半の医学大学院のカリキュラムに欠けている」[7]。トラウマを経験したサバイバーに対応するための知識は、サバイバーが生涯にわたって医療機関の受診に前向きになれるかどうかを左右する。ＴＩＣを教えているあるプライマリーケア医〔最初に受診するかかりつけ医〕が説明するように、「トラウマを体験した人には、医療機関や病院が恐ろしい体験になることがある。（…）力の差があるとわかっていること、服を脱ぐよう言われること、侵襲的検査を受けることなどによって、それ以前に起こった虐待の記憶がよみがえる可能性がある。そのために病院に行くことを不安がるようになったり、病院にいるあいだにフラッシュバックを経験したり、医療を避けたりするようになるかもしれない」[8]。ＴＩＣは、精神医学の分野で何年も前から取り上げられ、論じられてきたが、医学教育の統一基準になるには至っていない。

ローラと私は手招きする人についていく。手袋とマスクで身を固め、金属トレーを手にした人たちがひしめき合う狭苦しい検査室へと入る。検査担当者の女性が自己紹介をし、この先の手順を説明する。彼女は心のなかで気の毒に思っていることはおくびにも出さず、親切そうににっこり笑う。私が横たわる台の四方には、蛍光灯が煌々（こうこう）と灯り、身体のあざを浮かび上がらせ、証拠となるどんな小さな痕跡も見逃さない環境になっている。

私は爪の裏をこすり取られ、陰毛に櫛を入れられる。誰かが首の噛み跡の特徴を読み上げると、鉛筆を激しく動かす音が聞こえる。そこにいる人たちは私について話していて、身体のあちこちの部位に次は何をするかを指示されている。両脚は広げられたまま。蛍光灯の光から保護するために、両目は大きなラップアラウンド・サングラスで覆われている。私は再び自分の身体の上へと浮かび上がり、見知らぬ人たちを天井から見下ろした。されるがままになっている小柄な若い女性がそこにいる。彼女は両目を覆われ、短時間のあいだに二度も、ただのモノになったように感じている。

まだ何も知らない人たちは、真実を知ったらどんな反応をするだろう？ 戸惑って黙りこくる彼らの顔がまぶたの裏に浮かんだ。身体を覆うペーパーガウンはチクチクするし、部屋には十人以上いるのに、私は丸裸で、孤独だと感じている。ローラがどこかにいるはずだ。目をそらしているだろうか。ルームメイトのみんなは、どれだけ心配し、取り乱していることだろう。

私が服用する抗生物質の瓶をローラが受け取っている。「服用方法は瓶に書いてあるとおりです」と誰かが説明する。妊娠の可能性はないかと、別の人がもう一度尋ねてきたので、今度ははっきり答える。「いいえ。男性とつき合ったことはないですから。女性とだけです」。その答えに、検査担当者は心を痛めたようだ。急にもっと悪い出来事になったかのように、それは残念でしたと声をかけてくる。

彼女は、具体的に何がそんなに悲しいのだろう。襲ってきた連中はセクシュアリティを理由に私を標的にしたのではない。私はむしろ、もっとひどいことをされるのを恐れて、それを慎重に隠していた。それでもＬＧＢＴＱの人たちは、その周縁的な立場、高い貧困率、憎悪（ヘイト）を動機とする暴力のせいで、レイプや性的暴行を受けやすくなっていると数年後に知った。[9]私は見ず知らずの人たちに親近感を抱くようになった。権利を奪われた周縁的な集団を標的とした暴力の割合が高いと判明したのなら、偏見（バイアス）の存在を認めざるをえない。人種、セクシュアリティ、ジェンダーなどの共通項を持つ人たちに対して広くおこなわれる犯罪への法執行機関の反応には、顕著な差がある。『法執行機関の性的暴行および家庭内暴力への対応におけるジェンダー・バイアスの特定と予防（*Identifying and Preventing Gender Bias in Law Enforcement Response to Sexual Assault and Domestic Violence*）』のなかで、司法省は「法執行機関の職員が、女性やＬＧＢＴの人たちに対してはっきりとした偏見を持っていなくても、そのような人たちに対する職員個人の無意識の偏見が、性的暴行や家庭内暴力事件への効果的な対応をにぶらせる可能性がある」[10]と認めている。

　私はそのとき、身体中を櫛ですかれ、拭き取られ、法廷資料の一ページに描かれた裸の女性のシルエットにあざの位置を記録されていた。つつかれ、侵入され、山ほどの質問を投げかけられた。そして、採取された証拠を警察へ送るのを許可する書類にサインした。

　名前の書き方を思い出そうとするあいだ、手のなかにあるペンがずしりと重い。

「これでだいたい終わりです」。検査担当者が手袋を取りながら告げる。「裂傷がひどかったので縫合しましたが、一週間後に抜糸する必要があります」。彼女は顔をしかめ、首をかしげてこちらを見ている。私は彼女の優しさを受け取りたくなるのと同時にひっぱたいてやりたくなる。

あなたのことなんか知らない。早くして。同情なんか無用。その看護師が向ける顔つきは、私という存在を変えてしまうものだった。私はちっぽけで、何よりもまず、気の毒に思われる存在になったのだ。それから何年も、その晩のおぞましい一部始終を説明するたびに、同じ表情を目の当たりにすることになった。二人の男、ナイフ、目隠し、縛られて猿ぐつわを嚙まされたこと、真っ暗闇のなかで何度も犯されたこと、それが男性の身体に触れた唯一の経験だったこと。その表情には恐れと悲しみが入り混じり、私は一生それに苦しめられることになった。こんな物語とは無縁の人間にはもう戻れない。この物語をどこかに追い払うこともできなければ、それを聞いた人の表情も変えられない。ERで検査担当者の顔つきを目の当たりにした瞬間に、それを悟った。

私が求めているのは魔法のリセットボタンなのに、彼女はそんなものは持っていなさそうだ。その代わり、私はドーナツ状のクッションを手渡されて、痛むときはそれに座るよう言われる。受け取ったものの、彼女が見ていない隙にどこかに捨ててやれと思う。「ほかに何かありますか?」クッションを渡してくれた女性が尋ねる。「質問はありませんか? 私にできることはまだ何かありませんか? あらためて、本当にお気の毒でした」

「服はありませんか?」と私は尋ねる。彼女は隣に立っている人に何やらつぶやくと、その人はどこかに行き、折り畳まれたグレーのスウェットシャツとパンツを手に戻ってきた。ぶかぶかだが、着られるだろう。

「ここには落とし物保管室があって、衣服は洗濯してあるんですよ。必要な人に使ってもらえるように」。その女性が説明する。

「こちらを使ってください。どうぞ。今晩は静かですから。居たいだけ居ていただいてかまいませんよ」。そう言うやいなや、彼女はそそくさとその場をあとにする。

部屋が空っぽになり、ローラと二人きりになる。私たちは互いをじっと見つめたが、これからどうすればいいのか、どこに行けばいいのかわからない。

二人で座っていると、廊下から騒々しくこちらに向かう音が響いてきた。スニーカーの立てるキュッキュッという音。すべりやすいリノリウムの床をしっかり打ちつけながら進もうとする、男性の足音。ルームメイトのリースが、私を探して走りながら各部屋をのぞいているのだとすぐにわかった。彼女のボーイフレンドのグラントは、肩まである髪をセンター分けにした憂(うれ)いのある青い目の持ち主で、ひげのないイエス・キリストみたいだ。彼は取り乱して進むリースから少なくとも十五メートルほど遅れてやってきた。リースは私のいる部屋の前を何度か通り過ぎたが、私は彼女が去っていくのをそのまま見ていた。対面する前に、いくらか不安を振り払ってほしかった。それからまた彼女は行ってしまい、騒音が途絶える。優しげな声が聞こえる。リースが私の姿を認めて飛び上がらんばかりになる。「お嬢さん、友達はこちらですよ」。看護師がそう言うやいなや、来訪が告げられるのを待たずに、リースは看護師を押しやってくる。

「なんてこと。何ができることある？　どうしたらいい？　なぜあなたと一緒に家にいなかったんだろう」。リースの目にはあの看護師と同じものが浮かんでいたが、そこには愛と心配が混ざっていたから、私は立ち上がって彼女に向き合うことができた。「ハグしていい？」リースはそう言って、私を抱きしめる。

「あなたが家にいなくてよかった。あなたもいたら、連中はもっと怖がったはずでしょう？二人とも殺されていたかも。ちょっとしたことだけど、それだけはよろこびましょう」。両手に顔を埋めて泣きじゃくる彼女に私は語りかける。「私が正しいことを言っているって、わかるよね？」ローラとグラントはどちらもうつむき、床をじっと見つめている。

私はグラントに向き合った。「お願いがあるの。眼鏡がないとここから出られない。何も見えないから。部屋に戻って探してきてくれない？」グラントはうなずくとすぐに行ってしまったので、果たして本当にそこにいたのか疑わしくなるほどだった。

「目を閉じているあいだ、ここにいてくれる？」私はリースにお願いする。「何か処方されたと思うんだけど。眠りに落ちるまで一人にしないでほしい」。ローラが自分が座っていた椅子にかけるようリースに合図する。おかげで私は検査台の上で身体を伸ばすことができた。リースが検査用紙を一枚、毛布のように身体にかけてくれる。二人は話していたが、そのうちローラも急に出ていった。

しばらくして、グラントが眼鏡と、アパートメント近くの食堂「デリ・キング」の朝食を手に戻ってくる。「ベッドの下にあったよ」。そうリースにささやくと、ホイルに包んだ食べ物と一緒に眼鏡を私に手渡す。好物のスクランブルエッグではなく、目玉焼きだったので、私はまわりの白身やつけ合わせのポテト、ベーコン、トーストを食べるあいだ、半熟の黄身を破らないよう慎重になった。お腹が減っていることに自分でも驚く。そして、眼鏡をかけて周囲が見えるようになってようやく、恐怖に焦点が合う。全速力で走った直後のように、うまく息ができない。

グラントがいくつか情報を教えてくれる。アパートメントにはまだ警官がいて、ルームメイトたちも戻っている。家主は何が起きたかを告げられる。警察が話を聞きたがっている。原状復帰する許可はまだ出ていない。誰かが金物店に新しい電話コードを買いに向かったから、指紋採取が終わり次第、電話は使っていいと言われるだろう、とのこと。

「ぼくが電話をかけてあげられる人はいるかな？　ほかに何かできることは？」グラントがそう聞いてくれる。

だが、薄暗がりのなかで、私はうとうとしかけていた。握っているリースの手からはぬくもりが伝わってきた。身体は疲労に降伏していたし、かつて家だった場所に急いで戻りたいとも思えなかった。

✣

そんなわけで、ＥＲを出るとき、私のなかには真新しい危機が居座っていた。あの晩が、私の将来を一変させた。ほんの二十四時間前と比べて、キャリアや学業の中断、親密な関係の築きにくさ、薬物等への依存、不安、抑うつ、慢性的な症状をともなう心的外傷後ストレス障害(post-traumatic stress disorder: ＰＴＳＤ)のリスクがぐっと高まったのだ。[11] 落雷から生還できても、それが及ぼす影響の全容は、まだはっきりとわかっていなかった。

今のところ、身体に機能障害が出ているようだ。脳の情報処理もうまくできない。服用する薬を数種類受け取ったのに、瓶に書いてある文字を読んでも意味がわからない。そのうち家族や友達に何があったのか説明しなくてはならないが、自分でもまだ理解できていないことを説明するための言葉も持っていない。今夜はどこで寝たらいいのか、これから夜はどこで過ごせばいいのかわからない。仕事復帰の見通しも立たない。

友人たちは私を支えるためになんでもしてくれるだろう。でも、彼女たちだって、昨晩まで愛していた場所がもはや安全だと思えなくなり、一時的にホームレスの状態にある。犠牲者だと認定されている私を助けようとする一方で、彼女たちもまた精神的ショックを受けている。この事実は動かしがたい。身近な人が暴行を受けた。アパートメントが荒らされた。私物が踏みにじられ、ひっくり返され、持ち去られた——しかも、そのとき誰も家にいなかったのは偶然だった。もし彼女たち本人や愛する人が過去に性的暴行を受けていたら、今回の出来事は受け入れがたいだろう。被害に遭った友人の終わりのない要求に対処しながらも、一方では恐怖、罪悪感、それから安堵の気持ちが押し寄せていることだろう。苦しみつつ友人を助ける彼女たちにも、支援が必要だ。

二次受傷（secondary trauma）〔悲惨な体験をした人の話を聞いたり、その現場を目撃したりすることによって、自ら体験しなくてもPTSDの症状が出ること〕には特有の連鎖反応があり、不眠、悪夢、怒り、抑うつなどの形をとる。法執行機関の職員、精神科医療の従事者、医療関係者を対象にした研究で、それらの症状が、ケアを適切に提供したり、事態に対処したりする個人の能力に影響を及ぼすおそれがあることが判明した[12]。警官が希死念慮、抑うつ、PTSDを抱える割合は一般人よりも高く、助けを求めることを恥じる傾向もある。ニューヨーク市警の元警官が、PTSDが重大な決定に及ぼす影響について論じた文章で、「トラウマにつながる犯行の被害者や犯人と対峙する警官は、職務中に知った逸話やイメージから甚大な影響を受けるおそれがある[13]」と指摘している。二次受傷は、回避、いら立ち、その他多くの形で現れる。大切な人が自らが担当する被害者のように傷つけられるのではないか、そんな考えが頭から離れなくなるかもしれないし、過去に性的暴行を受けた人をその警官はすでに知っているかもしれない。この社会での性的暴行の蔓延ぶりを考えれば、その可能性は高い。トラウマの存在が認識されなければ、それにともなう行動の影響を受けるのは被害者だ。そしてその結果、被害者の法執行機関とのかかわりが否定的なものとなる。レイプ被害の申し立てを軽んじる態度には、法執行機関の職員の心理的トラウマが要因の一つとなっている可能性がある。だからといって、それはなんの口実にもならないが。

対処しなければならない現実的かつ感情的な問題が山積している上、トラウマ体験に圧倒されている被害者が、捜査を強く求めたり、刑事に説明を要求したりするのはなかなか難しい。

そもそもそれは被害者の仕事ではない。被害者は自分の身に起こったことを警察に打ち明け、生活の再建に取りかかるが、自分の申し立てに対して法執行機関が動いてくれると信じている。ところが多くのケースで、被害者の思うとおりに事は運ばない。私の場合もそうだったのだろう。

当時、私には警察を気にかける余裕がなかった。もちろん、さらなる犠牲者が出るのを防ぐために犯人を捕まえてほしいと思っていたが、日々の用事をこなすのが精一杯だったし、人生に次から次へと危機が訪れつつあったので、時間とエネルギーを使い果たしていた。その晩ERをあとにして、翌日警察と話をして、あとは待った。その後、警察からなんの音沙汰もないのは、私の家に侵入した男たちを捕まえようと全力を尽くしているが、思うように行かないからだろうと思っていた。

ずいぶん経ってからようやく、ボストン警察からまったく連絡がなく、気にかけている様子もないのをおかしいと思うようになった。事件から何年も経って、はじめてレイプのことを人に話すようになったとき、誰もが真っ先に質問したのが、男たちは捕まったのかということだ。私はその質問に驚き、それからなぜ自分は今までそういうことを訊いてみようと思わなかったのか不思議な気持ちになった。警察が私のためにしたこと、しなかったことが重大な要因となり、この人生を一変させる経験が私に深刻な影響を及ぼすまでになったのだということが、はっきりとわかってきた。

二章　警察

住居侵入があったその晩に警察に通報したので、担当の刑事が決まり、私の名前が表紙に記されたマニラフォルダが作成された。三十年後にそれを手にしたとき、私はその薄さを感じた。そこには「事件」への対応が記録され、集められた証拠が私の供述とともに保管されていた。当時、ボストン周辺では住居侵入やレイプが頻発しており、警察は事件解決のプレッシャーを受けていた。私は少し回復するまで待ってから担当刑事の事情聴取を受けることもできたが、そうしなかったのは、わが身に起こったことからほかの人を守らなければという危機感からだった。

一九九四年の国立司法研究所（National Institute of Justice）の報告書には、一部の都市で「特別捜査班（special units）」の設置が始まったと書かれている。レイプ被害者への対応改善と、「警察が性犯罪事件の解決に真摯に取り組んでいるというメッセージを地域に発信する」ために。報告書によれば、「特別捜査班の編成にかんして、法執行機関は具体的なガイドラインに沿っているわけではないようだ。それよりも、そのような組織構造が自分たちのニーズに合致する場合に、特別捜査班を設置する傾向がある」[1]

被害者のための特別捜査班を設置して、性犯罪の対応改善と解決に向けて法執行機関が熱心に取り組んでいるという地域向けのメッセージは、警官の訓練や捜査班の成果の評価法等の具体的な情報がなければ、ほとんど意味がない。通報した被害者の体験が改善されたり、情報収集を強化し、多数の性犯罪を捜査し、事件の解決数を伸ばしたりといった有効性を示す数値を達成する義務がないのなら、特別捜査班が設置されても、それは具体的な変化のための手段ではなく、広報戦略でしかないという印象を受ける。

✣

自宅で襲われてから二十四時間と経っていなかったが、もう何年もそこに住んでいないような気がした。リースと病院から戻ってすぐ、私は警察から使用許可が出たばかりの電話を使って、友人であり相談相手でもあるエミーに連絡した。彼女と最初に親しくなったのは大学時代で、彼女は私が住んでいた寮の責任者だった。私が二言、三言しゃべっただけで、「今すぐうちに来て、愛しいひと(スウィーティー)。そこから出るの。これからどうすればいいか、一緒に考えましょう」と彼女は言った。私はそのまま受話器を置いて、アパートメントを出た。部屋ではまだ警官が指紋採取をしている最中で、ルームメイトたちが目を見開き、私に話しかけたものかどうかと、うろうろ歩き回っていた。

「戻ってくるから」。私は彼女たちにそう告げるが、アパートメントの敷居を再びまたぐことはなかった。

　エミーの家に着くやいなや、彼女に抱きしめられる。私は肌にとげが突き刺さるような痛みを感じた。でも、レイプされる前から彼女には信頼を寄せていたので、誰かに触れられると嫌悪を覚えるようになった身体も、そのときばかりは例外として認めてくれたようだ。ハーバード・アベニューからオールストン・ストリートに入り、ブルックライン地区へと歩いた十五分のあいだに、アパートメントの誰かが彼女に電話をかけたようだ。刑事が二人やって来て、私の話を聞きたいと言っているらしい。「こっちに来させて」。エミーはそう伝えていた。「落ち着くために少し時間がほしいと言っておいて」と。

　そして今、エミーの家の居間で、私は刑事二人と向き合って座っている。「われわれが調書を取り終えたら、できるだけ早く署においでください」。一人の刑事が説明した。ダウンタウンにある警察署は、Tトレインでグリーン・ラインからオレンジ・ラインに乗り換え、通りに出れば到着する。手前にパトカーがずらりと並んだ、緑色の煉瓦(れんが)造りの建物を探せばいい。「ぜったいに見逃(ミス)しませんよ、お嬢さん(ミス)」。かすかに笑いながら刑事が言う。

　彼らは私の指紋を採取したいのだ。

「きっと役に立ちます」。別の刑事にそう言われて、私は胸に引っかかりを覚えた。いったいなんの役に立つのだろう？　そのときは、家に侵入した男たちを警察が捕まえるかどうかなんて、どうでもいいと思っていた。犯人が捕まったからといって、すべて帳消しになるわけではない。それでも、ひとまず指紋を採取してもらうことにした。彼らの態度から、有無を言わさず指示に従わなければならない空気が伝わってきたから。結局、今日も昨晩と同じなのだ。言うことを聞いていれば、命は助かる。今後しばらくは、それが私の生存戦略になるだろう。

刑事たちはまるで双子のようだ。どちらも太っていて、頭はクルーカットに短く刈り込んでいる。頭頂部が真っ平らだから、料理の皿を何枚か載せたトレーをそこに置いても何もこぼさずにいられそう。**この人たちは私を助けるために来たんだから。**なんとか自分に言い聞かせる。**チャンスをあげないと。**

椅子を勧めると、二人はちょっと体勢を整えて、張りぐるみのアンティークチェアにどかっと腰を下ろした。椅子は少なくとも百年前のものだ。去年の秋にエミーがアンティーク展で手に入れて、張り替えていた。「骨格がしっかりしてるから」――その椅子を私がはじめて目にしたとき、エミーが説明してくれた。「新しく張り替えたら曾孫の代まで使える」

コーヒーはどうかとエミーが尋ねる。二人ともうれしそうに、ぜひ、と答える。「レギュラーでお願いしますよ、奥さん。クリームと砂糖入りということですけどね」。刑事の一人が自分たちの好みを伝える。

「私はニューヨーク出身ですけど」とエミーが誇らしげに言う。「ニューイングランドに来て長いですから、それぐらい知ってますよ。でも正直なところ、おいしいブラックコーヒーを台無しにするものが〝レギュラー〟だなんて」

男たちはにやにやしている。私はじっとしている――内心、客のもてなしを手伝えないのが申し訳ないと思いながら。二人が持っているおそろいのリングノートは、大きな手のなかであまりにも小さく見える。「ところでペンを持ってるか？」刑事の一人が尋ねる。すると相棒が、コートの内側から一本取り出して手渡す。受け取った刑事はインクを出すために、ペンを紙の上でぐるぐる走らせるが、力を入れすぎて最初の数ページが破れてしまう。彼は悔しそうに相棒を見上げる。

たかが紙じゃない。私は心のなかで毒づく。**子どもっぽい**。

それから、男たちが押し入ってきたときのことを訊かれる。

「何時ごろでしたか？」

「何か手掛かりになりそうなことを目撃しましたか？」

「連中は何を持ち去りました？」

「ルームメイトはそのときどこにいたんです？」

刑事の一人がダッフルバッグに手を伸ばし、大きな透明な袋を取り出す。なかには刃先がギザギザになったナイフが入っている。彼はそれをこちらへぐいっと押しやる。「これがなんだかわかりますか？」

「ナイフです」。私はそう答えようと思ったのだが、言葉が出てこず、ただじっと見つめ返す。刑事も黙っている。私はようやく口を開く。「寝室で見つけたんですか？」相棒に目配せしながら、袋を持った警官がうなずく。私は急に不安になる。変なことを聞いてしまったのだろうか。

「指紋がついているかもしれません」。刑事は説明を続けるが、よく見えるようにと私のそばで袋を掲げたままだ。袋のせいで彼の顔が見えず、何を言っているかも聞き取りづらい。その手を下ろしてやろうかと思うが、彼にもナイフにも近づきたくない。

　私の心はまた漂い出す。時間が焦げたマシュマロのように感じられる――ねばついて、伸びきって、熱い。その晩の別バージョンのサイレント映画が、目の前で上映されているようだ。レイピストがそのナイフを振り上げて、私に突き立てる。もう一人の男は退屈しきった表情で眺めている。あとどれぐらいで終わるんだ？　男はそう思っているのだろう。

　刑事が片手を当てて激しく咳（せ）き込みだし、濡れた手を茶色のスラックスでぬぐったので、そこに手のあとがついた。私はエミーの家の居間に閉じ込められたように感じる。ナイフはまだ袋に入っていて、私に突き立てられていないのは一目瞭然だ。それなのに、息苦しくなって、刑事たちが切りつけてくるかもしれないと思ってしまう。この家には今、エミーと私のほかには彼らだけしかいない。二人は袋に入れたナイフだけでなく、スーツのジャケットの内側に銃を隠し持っているかもしれない。この事情聴取が悲惨な結末を迎えるかもしれない。そんな考えが頭をよぎる。二人が現れたときに警察の記章（バッジ）を見せてもらったかどうか、思い出そうとする。

　エミーはいったいどこでコーヒーなんか用意しているの？

　今にも部屋を飛び出して、エミーとキッチンに立てこもってしまいそうだ。**馬鹿なまねはしないで。**そう自分に言い聞かせた。ただでさえ私がレイピストの特徴を伝えられないから、刑事たちはいらついているのに。こんなことをしても時間の無駄だと思われているのに。

大きなキッチンナイフを持った刑事たちからどうやって逃げ出そうかと考えていると、エミーが湯気の立ちのぼるマグカップを二つ運んできた。カップのなかには、まるでコーヒー味のアイスクリームが溶けたような薄い色の飲み物が入っている。刑事はカップを受け取ろうとしてようやく袋を下に置く。

「部屋は指紋だらけですから、あなたの指紋が入手できれば、加害者のものが特定できるかもしれません。襲われたときのことを説明してくれませんか?」ナイフがまだ視界に入る状態で、私は黙って座っている。そのナイフは、熱々のコーヒーにそっと口をつける刑事の膝の上に置かれている。私を襲ったレイピストたちが別の犯罪で登録されていなければ、指紋を採ってもたいして役に立たない。病院で採取された証拠のことは話題にのぼらなかった。FBIが全国規模のDNAデータベースの完全運用を開始するのは、この十年後のことだ。一九八四年当時のDNA解析技術には限界があって、加害者を特定できるのは、疑わしい人物がいる場合にかぎられた[2]。その後、DNA解析技術は進化を遂げることになるが、レイプ事件が捜査されない問題や、法医学検査がおこなわれないままレイプキットが倉庫、警察署、鑑識部に放置される状況が改善したわけではなかった。

私は袋に入ったナイフに目が釘づけになったまま座り、襲ってきた犯人になぜ殺されなかったのだろうと思った。あのナイフを最後に台所で使ったのは誰だろう? もしかしたら、部屋に押し入られるつい数時間前に、リースの手づくりの堅焼きライ麦パンを切り分けるのに私が使ったのかもしれない。

　刑事は「加害者」という言葉を頻繁に口にした。**レイピスト、変質者、**あるいは**ドラッグでいかれた連中**よりも丁寧な呼び方だと判断したのだろう。

興味深い言葉遣いですね。私は心のなかでつぶやく。

「さっきも言ったように、ナイフのこともそれ以外のことも、たいして説明できません。襲われているあいだ、ずっと目隠しされたままでしたから。男たちが寝室のドアから入ってきた瞬間に、頭に何かをかけられたんです」。刑事たちがノートに証言を書きつけている。私はそこで言葉を切った。「Tシャツかスカーフだったかもしれません。よくわかりません。何も見えなかったから」

　刑事がまた念を押す。「このナイフに見覚えはありませんか？」私はナイフを奪って彼に突き立てるところを想像した。

「うちの台所にあったものかもしれません。でも、裏口の網戸が切り裂かれていたって、言ってませんでした？」私は身を乗り出し、気難しい目撃者に対して自説を披露する弁護士のように振る舞う。「ということは、押し入ったときにすでに持っていたものではないでしょうか。うちの食器類はみんなで持ち寄ったものですから。一つひとつ覚えていられません」。そろそろお代わりの頃合いではないかと、彼らのマグカップをのぞきこんだ。今度は私がコーヒーを淹れて、クリームと砂糖たっぷりにしてやろう。

　あとどれぐらいで終わるのだろうか？　昨晩からほとんど寝ていない。廊下の先には、エミーの夫のスティーヴが書斎として使っている客間にツインベッドが準備されている。スティーヴは、出勤前に睡眠薬を二錠私に渡して彼の目の前で飲ませた。

「きみは眠らないといけない」

睡眠薬を二錠飲んだのは一時間以上前のことで、そのときはまだ刑事が来るとは知らなかった。そして今、しっかり目が覚めている。**あの薬はどれぐらい飲んでいいのだろう？　スティーヴは薬の瓶をどこにしまったのだろう？**

エミーとスティーヴは、ビーコン・ストリートにあるアパートメントの二階に住んでいる。築年数は古く、マホガニーの木部、磨き上げられた硬材の床などの室内装飾と同じくアンティーク物件だ。こちらのほうがずっと素敵なのに、家賃制限が課せられているから私のアパートメントの家賃よりも安い。大理石の踊り場には玄関部分にドアが二つ続き、それぞれに別の鍵が必要だ。家賃制限つきの物件をどうしたら見つけられるのか、二人に聞いておこう。いつまでもここにはいられないのだから。

エミーは私よりも十歳年上で、二十代をとうに過ぎ、小説を書き、堅実な仕事に就いた男性と結婚して、着実に自分の人生を歩んでいた。夫のスティーヴは、最近医学大学院を出たばかりの医者だ。私がエミーの足もとにひざまずき、崇拝しているような間柄だったが、彼はそんな私たちの友情を大目に見てくれていた。小児科レジデンシーでしょっちゅう呼び出されるので、ほとんど家にいなかった。しばらく二人のところに居候するのなら、そういう状況は好都合だった。それに、完全に調子が狂った遊園地のアトラクションに乗っているような私をエミーが見守るのではなく、私が彼女の相手をしているということにしておけた。スティーヴは、私や、私のセクシュアリティや、私が彼の妻に寄せる愛情を警戒しているようには見えなかった。エミーには本当に感謝している。彼女が強く言ってくれなかったら、私はどうしていたか、どこに行っていたか、わかったものではない。

「うちに来て。今すぐに。来るの。今すぐに」。何度断っても、エミーはそう繰り返した。友人たちは、今すぐ必要な支援はもちろん、長期的な支援も与えてくれた。このときはまだ、それがどれぐらい貴重なことなのか、よくわかっていなかった――このどん底の状態がどれぐらい続くのかも、彼女たちの気遣いが法執行機関から受け取るものとは大違いだということも。

刑事たちが帰る。私は警察署に出向くことにする。あのあといくつか質問されて、それぞれにコーヒーをもう一杯出して、それでおしまいになった。ナイフを持っていた刑事は、それをダッフルバッグに戻した。「お時間を取っていただきありがとうございました」。彼はそう言った。別の刑事がエミーに空のカップを渡して、二人は去った。その後私はどちらの刑事にも会うことはなかった。

「これから指紋採取に出かけて、さっさと済ませちゃったほうがいいのかも」。私がそう言うと、エミーも一緒に来たがった。

「先週洗濯機が壊れちゃって、新品が今日届くことになっているの。キャンセルしようとしたんだけど連絡がつかなくて。少し休んでから、あとで一緒に行くのはどう?」

彼女の口調は穏やかで、ほとんどささやきに近い。飛びかからないように優しく話しかけられている、捕らわれの動物になった気分だ。エミーが私に及ぼす影響力が、突然消え失せたことに驚いた。廊下の奥にある小さなベッドと、彼女からの承認、そのどちらも欲しくてたまらなかったのに。どうせ気は休まらないのだから、家の外に出なければ。スティーヴがくれた薬は偽薬（プラセボ）だったほうがかえって好都合だ。

私はしれっと嘘をつく。「心配しないで、エミー。ルームメイトの誰かに一緒に行ってもらうから。どのみちアパートメントに立ち寄らなきゃ。あっちの様子や、誰が残るつもりなのかを知りたいし」。一人で行かないように念押しされる前に、急いでアパートメントを出る。ドアに向かっていると、エミーがスペアキーを渡してきた。そのまま引き寄せられて、キスされた。私よりも背が低いのに、彼女の唇が頭のてっぺんに触れた。まるで、『不思議の国のアリス』に出てくる「私を飲んで」の小瓶を飲み干して、とても小さく縮んだみたいだった。

家を出る前にシャワーを浴びていたが、エミーがレイピストの体臭や、私の孔という孔から漏れ出す恐怖のにおいを嗅（か）ぎつけるかもしれないと心配になる。しばらく彼女をぎゅっと抱きしめてから背中を軽く叩き、握る力をゆるめてもらおうとした。離してくれなかったら、叫んでしまったかもしれない。

追い払おうとしていたある考えが、だんだん具体的なものになってくる。今日中にどこかのタイミングで母に電話して、以前の電話番号ではもう私に連絡できないと伝えなければ。その理由を説明しなければ。大丈夫かとしきりに尋ね、安心させてほしいと懇願する苦痛と恐怖に満ちた母の顔がすぐに頭に浮かんだ。

近いうちに母がこちらに来る予定はない。だから、エミーのところに引っ越すことにしたとだけ言えばいいのかもしれない。そもそも、母はあのアパートメントが気に入らなかった——一階にあって、薄汚れていて、大きな酒屋から半ブロックと離れていなかったから。娘の変化に母がついてこられないこともわかっていた。私は大学でたくさんのレズビアンと出会い、カミングアウトをし、今では雑多な生活をどうやら楽しんでいる。ここ何年かは、二度目の結婚が破綻した母を精神的に支えてきたし、姉のジュディが大学に進学してからは、家で母と二人きりだった。母の深い愛は、姉や私の身に何か起こるのではないかという恐れと一体になっている。三十三歳という若さで夫を癌でなくし、自分の手で育てなければならない幼い娘たちと残されてからというもの、彼女は長年そんな気持ちをあらわにしてきた。姉妹のどちらかが高熱を出そうものなら、恐ろしい病気の前兆ではないかと取り乱した。母に事件のことを打ち明けたら、どんな反応をするだろう？　想像もつかなかった。

✣

それから数か月のあいだ自分の家となるエミーのアパートメントでの生活を振り返ると、警察におびえていたことばかりが思い出される。いったいどうしてなのか、私は長年考えている。刑事がやって来たのは、目撃者である私に話を聞くためで、担当になった事件の解決見込みを探るためだった。私だって、できるものなら解決を望んでいた。だが、ほかにも必要としていたものがあった——これが人生を一変させる体験だという認識と、暴力が人の精神状態に及ぼす影響への理解だ。「事件の捜査を進めて、あの男たちが犯行を繰り返すのを止めなければ」というような言葉を、刑事たちが口にすることはなかった。彼らは、捜査を担当することになった重大犯罪（severe crime）の深刻さよりも、エミーのコーヒーの淹れ方に興味があるみたいだった——一方、私はまだその犯罪自体を受け止めきれておらず、自分がこの経験を乗り越えられるかもおぼつかなかった。

いろいろと困難な事件ではあるが、せめて時間と支援があれば。この恐ろしい出来事のせいで私が駄目になることはないのだと、あのとき刑事たちが言葉をかけてくれていたら。でも、彼らに聞かれたのは犯行現場のことばかりだった。何も見ていない役立たずの私は、期待に応えられなかった。これが困難な事件なのは私の責任ではないと、はっきり言ってくれさえすれば、彼らの印象はまた違ったものになっていただろう。同じ目標に向かって努力する同志のような連帯感を抱けていたはずだ。ところが、すべての力は彼らの手中にあり、私は尋問を受ける犯罪者の気分だった。刑事が不機嫌になるたびにおびえた。刑事たちの態度から前の晩の記憶がよみがえった。当時もそんなふうに考えるのは極端だと思ったし、これを書いている今もそう思う。でもそれは、生々しい感覚だった。彼らにとって私は、担当案件の一つにすぎず、おまけにやっかいな一件ときていた。二人が帰ったあと、私は前向きな気持ちにはなれなかった。

レイプされ、殺されるかもしれないと一晩中思い続ける壮絶な体験を経て、骨抜きになっていた。星一つまたたかない闇夜に、暗い海に突き落とされたかのようだった。私は泳げないから、水中へと沈んでいくだけ。警察への通報は命綱だった。死が私を海底に引きずり込む前に、冷たい海のなかからその綱をつかもうと手を伸ばした。私は溺れないよう必死になっている無力な子どもだった。その構図が、たった数時間で一変したのだ。

✣

私はレイプ被害を届け出た。事件ファイルが始動した。刑事が事情聴取をおこない、アパートメントが証拠採取のために捜索された。レイプ事件の多くはここまで到達しない。被害の届け出をしない人もいる。家族や友人にいっさい打ち明けない人もいる。その理由は複雑で、被害者の年齢、経済状況、心に抱く自責の念と恥の感覚、さらに、そもそも被害の申し立てをしても安全な状況にあるかなど、数々の要素に左右される。被害者のうち、知っている人から襲われた者は約八十パーセントにのぼるが、[3] 加害者が家庭の経済基盤を支配している場合や、加害者が家族の一員で被害者が未成年の場合、あるいは加害者が職場、学校、教会やその他の場所で力のある立場にいる場合は、被害の申し立てが難しくなる。申し立ては社会的な状況に大きく左右されるのだ――レイプが深刻な事件だとみなされないのではないか、身の安全が確保できないのではないか、信じてもらえないのではないか、捜査を継続してもらえないのではないかと被害者は心配し、加害者と問題を起こさないことが自分の身を守ることにつながると判断する場合もある。

自らの身に起こった犯罪を、それが起きた時点で通報せずに数年後に打ち明けると、先延ばしにしたのだからたいした申し立てではないのだと思われる。[4] そのような決めつけによって、加害者は正当化されがちだ。ところが、レイプの被害者が申し立てをすぐにおこなわない理由はさまざまあり、その一つに、レイプされた当時、被害者の三十パーセント以上が十一歳から十七歳だったという憂慮すべき数字がある[5]——その年ごろの子どもにとって、トラウマの影響はいっそう深刻で、大人は安全ではなく信頼できない存在だと思い込みかねない。被害者が安全な環境に身を置き、トラウマから回復する時間を充分にとった数年後にしか被害の申し立てができない場合があるのだ。

レイプが捜査されないのは、被害の申し立てがおこなわれなかったり、申し立てが遅れたりするせいだと、被害者を責めるべきではない。非難する者が関心を向けるべきは、被害者が利用できる法執行機関の選択肢とそれに対する評価だ。事情聴取を担当した刑事や、指紋採取をおこなった刑事との短いやりとりのなかで、私は自分の無力さを痛感した。性犯罪の被害届け出の低調さを疑問に思うのではなく、性犯罪の扱われ方が改善されるよう働きかけるべきなのだ。刑事司法制度を利用すると、被害者はその過程でさらにトラウマを負う可能性がある。また、性犯罪を届け出ても、そこから捜査、逮捕、有罪判決につながることはまれであり、多くの人が法執行機関とのやりとりでさらなる苦痛を感じているということが広く知られるようになったことも、届け出が少ない理由の一つになっている。被害者は語り、書き、ソーシャルメディアで発信する。言葉は拡散する——被害を申し立てても状況は悪化するだけ、事情聴取はまるで尋問のよう、そして事件は進展しない。そんな心情や経験がシェアされている。[6]

私たちが目を向けるべきは、欠陥だらけで有害ですらあるプロセスに参入するよう被害者に促すことではなく、正義を求める姿勢を改善することだ。レイプサバイバーに話を聞く専門職は、レイプ被害の申し立ての大半は正当なものだという認識を持つよう教育されるべきだ。捜査着手前に事件がうやむやにされるようなことは、あってはならない。そして、刑事司法制度へと駒を進めたレイプ事件は、ほかの重罪と同じぐらい注目されるべきなのだ。

✣

エミーの家をあとにしたとたん、頭のなかで虚しさがこだました。私の目標は、警察に言われたどんなことにも従うこと、良き目撃者になることだ。このときはまだ、性犯罪被害者が正義を追求することがいかに困難で、さらなるトラウマになるかということに気づいていなかった。

刑事に言われたとおりにTトレインに乗ったが、歩いてもたいした距離ではなかったと、電車を降りてから気づいた。見慣れたレストランが目に入って、そこがどこなのかわかった。しかし、何もかもが目新しくて奇妙な感じがした。疲労とトラウマのせいで感覚が混乱しているのだ。警察署に着き、受付へと向かう。カウンターの向こうの低い椅子に座った女性が私に気づき、無言で顔を上げる。私はどう切り出したらいいのかわからず、彼女をじっと見つめる。

「ご用件は？」ようやく女性が口を開く。

そのとき電話が鳴り、彼女は応答した。「ご用件は？」先ほどとまったく同じ口調で受話器に向かってしゃべっている。「少々お待ちください。転送いたします」。さっと伝えると電話を切り、またこちらを向いた。

「お力になれることがありますか？」

「ここに来るように言われたんです」と私は言った。「私が来ることはご存じなかったかもしれませんが。指紋を採取してもらうことになってます」

「心配しないでください、私は犯罪者じゃありませんから」と言おうかと思ったが、この場にふさわしい気軽な感じで言える自信がなかった。

「具体的にどんな理由で指紋採取をする必要があるのですか？」女性が尋ねる。その質問に答えるためには、まだ口に出していない言葉を伝えなければならない。ポケットからどうにか刑事の名刺を取り出して、それをカウンターの向こうに差し出す。

彼女は名刺に目を落とす。「お嬢さん、この名刺はなんですか？　刑事に面会することになっているのですか？　どうしてここに来たんです？」

「アパートメントが強盗の被害に遭って、名刺の刑事さんが、犯人の指紋と区別するために私の指紋が必要だとおっしゃったんです」

女性はピンク色の長い爪先で、書類をこちらにすべらせる。「こちらの用紙を記入してください。できるだけくわしく。とくに、住所と事件のあった日時は正確にお願いします。その情報をもとに犯行現場の照合をおこないますので」

自宅を犯行現場呼ばわりされて、私の身体はこわばる。そして、空欄だらけの用紙を見つめる。今日が何日なのかわからない。自分の名前を思い出せるかどうかもおぼつかない。歯を磨いたり、食事をしたり、眠ったりといった日常的な作業が、途方もないことのように思えてくる。

苦労して用紙に記入しながら、カウンターに置いてある日めくりを盗み見る。正確な日付になっていますように。答えなければならない質問が山ほどある。指紋は登録済みか？　逮捕歴はあるか？　答えはすべて「いいえ」なので、すらすらと記入する。

用紙を受付係のほうへとすべらせたが、彼女がこちらを見ていなかったので、咳払いする。すると、女性は入口脇のベンチを指さして、「あちらでお待ちください」と指示した。私はその言葉に従い、ベンチにどかっと腰を下ろす。部屋はうだるような暑さだが、腿の裏で木がひんやりする。大きな茂みのような黒髪に包まれた頭皮が汗をかいている。警官たちが奥の部屋を出たり入ったりしている。何かのトラブルに巻き込まれたらしい人の腕をしっかりつかんでいる警官もいる。私はここで何をしているると思われるのだろう。そもそも私に気づく人などいるのだろうか。

しばらく待っていると、半袖シャツを着て、ワンタッチ式ネクタイをつけた男性が私の名前を呼び、彼のデスクまで来るよう合図した。彼はスタンプ台を持っていて、私が記入した用紙を眺めている。まず、それを私に向かって読み上げはじめる。

「お名前は……」

「アパートメントが住居侵入の被害に遭ったのは夜間の……」

「住所は……」

私は一つひとつにうなずいた。

「ルームメイトがいらっしゃるそうですね。間違いないですか？　その方たちにもここに来ていただき、指紋を採ってもかまいませんか？」

私が用紙を記入した本人だと確認してから、その男性はスタンプ台を開いた。「それでは、腕をカウンターに置いてください。あとは私がおこないますから」。そう言うと、彼は私の手をつかみ、指と指のあいだを広げ、一本ずつ持ち上げてしっかり裏返し、インクをつけ、それから紙の上の対応する箇所につけていく。私の手が彼の手のなかに消え、押しつけられ、ひっくり返されるたびに、鼓動が速まる。タバコくさい。

作業を終えると、彼はペーパータオルを私のほうに押し出すが、乾いたインクは拭き取れない。しばらく染みが残りそうだ。警察署から出てくるところを誰かに見られたら、罪を犯して「登録済み（booked）」になったのだと思われるかもしれない。でも、そんなことはどうでもいい。気にしたってしかたがない。

ペーパータオルでの拭き取りに苦戦しながら、トイレを探したほうがいいかもしれないと考えていると、どこかから騒がしい音がしてくる。よく知っている音だけど、こんな場所で耳にするなんて。建物内で犬が吠えている。鳴き声は数分間続いた——三度短くワンと吠えて、間があったかと思うと、また三度吠える。私の指紋を採った刑事は、タイプライターの向こう側にいる。犬の鳴き声はだんだん大きくなる。どこか別の部屋で、「もう吠えるんじゃない。黙れ、クソ犬め」と叫んでいるのが聞こえる。

私の指紋を採った刑事と目が合う。「これで終わりです。もう帰っていいですよ」。犬がまた吠えたので、彼はペンを落とす。鳴き声のしたほうに目をやって、それから私を見る。「まったく、口を閉じていられない女みたいだ」

そして、自分のジョークに、にやりと笑う。

私は彼を見つめる。すぐにここから逃げ出さないと。一目散に逃げたら、誰かに出口をふさがれるだろうか。この刑事は自分の発言に笑っている。

一週間前の、以前の私だったら、すくっと立ち上がって、女性嫌悪（ミソジニー）、権力（パワー）、政治（ポリティクス）についての議論をこの男性にいとも簡単にふっかけただろう。一週間前の私なら、この刑事の妻のことを考え、夫を怖がっていないか心配しただろう。もしくは、威圧的な態度をとるタイプらしいのに、なぜ他人を守る仕事になんか就いたのかと疑問に思っただろう。

ブランダイス大学での学部生時代、フェミニスト政治学（feminist politics）に没頭していた私は、レイプの政治的文脈、つまり権力としての、ミソジニーとしての、兵器としてのレイプについて学んだのだが、それが個人に及ぼす甚大な影響については無知だった。四年生のとき、ある学生が大学近くの鉄道駅でレイプされた。大学警察のニュースレターには、学生への警告に乗って、鉄道線路付近で「ある出来事があった(something happened)」ので気をつけるようにと書かれていた。けがらわしく、おぞましいあの言葉は、文章中にはとても出せず、直接的な表現が差し控えられたのだ。その見出しに怒り心頭になった被害者は、私の友人グループに近づいてきた。そしてある晩、夕食後に私たちは女性連合(Women's Coalition)のオフィスで、言葉の使われ方について議論した。

「どうしてはっきりと書けないの?」その学生は訴えた。「それでどうしてほかのみんなが深刻なことだと思える?」彼女の両手がかすかに震えていたので、私はその手を温めてあげたかったが、勇気が出なかった。

「"ある出来事があった"では、どんな意味にもとれてしまう。コヨーテを目撃したとか、車に乗った若者がふざけてお尻をぺろっと出してきたとかね」。私はそう発言したが、二番目の例は軽はずみだったと後悔した。

「言葉を伏せてしまったら、被害者はそれについて話したらいけないという気持ちになる。大学警察ですらそれを掲示できないというのなら、いったいどんなメッセージを伝えることになる?」友人のジュリーが発言した。

私たちは被害者に許可をとって、学生新聞でその話を書き直すことにした。見出しは太字で、「ある出来事があった――それはレイプだった(IT WAS RAPE)」とした。一文字残らずチェックできるよう、被害者にも記事を見てもらいながら、ジュリーと私で執筆と編集を担当した。それから、莫大な送料を女性連合の予算でまかない、その新聞を一斉に保護者のもとへと送った。この行動が原因で、私たちは学生部長のオフィスに呼び出される羽目になった。どうやらまずい状況になっているようだったが、私たちは言論の自由を主張して、そもそも大学側の真実を隠蔽する姿勢がおかしいのだと彼をやり込めた。「どうしてニュースレターに〝レイプ〟と書くのがそんなに難しいんですか？　レイプは〝ある出来事〟なんかじゃありません。そうやってごまかすと危険性が伝わらないでしょう。どうしてその言葉をそんなに恐れるんです？」

かわるがわる学生部長に向かってまくしたてたので、彼は警告を与えることなく私たちを解放した。

また別の機会には、ある先生が女優のリンダ・ラブレースを招き、ポルノ映画『ディープ・スロート』への出演強要や、長年にわたってマネジャーに性的・経済的に搾取されていた経験を話してもらってはどうかと提案した。当時の私は、レイプを理論上のものとしてしか捉えていなかった。それは女性に対して男性の力を誇示するもので、家父長制（patriarchy）の象徴だと思っていた。凄惨な暴力が、人の自己認識やまともに生きていく力に、長期間にわたり心理的影響を及ぼすなどとは思いもしなかった。

それなのに、警察署を出た私は、つい数年前の気丈で自信に満ちた女子学生とは別人だった。あの子は前世で死んでしまったようだ。急に彼女が懐かしくなった――賢いふりをした彼女の快活さと若さゆえの自信が。あの自信と気楽さが恋しかった。

彼女が恋しくてたまらず、苦しい。

誰にも鳴きやませることができなかった警察署の犬とは違って、私は言葉を失ったのだ。さっきの刑事にちょっと指紋を見せてもらえないかと持ちかけ、用紙を受け取り、それをビリビリに破って彼の顔に投げつける勇気が、今の私にあるだろうか。私は何も言わず、ただドアをすり抜けていく。

警察が私をレイプした男たちを見つけることはないだろう。探すらしないだろう。頭は混乱しているが、自分が軽んじられていることぐらいはわかる。レイプされたばかりの被害者に向かって、あんなジョークを言い放つ人間に、何を言ったら改心させられるのか――あれは、女性はやかましく、迷惑で、自分の置かれた状況に気づかず、わけもなく犬にたとえられる存在だと決めつけるジョークだった。私たちはさぞうるさいことだろう。ずけずけ物だって言うだろう。

私は外をぶらつき、タバコを買える場所を探す。思いつける唯一のなぐさめ。

自分の面倒ぐらい、自分で見れます。見れますってば。歩きながら、声には出さずに、そう繰り返した。

✣

このときのことは私のなかにずっと残っている――実際にレイプされた記憶よりも生々しく。レイピストのおこないは絶対に許せないが、単に怒りや憎しみを感じる以上に、答えのない疑問によく思いをめぐらせた。あの人たちは、自ら言っていたとおり、金目当てで住居侵入を繰り返したのだろうか？　たまたま蒸し暑い夜に裸で寝ている女性と出くわしただけで、前もって計画された犯行ではなかったのだろうか？　たとえそれが真実だとしても、私にとってなんの意味があるのかはわからない。しかし、とにかくそんなふうに考え続けた。

あの連中は私を殺さないと言った。実際に殺されなかった。彼らは生活が厳しかったに違いない。そう自分に言い聞かせようとした。お腹をすかせた家族がいたのかもしれない。苦しんでいた最初のころは、よくそういう視点から考えようとした。消化できない怒りや不信感を抱くよりも、彼らを理解することで楽になれるのではないかと思ったのだ。その数年後、どうして何もかもうまく行かないのかと悩んでいた時期に私を打ちのめしたのは、結局のところ、レイプされ、命の危険を感じていた最中の記憶ではなかった。それよりも、捜査の役に立つのならと、法執行機関に指紋を提出するために警察署を訪ねた経験のほうがよっぽどつらかった。私は警察に大いに期待していたし、多くのことを必要としていた。「悪い人たち（bad guys）」を捕まえるために「良い人たち（good guys）」のもとに駆け込んだはずだったのに、助けてもらえなかった。

私が襲われてから数日後、ボストン市長のレイモンド・J・フリンが、ボストン性犯罪捜査班（Boston Sexual Assault Unit）の設立を発表した。それは「ボストンを、女性がおびえずに歩かなくてもいい、オープンで平和な都市にする」ことを目指すもので、彼は「そのような犯罪から身を守るよう女性を教育する」目的があると述べた。[7]　具体的に捜査班がどのように犯行を防ぎ、事件を解決するかということには、いっさい触れられなかった。現在は中西部の大学で女性学とジェンダー論を教える友人は、そのフォーラムに出席していて、耳にしたばかりの市長の発言に対する私見を述べた。「しなければならないのは、ボストン市が男性をよく教育して、女性に対する暴力が実際にはどういうものなのか考えるきっかけをつくるようにすることでしょう」

その週、私は新聞を読んでおらず、テレビのニュース番組も観ていなかった。夏に頻発していた住居侵入が、捜査の最優先事項になったと思わせるような法執行機関からの連絡も、いっさいなかった。市長のごたいそうなパフォーマンスはしらじらしく思えたし、事件を担当する刑事にも同じことを感じた。

✣

今から数年前、ボストン地域レイプ危機(クライシス)センター（Boston Area Rape Crisis Center: ＢＡＲＣＣ）と市立警察学校（Municipal Police Institute）が委託した、警官訓練用のビデオへの出演依頼を受けた。[8] 私は二つ返事で引き受けて、収録のために、ケンブリッジにあるＢＡＲＣＣのオフィスに出向いた。そのビデオには、警察のレイプ被害者への対応をより効果的にする狙いがあった。テープが回るなか、私は指紋採取の経験や、刑事の事情聴取の最中におびえていたことを語った。このとき収録に参加したのは、警察に、レイプや虐待のサバイバーへの対応について視野を広げてもらい、被害者の申し立てを退けるのではなく、ちゃんと捜査してもらうためだ。すべての問題の発端は、警察が被害者のことを「重罪により乱暴に傷つけられた一人の人間」ではなく、「事件の一つ」としてしか見ていないことにある。私たちが知っているデータを、彼らも承知しているはずだ。つまり、性的暴行事件が法廷まで進むことはまれで、そうなっても有罪判決はめったに出ないのだと。そんな状況であれば、レイプ捜査にかける労力が無駄だと警察の人間が思いかねないし、捜査開始前に多くの申し立てが退けられても不思議ではない。レイプの訴えを即座に却下する警官ばかりではないが、一部にはそういう人もいると強調しておくのは大切だ。もし法執行機関の人間が、自分たちの仕事は犯罪の解決だと思っているのなら、レイプ事件は今後も彼らの悩みの種となるだろう。そんな不満と後ろ向きな姿勢のとばっちりを受けるのは、被害者だ。だが、もし彼らが、自分たちの仕事は性犯罪の捜査だと認識するのなら、解決されるレイプ事件の件数が伸びるだけでなく、法執行機関とかかわる被害者の経験も改善されるだろう。

訓練ビデオを視聴する警官を思い浮かべながら、私はカメラに向かって訴えた。「捜査がうまく進展していなくても、被害者のためにどんな手順を踏んだのかちゃんと伝えてください。捜査してください。仕事をしてください。被害者に最新の情報を知らせ、連絡を怠らないようにしてください。事件が解決できないからと、被害者の前から姿をくらますのはもうやめにしてほしい」

市民のために働き、市民を守る存在であり、犯罪捜査を仕事とする人たちから無視され、信じてもらえないと感じた性的暴行の被害者たちは、自分が被害に遭った犯罪は、法執行機関のみならず、誰にとっても重大なことではないと思い込むだろう。

三章　危機

電話の向こうでバー伯母さんが泣いている。あんまり激しく泣いているから、喘息の発作が起きやしないかとひやひやする。彼女は若いころ、数か月おきに発作を起こしては救急救命室（ER）に搬送されていたのだ。私のせいで病院に担ぎ込まれてほしくない。

お願い、バー伯母さん。息を吸って。エミーの家のキッチンの窓から入り込んだ涼しい風が、汗ばんだうなじに触れる。またシャワーを浴びないと。

キッチンカウンターの上の植物が目に入った。そのシャコバサボテンは乾燥しているみたいだ。グアテマラの鉢に描かれた渦巻き模様は明るいピンク色で、一つだけ咲きかけた花芽（かが）の色とおそろいだ。**この植物は場違いだな。**六月は花芽をつける時期としては半年遅い。この小さな植物に窓の外を見せてあげて、リズムを整えてやらないと。いくつかある新芽は元気がなく、摘み取らないといけないだろう。その一つをむしり取ろうとした。でも、その芽は取られまいとして、どうしても本体から離れない。ぐいっと引っ張ると、鉢ごとひっくり返って、キッチンの蛇口やシンクのなかに土が少しこぼれた。証拠隠滅のために水を流す。感じの良い客人のままでいたかったから。

手のなかに受話器の重みを感じて、そういえば誰かと話している最中だったと気づく。大好きなバーバラ伯母さん。どんな言葉をかけたら泣き止んでもらえるのだろう。

心配しないで。私は元気だから――では嘘になる。

大丈夫だよ。そんなにひどくなかったし――これも事実と反する。

誰かがボストンに様子を見に来てくれたら――その言葉が喉元まで出かかっていた。でも、そんなことしなくていいと事前に言ってあった。また哀れなシャコバサボテンに目をやり、それを胸にかき抱きたくなった。

誰かに来てもらうなんて、現実的ではない。

どこに泊まってもらうというの？　何を食べる？　何をする？

二人の伯母――バーバラとマーレーン、それから母には、姉のジュディから連絡してもらった。ジュディにその役をお願いしたのは、彼女なら心配でも冷静に振る舞い、仕事をこなしてくれるとわかっていたからだ。ジュディが三人に電話で連絡するやいなや、それぞれから電話が入った。みな別々の町で暮らしているので、家族の危機に対応するには電話に頼るしかなかった。事件が起きてからまだ日が浅く、私は言葉がうまく出てこない状態だったのに、彼女たちは毎日話したがった。いくら彼女たちのことを愛しているとはいえ、それはきつい。彼女たちが感じる苦痛や心配に埋もれて、私は息が詰まりそうになっていた。

毎日が同じことの繰り返しだった。目覚める。歩く。起こったことについて考えて、一日ぼんやりと過ごす。母や伯母たちには自分の仕事や生活があり、エミーの家に彼女たちが滞在するスペースはない。ホテルでは費用がかかりすぎる。私たち家族が会うときは、一緒に過ごして、物理的な距離のせいで知りえなかった近況を残らず報告し合うことにしていた。でも、そんなことをする場所は今の私にはない。押し込められた私の声は、沈黙に飢えている。沈黙こそが平和だと思い込んでいる。

事件のあと、母や伯母たちにどうやって伝えるかを考えるのに丸一日かかった。母への連絡はジュディにしか務まらない。私にはできっこない——彼女の悲痛な声を聴くのは耐えられないとわかっていた。母は自分の気持ちに寄り添ってほしいと求めてくるだろうが、私はその役割を果たせない。

連絡は電話で済ませた。ジュディがうまくやってくれたので、母も伯母たちも私がレイプされ、大変な状況にあると理解した。事情をわかってもらえたのはうれしいが、彼女たちが苦しむ姿を見るのはやはりつらい。

「ポール伯父さんがね、ボストンに乗り込んで、あなたにそんなことをした連中を殺してやるって息巻いてるわ」。バー伯母さんが言う。

「あのね」と私は穏やかに応じる。「犯人はまだ捕まってないの。それに、正直言って、捕まるかどうかもわからない。それなのにどうしたらそんな計画が立てられるというわけ？」私はショートパンツからほつれた糸を引っ張りはじめる。「警察が犯人を捕まえるまで待ったほうがいいんじゃないかな。でも、やっぱり殺したりしないほうがいいよ。だって、殺人で有罪になるじゃない。伯母さんは寒いのが苦手なのに、ボストンの刑務所に面会に行かないといけなくなるよ」

「伯父さんはあなたのことをとても大切に思っているから、自分が無力だと感じているのよ」。そこでバー伯母さんの口調が変わる。「何か、何か私たちにできることはない？」と訴えてくる。

「あるよ」。私はそう答える。「母さんを忙しくさせて。母さんがこっちに来てアパートメントを一日中うろつき回ったりすると困るから。私を置いてくれているエミーとスティーヴに、母さんまでお願いすることはできない。頻繁に電話してあげて。お願い」

「わかったわ、ハニー。お安いご用よ。もちろん、そうする。それと、あなたにも明日電話するからね」

私がどうしているか、何か手助けできることはないか、情報を得て確認しようとする人がとにかく大勢いた。そこで、エミーと私は一計を案じた――私が一日のうちに応答するのは、友人や家族からの電話一本だけ。しかも、私が電話に出る気になった人だけにしたのだ。「あら、こんにちは、エイミー。ミシェルと話したいの？」エミーはそう言いながら私を見る。「ちょっと待ってね、彼女はいるかしら」。そこでもし私が電話に出れば、その日の通話はそれで終了。次に電話をかけてくる人には、私は休んでいるが、ご想像どおり元気でやっているから、また明日かけ直すようにとエミーが伝える。エミーはいつもやんわりと断ることを心がけ、相手を安心させる言葉を忘れずにつけ加えた。彼女とスティーヴでしっかり見守っているからとか、こういうことを経験した人には時間が必要なのだとか。

日に何度もかかってきていた電話は、それから数週間のうちに落ち着いた。そして私は、毎朝起きるために精一杯努力する生活に戻っていった。

✢

復讐してやるというポール伯父さんの妄想のことは今でもはっきり覚えているし、その正体にも気づいている。それは主導権を取り戻し、私をなんとかして助けたいという彼なりの奮闘だったのだ。だが私は、誰かに仕返ししてもらわなければならない、か弱い花のように扱われるのはごめんだった。他人に暴力を振るうことで誰かに力や癒しを与えられるなどという考えは、幻想にすぎない——たとえその相手が、他人に暴力を振るった人間だとしても。暴力の標的になった者は普通、前向きな気持ちになるためにさらなる暴力を望んだりしない。私が抱いていた無力感をいっそう強めるようなお節介に、私は反発した。

性暴力のもたらす影響を理解しようと男性が努力することは大切だが、うわべだけのものになりがちだ。「ウォーク・ア・マイル・イン・ハー・シューズ（Walk a Mile in Her Shoes）」〔「彼女の靴を履いて一マイル歩いてみよう」の意〕という団体は、全米の都市で男性がハイヒールを履いて歩く資金集めイベントを開催している。その団体のウェブサイトによると、そうやって歩くことで「男性が女性の経験について理解を深め、尊重しやすくなり（…）暴力が発生しにくくなる」

そうで、それは「世の中をより安全な場所にする運動において、男性は女性の意欲的で勇敢なパートナーになれる」[1]ことを示すものだそうだ。

女性向けファッションのステレオタイプ的なシンボルともいえるハイヒールを履いて歩いたって、女性が一生のあいだに暴力を経験するリスクが高いことや、その影響が理解しやすくなるわけではない。さらに、ほかの男性、トランスジェンダーの人たち、子どもたちが受ける性暴力や虐待だって、理解しやすくなるわけではない。それなのに、そのイベントは約二十年にわたって各地で開催され、警察署や大学の支援を受けることも多い。害はないにしても、効果は疑わしい。

オバマ政権の「イッツ・オン・アス（It's on Us）」は、大学キャンパス内の性暴力撲滅に取り組むキャンペーンで、若者たちが性暴力をなくす「誓いを立てる」ことを奨励した。[2]二〇一五年のグラミー賞授賞式で、オバマ元大統領はこう述べた。「アメリカ女性の五人に一人近くがレイプやレイプ未遂を経験し、四人に一人以上が何らかの形の家庭内暴力を経験しています。このような状況をよしとすることはできません。なくさなくてはならないのです」。重罪である暴力事件の割合が驚くほど高いという事実に対して、「よしとすることはできない（it's not okay）」という言葉ではとても足りないし、「なくさなくてはならない（it has to stop）」以上のより具体的な計画が発表されてしかるべきだ。[3]にもかかわらず、複数のメディアがその発言を「力強い」[4]、「重要で、奮起させるものだ」[5]、「真剣だ」[6]と書き立てた。まるで、性暴力や家庭内虐待を「よしとすることはできない」とした発言自体が素晴らしく、それを口にしただけで大統領は賞賛に値すると言わんばかりに。

✣

事件が起きてまだ日が浅かったころ、私は男性全般と男性による犯行との区別がつかずに混乱していた。絶対に自分を傷つけないと信用できる男性を世の中に探そうとした。そんなときに役立ったのが映画だ。映画には、私とスクリーンに映る人たちとのあいだに安心できる距離があった。休んでいるあいだに『素晴らしき哉(かな)、人生！』を観て、優しげにほほえみ、目をきらきら輝かせた天使が私のところにも来てくれたらいいのにと思った。そして、『いつも心に太陽を』のシドニー・ポワチエ演じる教師の姿に涙した。彼の人となりは、シカゴの資金難にあえいだ学校で教えていた私の父を思い出させた。私は男性と一緒に過ごしたいと思う一方で、恐ろしくも思った。人口の半分を避けたままでいるのは現実的ではなかったし、私が例外だとみなしていたエミーの夫、穏やかで優しいスティーヴ以外にも、世間には優しい男性がいるのだと認識する必要があった。

そのうち、父さんとの思い出にひたっている自分に気づいた。私が愛した男性で、一緒にいて安心できる存在、それが父さんだった。私が七歳になるかならないかのころに癌で亡くなり、それから何年も経ち、記憶も薄らいでいた。私の子ども時代の記憶に謎めいた人物として刻み込まれている父さんは、実物よりも大きく、現実離れしている。彼のことを思い浮かべると、その姿は三メートルもの長身になる。私をひょいと抱き上げて、シカゴでいちばん高いビルと同じ高さまで持ち上げてくれる。彼の肩幅はとても広く、小さな私が肩の上で歩けるほどで、落っこちる心配は無用だった。ちゃんと受け止めてくれるから、私は安全なのだ。彼は着陸すべき月の表面であり、ビートルズであり、ワールド・シリーズに必ず出場を決めるシカゴ・カブスのような存在だった。

自宅で襲われてからというもの、私はほぼ毎晩彼の夢を見るようになった。そして、彼がそばにいてくれたらいいのにと切実に願った。彼の墓のそばにただ座っていたいがために、シカゴへの航空券を購入しようかと思ったぐらいだ。あるとき、彼なしではこの新たな人生にもう一瞬たりとも耐えられないという気持ちになっていたら、本当に彼が現れたことがある。

私をじっと見つめながら、彼は待っている。

彼がこの世を去ったのは六〇年代後半だから、今の世の中はまったく違って見えただろう。それでも不満も言わず、戸惑いもせず、この世に来てくれた。私だけのために。私はそのハンサムな顔と優しげな眼を見つめる。彼に手を握られ、ぎゅっと抱きしめられるのを感じる。こういう抱擁なら、私にも耐えられる。私を安心させるためなら、彼はなんでもする。そこまで安心できなくても、そうやって努力してくれることがこの上なくうれしい。彼はもう死んでいるから、私の元のアパートメントに荷物を引き取りに行ったり、今では大変な思いでこなしている日々の雑事を代わりにしてくれたり、私が直面する現実的な問題を手伝ったりはできない。それでも私は、彼を心のなかに何度も呼び出すのだ。彼は、苦しむ私にただ寄り添い、愛してくれるから。心が安らぐひとときのくつろぎ以外は、ほとんど何も要求しないから。

私はこれから始まる一日を乗り切ろうと、ボストンの通りを歩きながら、彼の肌のにおいを吸い込む。まるでバラの芳香のようだ。その肌はフランネル生地のようになめらかで、髪の毛はさらさらの砂みたい。ゆがんだ笑顔には温もりがあり、知的でもある。朝から晩まで歩きながら、私はしょっちゅう彼に話しかける。

「父さんは私が知るかぎり、自分がもうすぐ死ぬと覚悟していた唯一の人間だね」。病気の予後が思わしくないと伝えられたとき、彼はおびえていたと、かつて母から聞いたことを思い出しながら話しかける。「父さんは何か月ものあいだ死を恐れていた。私の場合はたった数時間だったけど、そんな経験ってほかにないよね？ あなたは待ち、希望を捨てなかった。それから、あきらめた。でもまた希望にすがった。愛する人たちのことを考えた。自分が奇跡を信じているかどうか、思い出そうとした」。私は身体の向きを変えて、彼の悲し気な目をのぞき込む。「疑念や恐怖で心がいっぱいになっていたのに、父さんは自分に起こっていることよりも、あとに残していく人たちのことを心配していた」

そういう会話を毎日した。泣きたくなったら彼を思い浮かべるだけでよかった。涙が出てくるころには隣に現れ、そこから動こうとしなかった。私をぎゅっと抱きしめてくれることもあった。自分の両手に顔を埋めて、一緒に泣いてくれることもあった。

レイプされたあと、一緒に過ごした男性がもう一人いた。アイザックという、大学時代からの友人だ。彼は頻繁に電話をかけてきて、すぐにでも会いたいと言ってきた。それは、私が大丈夫だと確認することで、彼自身が安心したいからだろうと私は思っていた。でも、彼は私と共有しなければならないものを心に秘めていたのだと、あとでわかった。彼がついにそれを明かしたとき、私にとってそれは、かけがえのないアドバイスになった。

アイザックと知り合ったのは、私がブランダイス大学の二年生のときだ。口が悪くひねくれ者で、喧嘩っ早い彼は、私の友人のなかでは異色の存在だった。当時私のまわりにいたラディカル・フェミニストのレズビアンが集う小さなグループは、彼の振る舞いをいさめてもよかったのに、威圧的な態度を前に口をつぐむしかなかった。「彼と一緒にいると、私の価値観なんてどうでもよくなる」。アイザックが友人の一人と夕食の席で議論を戦わせたあとで、私はジュリーに言った。「あの人の怒りの下には悲しみのようなものが隠れているから、そのせいで大目に見てしまうのかも」

「そんなの言い訳にならない」とジュリーは言った。「あいつの無礼をのさばらせておくわけにはいかないよ」

アイザックは縦にも横にも大きな男性だった。身長は百八十センチで、体重は百三十キロ近かった。額には大きな傷痕が走り、眉毛のところから角が突き出たユニコーンのようだった。彼が唇をゆがめて左肩をいからせたら、それは相手に飛び掛かろうとするサインだ。

あるとき、私たちは昼食をとろうとレストランに入った。席にウェイトレスがやってきた。「本日の特別メニューの美味しいパスタはいかがですか。分量もちょうどぴったりですよ」

アイザックはにやりと笑い、彼の唇がもの言いたげなカーブを描く。「へえ、分量もちょうどぴったりだって？　俺はさぞ大食漢に見えるだろうな。そういうことを肥満男に言っても失礼に当たらないと思うのか？」

ウェイトレスはあとずさった。「お二人にいかがでしょうか、ということですよ。うちは大盛りですからね。二人分として考えていただけたらと思って」

「四十五キロしかない、こちらの小柄な連れが大盛りに興味を示すとでも？　ほーら、嘘がバレた」。彼は怒りを込めて短く笑い、私はメニューを見つめながらうつむいていた。

私がレイプされたと知ってから、アイザックはしょっちゅう電話をかけてきて、外出の計画を立てようとした。どうやって断ればいいのか、私にはわからなかった。

あるとき、実際に出かけることにした。私たちは書店が開くまでのあいだ、店の前の階段に座っていた。「アイザック、話してもいい？」私はうわずった声で切り出した。彼は迎えにきたときに、自分の電話のメッセージを私に伝えなかったとエミーを責め立て、それからずっとご機嫌斜めだったのだ。私の友人をけなすのをやめられないなら、もう会えない。そう伝えるつもりだった。でも、彼を怒らせると考えただけで恐ろしかった。

アイザックがこちらを見た。何を言われるか悟ったような表情だ。彼はため息をつくと、お尻のポケットになんとか腕を伸ばして財布を取り出し、それを開けて、美しい少年の写真を見せてくれた。その少年はやせていて、黒髪は切りそろえてあり、額はきれいで傷一つない。十八歳ぐらいだろう。笑顔のティーンエイジャー。ハイスクールのイヤーブック用の顔写真。

「誰？」

「俺だよ」。アイザックはようやく口を開き、穏やかな声で話しはじめた。「ハイスクールの最高学年のとき、休暇のあたりで撮ったやつだ。頭痛が始まったのはこのころ。ときどき、あまりに痛いんで泣けてきた」。財布にずっとしまわれていた少年時代のアイザックを心に思い浮かべながら、私は彼の話に耳を傾けた。「脳腫瘍だった。両親は医者から、助からないだろうと告げられたってさ」。彼は写真から目を離さず、両手で顔をぬぐった。「脳外科手術を受けて、治療を何か月も続けた。この傷は、そのときの放射線治療と手術の両方でできたんだ」。彼は先を続けた。「俺は確かに生き残った。何か月ものあいだ死を覚悟していたのに、俺が生還したから家族はよろこんだ。家族にとっては、それでおしまいだったから」

「だが、俺にとってはおしまいじゃなかったんだ。それまで死を覚悟していたっていうのに、この先どうやって生きていけばいいのかさっぱりわからなかった。体重が激増して、家族や家族が抱く安堵感からできるだけ遠ざかろうとした」

苦悶の表情を浮かべながら、彼はますます饒舌になった。

「生き残ったせいで、かえって人生がうまく行かなくなった」

「私は……」私は言いよどんだ。

「俺を教訓にしてほしい。気持ちを切り替えるためにできることを、なんでもしてほしいんだ。自分の身に起きたことのせいで道を誤るには、お前は良いやつすぎる。そうなる可能性はあるし、そうなってもおかしくない。でも、そんなふうになってほしくない」

アイザックは写真をしまうと表情をやわらげ、優しくほほえんだ。

そのとき、そんなことをしたら彼に誤解されるかもしれないと不安になって思いとどまらなかったら、私はきっと彼の手をつかみ、顔をなで、その日一日中、夜になっても、無言で彼とボストンを歩き回ったことだろう。アイザックがじつは守護天使だったなんて意外だったけど、彼はそうしてそこに立っていた。彼を包む闇のなかで、かすかな光がきらめいていた——一抹の希望が。自分がそれに手を伸ばそうとしているのに気づいた。

この怒りっぽい男性と過ごすなかで、私は思いがけないものを手に入れた。あの繊細で優しいひとときのあと、アイザックはまた他人と不愉快なやりとりをするようになり、やがて私たちは疎遠になった。それでも、友人たちがかつて一緒に夢見た未来に向かって邁進する姿を羨望と困惑のうちに眺めながら、この不慣れな人生をいっそあきらめてしまったほうがいいのではないかという気持ちになると、私はよく彼のことを思い浮かべた。それから擦り切れた写真のなかの少年のことを思い、その少年と同じものが私のなかにもあるのだと気づくと、前向きになれますようにと、もっと気楽に考えられる時期が来ますようにと願った。優しくなければ、あんな話を私に打ち明けられるはずがない。そう考えると、私は彼に恩を感じる。

✣

支援を求めたり、どこから支援を得るのかを決断したりするのは急を要することだが、同時にわずらわしくもあった。ある意味、私は今までの自分ではなくなってしまった。深い関係にあった人たちが、目の前にいる見慣れない人間に戸惑っているのを見るぐらいなら、赤の他人と向き合っているほうがよかった。一九七三年に設立され、現存する全米で二番目に古いレイプ危機（クライシス）センター、「ＢＡＲＣＣ（ボストン地域レイプ・クライシス・センター）」のスタッフとは二、三度話した。ＢＡＲＣＣ創設者の一人、セラピストのジャネット・ヤッセンは言っている。「ジェンダーにもとづいた暴力に対する運動のすべてが、草の根やゼロからの取り組みで積み上げられてきました。創設当初から、ＢＡＲＣＣはつねに社会正義（social justice）のミッションを掲げています。それは、法改正、公衆衛生政策や社会運動に働きかけて、個人間の性暴力にかんする神話（myths）に向き合い、人々の意識を高めることです」[7]。四十年以上の歴史のなかで、ボストンにおけるセンターの活動は拡大・発展を遂げてきた。

ＢＡＲＣＣはケンブリッジにあったので、Ｔトレインですぐに行けた。そこでは二十四時間対応のホットラインとカウンセリングが無料で提供されていた。住居侵入の翌日に私がそのホットラインに電話をかけたのは、リースに促されたからだ。「助けてくれるかもしれないよ」。一枚の紙切れを渡しながら、彼女はそう言った。私はそこに記された電話番号と名前に目を落とした。**ふーん、レイプは危機（クライシス）ということになっているんだ。**そう思った。センターの名前自体からお墨つきをもらったので、電話をかけやすくなった。

レイプは危機（クライシス）なんだ。私は今、危機的状況にある。危機によって引き起こされた、大きな混乱の渦のなかにいる。

私が面会した女性は、ショートヘアで前髪を切りそろえていて、年下に見えた。そんなに丸くて大きな目をした人に、私は会ったことがなかった。そのせいで、私がレイプの詳細を語っていようと、その週のささいな出来事を話していようと、彼女はつねにびっくりした表情をしていた。襲撃の直後は、誰かに話してもたいして役に立たないと思っていた。**何をしたって元通りにはならないのだから。**心のなかで繰り返しつぶやいていた。

その大きな目をしたカウンセラーと数回面会したのちに、私はBARCCに行くのをやめ、それから、よりによってベス・イスラエル病院で集会を開いているレイプ被害者のサポートグループを見つけた。ベス・イスラエル病院は、数キロ離れたボストン市立病院とともに、レイプ・クライシス・サービスを一九七〇年代に発展させた最初の病院の一つに数えられる。そのサポートグループが週に一度集会を開いていたのは、ERから遠く離れた中央病棟だった。そうでなかったら、私は参加しなかっただろう。私はそのグループで、赤の他人に、ましてや二人にレイプされた唯一の人間だった。その事実のせいで私は違和感を抱き、いら立った。**ここに私の仲間はいない。**毎週帰り際にそう思った。もう何年も離れようとしてきた暴力的なボーイフレンドや夫からレイプされた女性たちと私とのあいだに、どんな共通点があるというのか？　私のこれまでの価値観は、そこではまったくの役立たずだった。私は苦しみのあまり、そこにどれだけ共通点があるかに気づけなかったのだ。自己憐憫（れんびん）が共感する力を圧倒していた。

心のなかで、なぜこのグループに通うのだろうと考えながら、私は毎週病院をあとにした。

二人の男に。

縛り上げられて、目隠しされ、猿ぐつわをされた。

レズビアン。

ここにいる女性たちと比べて二回りも年が下。

それでも、私は数か月間毎週欠かさず集会に通い、家に帰る道すがら不満を数え上げた。**グループの人たちは好きになれない。ベス・イスラエル病院で集会を開いているなんて、ありえない。なぜ私よりずっと年上の人しかいないの？**　当時を振り返ってみると、グループの人たちが私にとても気を遣ってくれていたことが思い出される。私が黙っていると、いろいろ質問してくれた。仕事、避難場所（シェルター）、人間関係、私自身の身の安全について、早まった決断をしないようにしてくれた。「まだ夜に外を歩くんでしょう？　ときどきは友達についてきてもらってね。あなたのことが心配なの。私たちのためにそうしてほしい」。セッションが終わると、メンバーの誰かが必ずそんな言葉をかけてくれた。私がそばにいると、さりげなく身体に触れてくる人もいた――肩をそっとなでられるだけなら、私もびくっとせずに受け入れられた。何かが私をそこに向かわせ続けた。

ほかのメンバーの語る話はおぞましいものばかりだった。それは、自分たちが負わせている精神的・身体的な傷痕に関心もなければ、理解もしない悪人の話。メンバーの大半が加害者を恐れていた。ひどい怪我を負って入院した人もいた。「それでね、妹が引っ越してこないかって言うの。自分を責めるのはやめてって」。あるメンバーがそう語った。別のメンバーは、「娘はずっと優しいのよ。でもあの子を巻き込んでしまって申し訳なく思っている。接近禁止命令(restraining order)を出してもらった相手は、あの子の父親なんだから」と語った。

このグループに通うあいだ、そこに集う暴力の被害者から私が受け取ったサポートと、警察から何も音沙汰がない状況を、私は決して比べなかった。アパートメントに侵入された四日後に、「頻発するレイプがオールストン・ブライトン地区に警鐘を鳴らしている」[8]という記事が出た。記事のなかで、リースが襲撃や加害者について語っている。彼女は「(彼らは)まったく恐れていませんでした。そこらじゅうに指紋を残して行きましたから」と述べている。ほかにも、「警察署の上層部」が「市全域でレイプが深刻なまでに増えていると認めた」と書かれていた。きっともうすぐ連絡があるはずだ、と私は期待した――逮捕か、新情報か、距離のできた今になって何か思い出したことはないかと確認する電話があるはずだ、と。でも、そんなものはいっさいなかった。沈黙だけが続いた。だから私はこのサポートグループを探し出した。自分の話を聞いてもらい、気にかけてもらい、理解されていると感じることに集中した。ほかのことに対応するのは、もっと力が戻ってきてからだ。

そのグループでは、友人や家族のことを話すこともあった。姉のジュディはおかしな症状が続くので、病院で精密検査を受け、医者から難病の全身性エリテマトーデスではないかと言われたと電話をかけてきた。私は姉が大好きなので、それを聞いてとても心配になった。その一方で、母はジュディのことはとても心配しているようなのに、私に調子を尋ねるときは腫物に触れるようにしている。そんな愚痴をこぼしたこともあった。

私は集会で、母と電話したときのことをこと細かに打ち明けた。「私のまわりの壁はそんなに頑丈なの？　レイプってそんなに忌まわしいこと？」

「自分が経験していることに他人が触れるハードルを、そんなに高くしないほうがいいよ」。グループのあるメンバーがそう言ってくれた。

「調子はどう、ハニー？」母からの別の電話で、そう尋ねられたこともある。「よく眠れていないって、エミーから聞いたわ」

「なんとかやってる」と私は答えた。「エミーが妊娠して、スティーヴはカリフォルニアの新しい研究所での仕事の話がある。あと何か月かしたら二人は引っ越すの」。大切な友人のためによろこぶべきことだとわかってはいても、私は打ちひしがれていた。二人抜きでどうやって生きていけばいいのか、どこに行けばいいのか、さっぱりわからなかった。

「それは素晴らしいわね」。甲高い声でうれしそうに母が言った。「私もよろこんでるって、二人に伝えてちょうだい」

このときのやりとりもサポートグループで話した。すると、みんなしばらく、しーんと黙りこくってしまったので、リーダー役の人が助け舟を出さなければならなかった。「誰か意見は？　何か言える人は？」

私の隣に座っていた女性が口を開いた。「しばらくはお母さんに腹を立てるべきかもしれないけど、これだけはあなたに言っておきたいし、聞いてほしい。あなたのお母さんは間違いなく相当ショックを受けていて、どうしたらいいのかわからなくなってる。どうやらあなたは、言わなくてもわかってほしいと思っているようだし、この状況を考えれば、それはまったく当然よ」。私はうつむいた。「私たちに、打ち明けなさい。時間をかけてでいい。みんな年上で、母親だから。私たちに話すのよ。私たちなら動揺したりしないから」

その晩、結局、私たちにたいした違いはないということがよくわかった。ここにいる人たちは全員何かを求めていた。信頼する力を取り戻すことは、その何かの大部分を占めていた。だからこそ、ベス・イスラエル病院付近には足を踏み入れたくなかったのに、私は毎週そこへ戻っていったのだ。

私は、彼女たちに自分の胸のうちを少しずつ、時間をかけて伝えていった。彼女たちは動揺したりしなかった。それは私も同じだった。

✢

ようやく母に会えたのは九月のことだった。レイプされる前から、ハイスクールの同窓会に出席するつもりで飛行機のチケットを買ってあったのだ。同窓会に出る気はなくなっていたが、そのチケットで家に帰ることにした。数か月のあいだにいくつもの人生を体験した気分になっていたが、そのいずれにも母は登場しなかった。私の母親だというのに。傷ついた魂を癒すのを手伝ってほしいとすがったり、新しいアパートメントを見つけるなど山積している現実的な問題を、せめて助けてもらったりしてもいいはずだった。それでも、受話器の向こうの母に対して、私は助けてと手を伸ばせなかった。

むしろ、私は母にこう言ったはずだ。「いや、来ないで、ぜったいに」と。あるいは、「暮らす場所が決まるまで待って」と。きっと私はかたくなだったに違いない。母は私の言葉に従ったまでだ。

　レイピストが部屋から去ったその瞬間に、私は母のことを考えた。私が死んだら母は生きていけない。そういう事態にならずに済んでほっとした。自分自身のことや、たった今経験したばかりの壮絶な暴力にどう向き合えばいいのかは、よくわからなかった。本当に不思議だった。理性のある人なら誰でも、恐ろしい危険はもう去ったのだと私に告げるだろう。レイピストはもういないと。これから心がけるべきは、心身の回復と〝サバイバー〟と呼ばれる存在になることだと。

「複数の犯人が武器を持っていたこういう事件現場ではね、お嬢さん、たいてい遺体が見つかるものですよ。自分がどれだけ幸運（ラッキー）だったか、わかっていないでしょう」。事件の翌朝、自宅で指紋採取をおこなった警官が私にそう言った。その警官の考えがあまりに私の考えとはかけ離れていたので、戸惑った。彼にしてみれば、私は殺されても当然だったのに殺されなかった。それ自体には幸運なところがあるので、確かに祝うべきなのだろう。

　ところが、襲撃から何か月経っても、私の身体は危機が去ったと認識できないでいるみたいだった。部屋に差し込んできた光が、ナイフを持った他人の思いがけない来訪によるものだと気づいたその瞬間から、私はずっと恐怖に圧倒されっぱなしだ。体内の何千もの神経終末で微弱な電気がスパークし、昼夜を問わず暴走していた。命乞いをするあいだも辱（はずかし）められ、乱暴に犯され、幸運だと思うことなど一つもなかった。

私にとってそれは決して終わらないものだ。

恐ろしい事態が最悪な結果になっていた可能性があったとしても、それでその行為の非道さが帳消しになるだとか、誰かを幸運な存在にすることなどできない。法執行機関の職員が、自分が所属する組織のなかで長らくまともに扱われてこなかった犯罪の被害者に向かってそんな言葉を投げかければ、被害者は心を引き裂かれたような気になる。もし起きたのが、私がそうならずに幸運だったとされる犯罪、つまり殺人だったら、まっとうな犯罪だとみなされるのか。だが、私が経験した犯罪はそうではなかった。もっと最悪な事態になっていたと警官に言われても、決して拭い去ることのできない刻印が残る。そのトラウマの根深い影響は、何をもってしても消すことはできない。その一方で、もし私が被害に遭った犯罪が深刻なものだという認識が警官にあったら、その後何年も続くことになる苦しみを理解しやすくなったかもしれない。だがその警官の言葉は、希望を持たせるものでも、前向きにさせるものでもなく、性暴力の被害をあからさまに軽んじるものだった。

そして母もまた、私が殺されなくてよかったと言った。その思い込みのせいで、私が精神面で求めていることを、母が理解しにくくなるのではないかと不安になった。事件直後に母がボストンにやって来たら、私が彼女の面倒を見る羽目になるかもしれない。霧に包まれたような状態で私は思った。だから来ないでほしいと彼女に伝えたのだ。それは本心だった。

少なくとも、私は本心だと思っていた。

それから何年も経って、私はペルシャ語に「ターロフ（tarof）」という言葉があると知った。

ターロフとは、イランで広くおこなわれている慣習を表す言葉であり、裏の意図が何層にも重なる状況を表すものだ。[9] 誰かが何かを主張するときに最初に発する言葉は、丁寧さの表れであるため、拒否するか割り引いて考えなければならないものだと受け止められる。ターロフの説明によく使われるのが、タクシーに乗るときの会話だ。乗客は運転手に料金を尋ねる。すると、運転手はきっぱりとこう言う。「お金をいただくなんてとんでもない。あなたと過ごすひとときが私にとってはよろこびであり、楽しくお話しできればそれだけで充分です」

乗客側は、料金の受け取り拒否は心からのものではなく、単なる丁寧さの表れであり、それを退けなければならないことを承知している。「いやいや、もちろん料金はお支払いしますよ。そのような寛大な申し出、受け取るわけにはまいりません」と。

そのような押し問答がさらに続く。

そしてようやく乗客は、タクシーの運転手に料金の受け取りを承諾させる。「いいでしょう」と運転手は言う。「あなたがそこまでおっしゃるのなら」。双方とも、料金を支払わなければならないことははじめから承知の上だが、イラン文化におけるやりとりにはターロフが欠かせないのでそうしているまでだ。もし乗客が料金を支払わずにタクシーを降りたら、運転手は支払いを要求するだろう。そのやりとりがきちんと完結するまでの過程を理解している者のあいだにのみ、ターロフは成立する。

私の祖父はペルシャ系ユダヤ人で、一九二〇年ごろにイランを去り、シカゴに移住した。結婚して四人の子をもうけ、職にありつけるときは仕事をかけもちして子どもたちを養った。故国についてはほとんど語らず、国を出たのもそうせざるをえない状況にあったからだ。今では家族はみなアメリカ人になっている。

半分イラン人で、アメリカ生まれの一世の母は、休みの日に父親がつくってくれるペルシャ料理以外は、自分に連なる伝統をほとんど何も知らなかった。彼女がターロフを理解していてくれたら。口では来なくてもいいと言っておきながら、あのときの私は母を必要としていたのだ。でも、自分が歓迎されるかどうかよくわからなかった母は、不安のあまり娘のもとに駆けつけるのをためらった。

もし私の言葉を無視して母が来ていたら、母の責任を取る力を、娘の言葉を無視する力を――自分に必要なものすらわからなくなり、打ちひしがれてしまっている娘の言葉を無視できるほどの母の力を、私は頼もしく思っただろう。それなのに、母は私の言葉を真に受けた。

ターロフの知恵も、その美徳も、私たち親子には縁のないものだった。私が「来ないで」と言ったとき、母はもっとねばるべきだった。私は抵抗し続けただろうが、母はもっと主張しなければならなかった。そうすれば、私だって折れたかもしれない。私の内なる子どもは、母が私の言葉に従ったことをいつまでも許せないでいた。

でも、それも私が真相を知るまでのことだった。

脳卒中のため脳出血を起こして危篤状態に陥った母が、クリーブランドの病院に入院していたとき、四十代になっていた私と姉は当時を振り返った。病院で何時間も母の手を握り、モニターのピッピッという音に耳を傾け、「もう頑張らなくていいから」と話しかけるという大変な時間をともに過ごしたあと、姉の車に乗っていた。母は私たちの言葉を聞き入れず、もうしばらくのあいだ、しぶとく生にしがみついていた。

　私たちの人生を振り返って、母が幸せだったときのことや大変だったときのことを話した。そこで当時のことが話題に上ったのだ。ジュディがその話題を出したとき、かつての苦痛をいまだ完全に手放せていない自分に気づいた。

「あのとき、どうして母さんは私のところに来なかったの？」私にとって姉のジュディはどんな存在だろう。過去二十年間は同じ町でほとんど暮らすこともなかったけど。そんなことを考えながら、私はハンドルを握る彼女を見た。「自分の娘があんなことを経験したらと想像してみてよ。車に飛び乗って、時速百六十キロで娘のところに向かわずにはいられないんじゃない？」

「何があったか教えてあげる」。ジュディが口を開いた。ジュディはハイスクール時代、州大会で輝かしい成績を収めたコーラス・アンサンブルに所属していた。だからだろうか、話の内容が楽しいことでも、難しいことでも、その穏やかな声にはどことなくメロディが感じられた。

「母さんは必死になって航空会社に電話して、飛行機のチケットを取ろうとしていたのに、あなたがまだ準備ができていないと言ったのよ。それで私はレイプ・クライシス・センターに電話をかけて、どうすればいいか相談したの」

「そんなことをしていたの？」高速道路の標識がぼやけて見えた。ジュディはスピードの出し過ぎだったので、私は反射的にパトカーがいないかとあたりを見渡した。

「ええ」。ジュディが答えた。「それで、私と話した人が言ったの。主導権を完全に奪われる出来事のあとでは、あなたにそれを持たせることが何よりも大切だって。たとえ不満があっても、あなたの言うことには耳を傾けなきゃいけないし、許可なしに訪問したらダメだとその人は強調していたわ」

「そんな」――どう返したらいいかわからず、それだけ言った。「そんな」――ジュディに言われたばかりのことを考える時間がもっと必要だったので、そう繰り返した。「驚きだわ。何年も前に知っていたら、母さんとそのことについて話せたのに。どうして私に何も言わなかったんだろう」。母の命が消えようとしているこのときに、突如として、それまで考えもしなかった、母を赦（ゆる）せるかもしれないという可能性が見えてきた。ジュディが専門家に助言を求め、私のニーズを最優先するよう釘を刺されていたとは。好むと好まざるとにかかわらず、家族の訪問には私の同意が必要だったとは。

「ねえ、そのレイプ・クライシス・センターの人は間違っていたかもよ」。私はようやく口を開いた。「でも、来ないでと言った私も、間違っていたのかもしれない」。ジュディはショッピングモールの駐車場に車を停め、エンジンを切り、運転席で体をよじらせ、こちらを向いた。

「私は母さんにこう言わなくちゃいけなかったんだね。こっちに来てほしいけど、飛行機、ホテル、レンタカー、滞在期間、一人で来るのか、みんなと一緒に来るのか。そういう細かいことを決める手助けは何もできないよ、って」

ジュディはうなずいた。「母さんはいつもそういうことでパニックになっていたから。私たちのことは心から愛してくれていたけど、誰かに指示されないと、気持ちを行動に移せないことがあったんじゃないかな」。ジュディが母さんのことを過去形で語っているのに気づき、これからつらい時間がまだ何日も続くのだということを思い出した。

その日、母が重体だと伝えるために、あとでエミーと話した（私たちはずっと友達づきあいを続けていた）。「何年もずっと、母さんは充分に気にかけてくれないと思ってきたのに」――私は言った。「私のところに来て、面倒を見なくてもよくなったからほっとしたんじゃないかと疑っていたのに。でも、自分は正しいことをしていると、言われたとおりにしていると母さんが考えていたとわかって、ちょっと楽になった」

その日、思いがけないギフトを姉から受け取った。間近に迫る母の死を姉妹で見守るあいだ、自分も悲しみのなかにあったにもかかわらず、私にそのことを打ち明ける分別を姉が持ち合わせていたことがとてもうれしかった。そのおかげで私は心を開くことができ、母を赦すことで自分も少し癒されたのだった。

✣

私が出席することのない同窓会が開かれる二日前に、飛行機はオハイオの地に降り立った。クリーブランド空港はアシュタビューラからおよそ百四十キロの距離だ。母さんが路肩に停めた白いフォードに座っている。継父（とう）さんが出ていったので、車が必要になったのだ。テリーがいなくなった家はどんな感じだろう。いつも漂っていた酒臭いあのすえた汗のにおいは、今でも残っているだろうか。テリーが酒を飲んでいたのは昔のことなのに、大学の卒業式で会った彼の毛穴からは、ウィスキーで満たされた樽(たる)の塩辛いにおいがまだ放たれていた。彼とはもう一年も話していないが、あの夜の襲撃のあと、まったく連絡がないことに私は愕然としていた。

「母さんがテリーと結婚したのは、私が十一歳のときだったよね。それから十年以上私を育ててくれたのに、電話の一本もよこさないなんて。私は死にかけたんだよ。テリーが別れたのは母さんであって、私じゃないのに」。車のなかで私はそうこぼす。二人とも前を向いているからか、言葉はすらすらと出てきた。

「彼はあなたのことを気にかけているし、あの事件が起こったときもあなたの電話番号を訊かれたわ。なんて言ったらいいのかしら。彼があなたのことを愛しているって、わかってるでしょう?」甲高い母の声はばつが悪そうだ。

「あの人のことをかばわないでよ」。私は両手で頭を抱える。「ルームメイトの親は一人残らずその週のうちに私に電話をくれたよ。連絡先だってよくわからなかったはずなのに。彼は私の継父さんでしょう?」

母のほうを見ると、私が期待するようなテリーの仕打ちに対する怒りへの共感ではなく、恥らいのこもった目で見つめ返してくる。**どうして私はあんな男と結婚してしまったの? どうして長いあいだ別れないでいられたの?** 運転している母の顔のしわの一本一本に、おなじみの悲痛な叫びが浮き出ているようだ。

私はテリーに手紙を書いたが、それを投函することはなかった。ジュリーがエミーの家に寄ったとき、私はその手紙を読み聞かせた。「あなたの思いのたけを綴ったものなら、送ればいいじゃない」。私が読み終わるとジュリーはそう言った。「そうでなければ、気にしないことね。あんなことがあったのに電話をかけてこないという事実だけで、もう充分でしょう」。そのときは、私は母と継父が暮す町に向かっていたので、戦いに臨む準備は万端だったのだ。

母と私は、母が暮す平屋住宅の居間に落ち着いた。「あなたにこうして会えることがどんなに素晴らしいか、言葉では表せないわ」。母は両手を握り合わせる。「ここにあなたがいるなんて、信じられない。調子はどう？」

「まあまあだね。エミーとスティーヴがもうすぐサンディエゴに発つから、私は住む場所を探してる。家賃やその他の支払いを援助してくれる被害者補償（victim compensation）という制度があるってリースから聞いたばかりよ」

母の顔が曇る。うっかりしていた。つい事件にかかわることを話してしまった。

「あなたが殺されなかったことを感謝しないとね。そうなっていてもおかしくなかったと考えるだけでぞっとする。もしそんなことになっていたら、私はどうにかなっていたわ」。母がそう言ったとたん、私がずっと抱えてきたさまざまな怒りが、なんの前触れもなく、一つ残らず爆発した。

「そうだよね、母さんにはそれでよかったよね。でも、私がよかったと思っているかどうかは別の話」

母は腰に手を回して自分をぎゅっと抱きしめる。「何を言ってるの？　どういうこと？」

「言葉のとおりよ」

「どういうこと？」母が繰り返す。「生きていて残念だなんて……殺されたほうがましだったって言いたいの？　なんてこと！」

「私が言いたいのはね、母さん、最悪の事態のなかに良いことを見つけられない場合だってあるということよ！」私は大声を出す。あとになって、キッチンのシンクでどれだけ水を飲んでも喉の痛みが引かないので、このとき大声を出していたのだとわかった。「こんなこと、そもそも起きたらいけないことなのに、ありがたいことなんて一つもない。それに、私が生きているように見えるからって、大丈夫なわけじゃない」

そのとき、あの警官の声が頭のなかでこだました。**幸運（ラッキー）、幸運（ラッキー）、幸運（ラッキー）だった。遺体が見つからなくてついて（ラッキー）いた。だから、ちくしょう、幸運（ラッキー）、幸運（ラッキー）、幸運（ラッキー）じゃないか。**

母はソファからぱっと身を起こすと、椅子取りゲームをする子どもみたいに、泣きながら走り回りだす。「私が何をしたって言うの？　何を言った？　何をした？　何をしたのよ？」

自分を責め続ける母を、私はそのままにする。母は走り続け、そのうちつぶやきは私に向けたものではなくなっていく。「私が何をした？　何かおかしなことを言った？」

ついに母の歩みはゆっくりになる。こちらに充分に近寄ったとき、私は手を伸ばして彼女の腕をつかみ、隣に引き寄せる。「母さん、やめて。私がお願いしたいのはこういうことなの——あの事件がそんなに悪いものじゃなかったってふりをするのはやめてほしい。あれは本当に最悪な出来事だったし、今でもそれは変わらない。そのなかにどんなに良いことを見つけようとしても、事実は変えられない。私は自分で自分を傷つけたくて言っているわけじゃないの。でも、もっと悪い事態になっていたかもしれないと私に言うのはやめて。だって、あれは間違いなく最悪の出来事だったんだから。私が生きていてうれしいと母さんが思っているのはわかっているから」。やっと赦してもらえたと思った母が、腕のなかに倒れ込んでくる。

私は母を子どものように抱きしめて、安心させようと揺(ゆ)する。私は、私が泣いていることに気づいていない。母が私を抱きしめてくれていることにも気づかない。

「ひどいことだったのはわかってるわ、ハニー。当たり前じゃない」。母はそう言うと、癖毛がからみ合う私の頭をなでた。「ただ泣けばいい。大丈夫よ。ひどいことだったってわかってる。ええ。ひどいことだった。わかってる。私が悪かったわ」

四章　仕事

木曜の晩に襲撃され、金曜の朝には誰かが私の職場に休むと連絡を入れる。月曜になっても私は痛みに苦しみ、しゃべることもままならず、人と会うのは無理な状態だ。エミーが会社に電話をかけてメッセージを残す声が聞こえる。「私はミシェルの友人です。折り返し電話をください。驚かせるつもりはないのですが、週末のオールストン地区での住居侵入のニュースはご覧になりましたか？　お話があります」

大学を出てからの二年間、家賃を支払えるだけの給料は出るが、興味のある書くこと（ライティング）とは無縁の仕事ばかりしてきた。事件当時は、ボストンにある全米規模の雑誌の編集アシスタントとして働いていた――そのことを、私は誰彼かまわず言いふらしていた。スーパーのレジカウンターでも、「ターキーが特売でよかった。今度始める雑誌の仕事にはランチを持っていかなくちゃならないから」と言っていたぐらいだ。その仕事を得たことがとにかく誇らしく、将来のキャリアに対する見通しは希望に満ちていた。その後、そこで一年も働かないうちに事件は起きた。

事件後、私は何も考えられなくなり、打ちひしがれる一方で、仕事が溜まっていくことが心配でたまらなかった。それなのに、一週間後に職場復帰しても、何も手につかない。

上司のジョーは、私が無断で休暇をとったかのような態度を取る。記事の山を指さすと、「こっちを先に片づけてくれ。進行スケジュールが遅れているんでね」と申し渡した。たぶん私の復帰をよろこんでいるが、どう声をかけたらよいものかわからないでいるのだろう。先週みたいに、同情と哀れみばかり向けられる状況はもうたくさん。それでも彼の態度から伝わってくる、一週間前と同じように仕事をこなして当然、という期待が重荷になる。

「カレン」。オフィスにいるもう一人の社員に、ジョーは大きな声で呼びかける。「今月号の広告はそろったか？　金曜にはすべてを印刷に回さないと」

「気にしないで。ジョーは仕事が増えてイライラしているだけよ。一日ずつしっかりこなして行きましょう」。カレンは私を隅に引っ張っていき、両手で私の手を握りしめる。「電話をかけたかったのに、あなたの居所がわからなくて。大変だったわね。今月号はもう準備できているから、彼のことは無視してゆっくりやればいい」

私は記事を読もうとするが、意味が頭に入ってこない。ランチは手つかずのまま。パトカーのサイレンが聞こえると鼓動が早まる。自分が何を感じているのかすらわからないまま、気づくと頰に伝う涙をぬぐっている。

職場復帰の二週間後に、私はジョーのオフィスに赴く。彼は空いている椅子を指して、「座ってくれ」と言う。

「調子がよくありません」。彼の肩越しの窓の外に見える、フェンウェイ・パーク近くのガソリンスタンドの広告看板を見つめながら、私は口を開く。「多分しばらく休職したほうがいいでしょう。一か月休みをいただけませんか。思うように仕事ができないんです」。ジョーは膝の上に両手をのせて私の言葉に耳を傾けている。「休職を認めていただけないかと思って――しばらくのあいだ休むということですけど。もし私が辞めるとなると、後任を見つけるのに最低でも一か月はかかります。その一か月を私にくださいませんか？　そうしたら元気になって戻ってこられるはずです」。自信があり、自らの価値を確信しているというふりをして、その訴えをなんとか声に出して伝えた。でも、実のところは自分の弱さをさらけ出しているだけだった。

「すでに最初の一週間を有給で病欠扱いにしたじゃないか」。ジョーは即座にそう答える。そんなことを要求されて驚いたと言わんばかりだ。「もし一か月休職しても、結局もっと長く休む必要があるだとか、やめるだとか言い出しかねないのでは？　きみが復帰するのを一か月待ったあげくに後任を探していては、進行スケジュールに大幅な遅れが出る。またこちらから連絡するよ」。彼と握手をするはずだったのに、私の両手は脇に垂れ下がったままだ。

数日後、ジョーのオフィスに呼ばれる。「きみの要望について検討してみたが、やはり受け入れられない。リスクが高すぎる」。彼がまだ何か言うかもしれないと思って、私はそのままじっと待つ。顔が赤く火照るのがわかる。彼のデスクの上には、飲みかけの炭酸飲料の缶が置いてある。それを引っつかんで、走って逃げてしまおうかと思う。

本気で頼んだわけじゃなかったのに。私はそう思った。**私をここに置いておけないってことね。**

「それでは辞表を出します」

雑誌の仕事を辞めてビルをあとにしたとき、私の今後の職業人生におけるキャリアの方向性は、完全に変わってしまった。それからの四年間は、仕事はただ生きていくためにするものになった。支払いを済ませ、食料を買うためだけに、なんとか動けるときに働いた。当時は非道な犯罪がそんな現実を招いたのではなく、自分の落ち度のせいだと思い込んでいた。それ以外にどう思えただろう？　わが身にふりかかった出来事が自分のせいではないと教えてくれる外側からのシグナルは、私や多くの性暴力サバイバーの耳には届かなかったというのに。仕事ができなくなるのは、レイプや性暴力を経験した者に広く見られる反応だ。

のちに、私はレイプキットが未検査のままになっている問題に取り組む活動にかかわりはじめた。その当初に知り合ったレイプサバイバーのヘレナ・ラザロは、仕事が自分にとってどんな意味を持つかについて書いている。「拉致される前は、こうなりたいという夢がありました――教師や作家、俳優などです。その後、計画はすべて問題外となりました。人生がいつ何時終わるかもしれないという思いに捉われると、将来を思い描けなくなります。私は臨時の仕事しかこなせなくなりました――一度に数か月ぐらいの仕事です――それもPTSDとうつの症状が出るまでしか続けられず、意味のあるキャリアの道筋を支えるのに必要な力を失いました。それが私にはいちばん受け入れがたいことでした。失われた時間、失われた人生とキャリア

――失われた自分が[1]」

ヘレナと出会ったのと同じ集会で知り合ったラヴィニア・マスターズは、彼女の経験した暴力がどれだけ仕事への意欲に影響したのかについて書いている。「レイプされたとき、私はまだ子どもだったので、仕事そのものではなく教育に悪影響がありました。私は自分の苦しみに関心を引きたがる、反抗的でひねくれたティーンエイジャーになりました。何もわかっていませんでした。学位課程を修了できず、そのせいで弁護士になるという子どものころの夢は叶えられませんでした[2]」

レイプが一人の被害者に生涯にわたって及ぼす損失は、十二万ドル以上だと試算されている。それが積み重なると、米国全体の経済的損失は三兆一千臆ドルにものぼる。[3] レイプが被害者に及ぼす長期的影響を調べたある研究によれば、「性的暴行とそれにともなうトラウマ反応(trauma response)は、休職、パフォーマンスの低下、失業、就労不能など、さまざまな点でサバイバーの雇用を不安定にする[4]」。アメリカのすべての州が、レイプ、殺人、暴行等の被害に遭った人を救済するための犯罪被害者補償基金(Victim Compensation Fund)を設けている。失った賃金に対する補償金は、利用できる支援の一つだ。そのような補償の存在を被害者が知っていたとしても、申請は自分ですることになっているので、気持ちを奮い立たせて書類を記入しなければならない。補償の範囲や金額は州によってまちまちだ。だが、受給者として認められる条件として、犯罪を警察に申し立て、捜査に協力し、定められた期間内に申請書を提出し、損失をカバーするほかの保険や手段がないかと確認することが、多くの州で被害者に求められている。[5]

犯罪の申し立てをおこなわなければ補償を受けられないという仕組みが、生きるためのお金を必要とする被害者に立ちはだかる高い障壁となっているのだ。それに巷(ちまた)には、レイプの被害申し立てを躊躇させるような記事があふれている。例えば、「警察がレイプ被害者を失望させる」という記事のリード文には、「警察は被害者にプレッシャーを与えた。容疑者への事情聴取はおこなわれず、レイプキットは破損(…)〝憂慮すべき〟慣例に従ったのだ」[6]とある。「レイプ被害者を失望させ続ける警察の実態——司法省の最新報告書によりボルチモア市警の性暴力被害者への対応の不備があきらかになったが、氷山の一角にすぎない」[7]という記事もある。ほかにも、警察の教育と人員配備の不充分さを取り上げた記事のリード文には、「職員の入れ替わりの激しさ、人手不足、教育の不徹底が、レイプやその他の性的暴行に対する警察の捜査の足枷(あしかせ)になっている」[8]とある。レイプ被害者への適切な対応を実現するための警官向け教育が全米で緊急の課題とされていない現状において、被害者が犯罪を申し立てなければ重要な資金援助を受けられないシステムは不公平きわまりない。被害者補償基金の支給責任者は、個人のニーズを認定する別の方法を考えるべきだ。例えば、患者が治療中であることを示すセラピストのメモや、病院で実施されたレイプ検査の書類、そして、法執行機関に申し立てをしなかった理由を説明するサバイバー本人による証言を利用することなどが考えられる。

被害者補償金が支給されるまでの手順はもちろんあってしかるべきだが、制度そのものが被害者の経験に敬意を払い、尊重するものになっておらず、経済的保護を求め、最低限のニーズを満たす責任を被害者に丸投げしてしまっている。マサチューセッツ州被害者補償基金の、被害者が記入する申請書の一行目には、「私は被害者補償基金が最終手段であると理解していま す」[9]という文言がある。仕事ができず、家に戻っても安全ではなく、避難所(シェルター)を見つけなければならず、トラウマに対処するのにお金のかかる専門家に頼らざるをえない多くの被害者にとって、この基金は必要不可欠だというのに。そのような資源(リソース)の利用のしやすさが、多くの人の経済的・精神的サバイバルの鍵を握っている。

私は友人から被害者補償基金の存在を教えてもらったのだが、エミーのアパートメントで面会した刑事の口からそんな話は出なかった。事件直後に私は約二千ドルの支援を受けた。そのお金はとてもありがたかった。通いはじめたセラピーにかかる費用や、アパートメントの敷金の足しにできた。当時は再申請する気などまったくなかった。それから数年後、毎日のようにトラウマに苦しめられ、仕事にも就けないありさまで再び基金に助けを求めたときは、忸怩(じくじ)たる思いだった。

仕事にも就けず、引っ越しを頻繁に繰り返し、心的外傷後ストレスに翻弄されていた事件直後の数年間、ボストン市警からはなんの音沙汰もなかった。事件の数か月後に、私は担当刑事に電話をかけた。そのときの通話はせいぜい二分ほどだった。話の内容を私はよく覚えていて、刑事の口調がひときわ印象に残っている。ルールを無視して余計なことをしやがって。やっかいごとは勘弁してくれ、とでも言わんばかりだった。

「こんにちは、刑事さん。オールストン地区グレンヴィル・アベニューで六月末に起きた住居侵入事件の、ミシェル・バウドラーです」。これ以上細かく説明を求められませんように。そう祈りながら切り出した。そのときはまだ、「レイプ」と口に出して言えなかった。その言葉に〝s〟をつけて、事態を正確に——輪姦（rapes）だったと——説明できるようになるには、さらに数年かかった。「もうすぐ引っ越すのですが、新しい電話番号がまだわかりません。だから、何か捜査の新情報や進展があったときに私に連絡できるように、番号がわかり次第すぐにお知らせしたほうがいいかと思って」。受話器が脂汗で湿っていたので、ペーパータオルを挟まなくてはならなかった。「電話に出てくださっているついでにお聞きしますけど、何か進展はありましたか？　あの地区で、住居侵入はまだ続いているんでしょうか」

「われわれは警察ですよ」。私の質問を無視して刑事は言った。「人の探し方ぐらい心得ています。それが仕事ですからね。何かわかったらこちらから連絡すると言いませんでしたか？　そうしていないということは、新情報は何もないということです」

「わかりました」。私はうわずった声で答えた。「電話番号が他人の名前で登録されているアパートメントに引っ越す予定なので、連絡先がわからなくなるかもしれないと心配になったものですから。それでは、新しい電話番号がわかっても、そちらにお知らせする必要はないということですね？」

「必要があれば調べます」。刑事はそう繰り返した。

私は電話を切った。賃貸借契約書が私の名義ではなく、電話帳に名前も載っておらず、私の運転免許証の住所は以前のままだというのに、いったいどうやって私を見つけ出すのだろう。

刑事は探せると言ったが、具体的な方法までは口にしなかった。だからといって、それを確認するために私は電話をかけ直したりしない。やがて三度目か四度目の引っ越しのときに、その刑事の名刺を失くした。そのときの電話が彼と話した最後になった。

おそらく新情報など何もなかったのだ。

雑誌の仕事をやめてから四年ほど、私は人材派遣会社で臨時雇用の秘書として働いた。それが私にできる精一杯だった。「臨時」というキーフレーズが、私の職業人生において重大なことを説明していた。つまり、私の置かれた状況が一時的なもので、ずっと続くものではないということだ。私はそうあってほしいと願っていた。「これは一時しのぎの仕事だから」と。数週間が数か月に、数か月が数年になるあいだ、私は自分にそう言い聞かせた。

いつになったら前向きな気持ちになれるのだろう。そういう疑問はもう、頭に浮かばなくなっていた。大学院進学についてやきもきしたり、いつになったら本を読む集中力が戻ってくるのかと悩んだりするたびに、私は消耗した。今は自分を支えるために働けばいい。そのかたわらで、町中の電柱に貼った切り取り式の広告を通じて提供している編集とライティングのサービスを拡大していけばいい。そうやって自分を納得させた。

私はライターなんだから。編集者なんだから。そう念じていた。

依頼の電話は月に一、二回かかってきた。私のなかにかろうじて残っていた自尊心を保つのに、そのやりとりがどれだけ役立ったか。数少ない顧客は気づいていなかっただろう。インクの色に染まった一本の糸にすがって、私は以前の自分とつながっていた。もっと多くの仕事をこなすために、サービスを無料にしようかと考えた。何よりも大切なのは、大学時代の友人にばったり会って、卒業後何をしていたのか訊かれたときに、答えが準備できていることだった。「編集とライティングの仕事をちょっとしているの。もうすぐフルタイムの仕事になる予定なんだ」

派遣会社からその週に指定されたあちこちのオフィスで電話に対応しながら、またいつか夢を見られるようになるのだろうかと考えていた。楽観的に考えたり、可能性を探ったりといったことがまったくできなくなっていた。仕事中に恐怖の感覚に襲われて、何やかやと言い訳をして昼間から早退することもしょっちゅうだった。

次はどんな仕事が来るのかなど、考えもしなかった。私にはささやかな給料と仕事があった。それ以外の集中力は、やっとの思いで雑事をこなし、ちゃんと息をして、食べて、眠って、風呂に入ることにすべてを費やしていたような日々だった。残りの人生ずっとこの繰り返しだと思い込んでいた。そして、答えは残酷なほどあきらかなのに、毎日問い続けた。「どうしてこんなことになったの？　何が原因なの？」と。

トラウマの被害者になったら仕事ができなくなって当然だと、ベス・イスラエル病院で会った人たちも、ＢＡＲＣＣのスタッフも、セラピストも、誰一人として私に教えてくれなかった。私は公平な立場から、こういう挫折が普通のことなのかと尋ねたりはしなかった。代わりに、無言のうちに恥ずかしさを味わい、それは自分の落ち度なのだと感じていた。警察は何も言ってこなかった。捜査対象の犯罪について説明する彼らの声に、深刻さはなかった。逆に、私の大げさな反応が異質で、普通ではないのだと思えてきた——自分で自分を苦しめているだけなのだと。

✣

二、三年もすると一週間連続で働けるようになり、長期の仕事も引き受けられるようになったが、それが変化の兆（きざ）しなのかはまだわからなかった。派遣会社からジューダ・フォークマン博士の研究室にはじめて派遣されたとき、博士は私の履歴書に目を通して編集の経験があることに気づいた。「私は本を執筆中でね。これまでに書き上げた部分をきみに見せよう。残りを仕上げるのを手伝ってほしい」。そう言って、博士はオフィス・マネジャーのほうを向いた。

「派遣会社に電話して、彼女はうちで働いてもらうと連絡してくれ」

オフィス・マネジャーのシェリーは、ウェーブした金髪の持ち主で、ジーンズとスニーカー姿のポスドクばかりのなか、仕立ての良いスーツにひとり身を包んでいた。私は彼女とオフィスを共有していたので、私が来てから博士とのあいだで始まった、本を書く、書かないのやりとりを、彼女は目の当たりにすることになった。博士と私は打ち合わせの時間をつくろうとしていたが、博士が別の用事で呼び出されるたびに約束はキャンセルされた。

「博士はもう何年もこの本を書こうとしているのよ。見通しは明るくないわね」。シェリーは目をぐるっと回して、毎朝淹れているハーブティーをすすった。彼女のデスクの上には、自分を大切にしているということが伝わる物がいくつか置いてあった。例えば、毎朝声に出して読んでくれる前向きな言葉が書かれた日めくりカレンダーや、給湯室で紙コップを使わなくてもいいように用意してある自分だけのマグカップなど。

「うまくいくといいんですけど」。私はそう言った。「週末に打ち合わせをしたほうがいいのかしら」。私はこの一年間、タイプやファイルの整理ばかりしていて、執筆の手伝いをすることはなかった。

　あるときシェリーに、「オフィスの外であなたに話したいことがあるの。だから明日はランチは持ってこないでね」と言われた。

「わかりました」。彼女の誘いを覚えていられる自信がなかったので、私はそれをメモ帳に書きつけた。シェリーについては、仕事はできるが人づき合いが悪く、私生活を明かさない代わりに私のことも詮索してこない、ということ以外はよくわかっていなかった。そんな関係（今なら健全な境界線（ボーダーライン）のある関係と呼ぶもの）は心地よかった。ありふれた風景のなかに隠れるようにして働いていた私を、彼女は大目に見てくれた。

　翌日の昼に、私たちは近くのフードコートまで歩いて行った。シェリーはおごると言って譲らなかった。彼女はその日、はじめて私たちのあいだにあった境界線をずらしてきた。私は心のなかで、そんな彼女の態度を受け入れる準備ができていますようにと願った。

「あなたと仕事をするのは楽しいわ。でも、あなたは大学を出ているんだよね？　すべて順調なの？」シェリーは、素敵なスーツに包まれた肘（ひじ）を食べ物のかけらが散らばるテーブルにのせて、前のめりになった。それは、ストレートな答えを求めるストレートな質問だった。だから、私は深呼吸をしてから話しはじめ、だいたいのところを打ち明けた。住居侵入のこと。二人の男が武器を持っていたこと。友達のところで世話になったこと。働けなくなったこと。シェリーは何も言わずにただ耳を傾けていた。話をするあいだ、私はほとんどサンドウィッチばかり見つめていた――全粒粉パンにターキーと水っぽいトマト、しおれたレタスが挟まれていた。心臓の鼓動は穏やかだったが、雑誌の仕事をやめたいきさつを話すときだけは速くなった。

「その仕事が大好きでした。私のすべてでした。今、当時を振り返ると、まるで百年前のことのよう。事件の直後は働けず、しばらくしてから家賃を支払うために派遣会社に登録したんです」。そんなにしゃべっていないはずなのに、私はどっと疲れた。サンドウィッチを床に投げ捨てて、発砲スチロールの皿を枕にしたい。

シェリーは静かに口を開いた。「私の考えを話すわね。あなたは休みもせずにちゃんと仕事をしている。でも、退屈しているのがわかる。きっと思った以上に準備ができているのよ。オフィスに戻ったら求人広告を探してみましょう。あなたと一緒に働くのは本当に楽しい。そう思っているからこそ、私はあなたがここから出ていく手伝いをする」。彼女は立ち上がって私の肩に手を置いた。

「ええ」。私は答えた。「さあ、行きましょう」

「でも、どこから始めたらいいと思う?」

「まず始めることで、スタートを切るのよ。そうするしかないって、私はよく思うの」

彼女に別れを告げ、とても返しきれない温情に対する感謝の言葉を見つけようとする自分の姿を想像してみた。何年経っても彼女と連絡を取っていられるだろうか？　彼女の名前やお気に入りのワンピース、ブレザー、靴の色を覚えていられるだろうか？

　彼女は黄色が好きだった。

✣

「ノース・チャールズ依存症研究所（North Charles Institute for the Addictions）」というのが、雑誌の仕事をやめて以来、私がはじめてフルタイムの仕事に応募したメサドン療法クリニック〔薬物依存の治療をおこなうクリニックのこと〕の、少々立派すぎる名前だった。そのとき私は二十歳よりも三十歳に近くなっていて、かつて夢見た素晴らしい未来は、氷冠(ひょうかん)のごとくあとかたもなく溶け去っていた。自分の力ではこの状況をどうすることもできないのか？　という疑問は、その状況が長引くほどにどうでもよくなるみたいだった。ハイスクールの卒業生総代を務め、「いちばん成功しそうな人」に選ばれた過去を、私は自慢しなくなった。一日の始まりと終わりに襲われていた圧倒的な恐怖や不安以上にそういうことを秘密にするようになった。期待に胸を膨らませた証拠を消し去るために、ポーチのデッキに使われないまま置いてあるバーベキューグリルで、ハイスクールのイヤーブックを燃やしてしまおうかとさえ考えた。

　求人広告で募集されていたのは、キャリアカウンセラーの仕事だった。私にはキャリアやカウンセリング関係の経歴はないものの、これならできそうだと思った。履歴書の内容を整えるのはお手のものだったから、小規模な編集サービスをフルタイムの仕事のように脚色して書いた。失業者が仕事を見つける手助けを、まさかこの私がするだなんて、宇宙が仕掛けた皮肉なジョークにしか思えなかった。私は自分が椅子から椅子へと飛び回るところを想像した。参加者が一人しかいない残酷な椅子取りゲームをしている私は、ある瞬間にアドバイスをしていたかと思うと、部屋の奥にある空いた椅子にさっと座って、今度は自分がいろいろと教えてもらう側になっている。

「いちばん大切なのは、クライアントを尊重しなければならないということです」。面接のときに、灰皿のようなにおいがする薄暗い待合室を歩きながら、もうすぐ上司になるレスリーが説明した。「ここに来る人たちはたいてい安定した職歴がなく、そのことをとても恥じています。彼らは道で障害物につまずいたようなもので、このクリニックは人生を取り戻す手助けをするところです。仕事は自尊心を構成する大切な要素ですからね」

レスリーの頭上を見ると、額縁とちょっと合っていない、大きなひまわりの絵が飾ってあった。ここが私のオフィスになるのだろうか。シェリーみたいに自分専用のマグカップなどを持ち込んで。受付にいる人が、私のクライアントが到着したと知らせてくれるのだろうか。それはつい数週間前まで、私が他人のためにしていた仕事だ。

待合室は満席だった。双子を連れた夫婦、ひげに白いものがまじった男性、赤いスーツに身を包んだ女性がいるのに気づいた。その人たちはみな何かの約束の時間を待っていて、誰もが同じように見えた。

この人たちは、どういう理由でここにいるのだろう。私と同じような物語があるのだろうか。

その晩レスリーから電話がかかってきて、採用だと告げられた。

「うちには、ハーバード大学医学部心理学科のプログラムと連携している依存症(アディクション)フェローシップがあります」。レスリーがそう説明した。「ここの職員があこがれるポジションですよ」

「ちょっと考えさせてもらってもいいですか？」私はしどろもどろに答えた。あまりがつがつしているように思われるのはよくないと、友人たちから忠告されていたのだ。

翌日、私はセンターの受付に電話をかけた。「こんにちは、ジェニー。レスリーに伝言をお願いできますか？」面接を終えて帰るときに、受付の女性に名前を訊いておいたのだ。誰かが本当に話したい人につながるまでの橋として利用されるのはどんな気持ちなのか、たいていは〝ミス〟やら〝マアム〟とだけ呼ばれ、まったく呼びかけられないこともあるのはどんな気持ちなのか、私にはよくわかっていたから。

一九八〇年代後半の当時は、薬物依存の回復期にある人がドラッグカウンセリングをおこなうこともめずらしくなかった。そのため、そういう仕事の求人では学歴は求められなかった。未経験で、数年間臨時雇いの仕事しかしてこなかった私でも採用されたのは、そういう理由だ。新しい仕事に就いて、私は一抹の希望を抱くようになった。依存症への理解を深めながら、キャリアカウンセラーになる。もしかしたら、その先の道が開けるかもしれない。ジュリーはスタンフォード大学で順調に博士課程を終えつつあった。サラは法学位を取得して法律関連の仕事を始めようとしていたところで、最高裁で弁護士として活躍する日も近かった。リースはダンスへの情熱を追い、カリフォルニア州の大学院で学んでいる。私が自分と比べていたのは、そういう友人たちだった。

まともな存在として扱われていると感じるだけで私はうれしくてたまらなかったが、実のところ応募のきっかけは、シェリーがマニキュアを塗った指先をある求人広告に置いて、「これに応募してみたら」と言ったからだった。私は何かから逃げるためにその言葉に従っただけで、別の目標を目指そうとしていたのではなかった——襲撃の直後にできあがった複雑な恥の感情は、どうしても解きほぐせなかった——かつて思い描いた未来にはもう手が届かないのだと思い込んでいた。

時が経つと、専門職に就いていない期間が長くなりすぎないうちに、雑誌や編集の仕事を探しはじめたらどうかと友人たちから勧められた。でも、私にはどうしてもできなかった。一度でも仕事で挫折を味わえば、それがなんであれ、自分が「以前は」持っていたものを失い、もう取り戻せないのだと思い知らされることになるだろう。依存症治療センターで職を探していた私のクライアントも、同じ思いでいたのかもしれない。

大学に通っていた当時、私は怖いもの知らずだった。豊かな髪の毛を揺らし、背中をしゃんと伸ばしてさまざまな集会に出て、学生たちがひしめく講堂に座り、アンジェラ・デイヴィス、グレイス・ペイリー、アドリエンヌ・リッチなどの有名な作家や活動家の言葉に耳を傾けた。錚々(そうそう)たる人物の講演を聴きながら決意したことを今でも覚えている。**私には声がある。間違いだらけの世の中で世論を変える手助けができる。この人生はこの先、私にどんなことを用意し**

てくれているのだろう。

あのレイプのあと、そんな若い女性はどこかに消えた。私は自分が置かれた状況を自分のせいだと思い込んだ。人生の方向性を見失ったのをレイピストや警察のせいにしなかった。ただ自分を責めた。それから数年後に、精神科医のジュディス・ハーマンが『トラウマと回復（*Trauma and Recovery*）』という、PTSDの長期的影響を分析する画期的な本を出した〔一九九二年に出版〕。この本は、性暴力サバイバーの経験への理解をがらりと変えた。ハーマンはレイプサバイバーの経験を拷問になぞらえ、そのトラウマ反応は戦争の被害者や強制収容所の収容者が示す反応に匹敵するとした。研究、歴史分析、患者の逸話からなる彼女の著作によって、トラウマ被害者の経験がすさまじいものだと認知され、社会が被害者を責めがちになる理由が説明された。「加害者の側に立つことは楽であり、そうなってしまいがちである。加害者は、第三者に何も手出しをしないでくれというだけである。加害者は、悪事を見たくない、耳をふさぎたい、そして口をつぐんでいたいという万人の持つ意向に訴える。被害者のほうは、これに対して、第三者に苦痛の重荷を一緒に背負ってほしいという。被害者は行動を要求する。かかわることを、思い出すことを要求する」[10]〔以下、中井久夫訳を参考〕

私が実際にハーマンの本を読んだのは、二〇一〇年ごろだった。当時、PTSDが再燃していた私に誰かが貸してくれたのだ。私は学生時代から、レイプは誤解され矮小化されがちだと知ってはいたが、その本で被害者への影響について読んでいるうちに、涙なしではページをめくれなくなった。重要な文章に線を引けるよう、自分用に一冊買って、二、三時間読み進めると、ページが線だらけになっているのに気づいてペンを置いた。その本のなかでは自分という存在が認められ、理解されていると感じ、安心した。一方で、一九九二年当時に著者が取り上げたことが、それから何十年も経っているのにあいかわらず問題であり続けていることが不思議でならなかった。その本のある部分を読んだときには、胸をえぐられるような気持ちになった。「自分の犯した罪の説明責任（accountability）を逃れようとして、加害者は忘れるのに役立つものならできる限りを何でもやる。秘密を守らせ口をつぐませることは加害者の第一防衛線である。もし、秘密が曝（あば）かれたならば、加害者は被害者の証言の信憑（しんぴょう）性をあげつらう。もし被害者の口を完全につぐませられなかったならば、加害者は誰も彼女の言に耳を傾けないようにする」[11]。私はこの部分を何度も読み返した。どこか引っかかるものがあった。それで、「加害者」の部分を「社会」に置き換えてもう一度読んでみた。次はそれを「法執行機関」に変えてみた。それから、「権力を持つ者」に。

状況を変えるためには何が必要なんだろう。その本をテーブルに置きながら、疑問を声に出してみた。感情が身体中をかけめぐったので、落ち着くのをしばらく待たなければならなかった。それから、こう思った。**こんな犯罪の影響を乗り越えて、いつか意味のある人生を、自分のために送れるようになりますように。**

五章　恩寵

ノース・チャールズ依存症研究所で働きはじめて一年が経つころ、私はささやかな修了証書を手にした。大学院の学位ではないが、いちばん上に「ハーバード大学医学部心理学科」と記された、依存学（Addiction Studies）のプログラム修了証だ。私はそれを手にするのが待ちきれなかった。その資格を履歴書に書き入れ、このささやかな達成をみんなに報告して回りたいと思った。ひょっとしたら私も前に進めるかもしれないということを示す、確固たる証のように思えた。

そのトレーニングプログラムの参加者には、私のほかにメアリーという名の看護師がいた。ショートヘアで、医療用スクラブを着て、バックパックを背負った彼女は、ティーンエイジャーみたいだった。「ベス・イスラエル病院で看護師として働いています」。顔の片側にえくぼを浮かべて、彼女はにこやかにそう言った。「医療現場で依存症患者に対応するトレーニング中なんです」。当時の私はあいかわらずベス・イスラエル病院に嫌悪感を抱いていた。その病院勤務という事実を差し引いても、彼女のことはたいして意識していなかった。

プログラム開始から数か月後のある朝、私たちはメサドン療法クリニックで一緒に作業をすることになった。メアリーはメサドン〔オピオイド系の鎮痛薬〕の投薬を担当し、私は利用者を迎え入れ、血圧が高すぎないか確認した。私たちは職場の休憩室で話すうちに、互いをよく知るようになった。メアリーはランチを持参する。私は近くでサンドウィッチを買う。彼女はコーヒーが好きで、それは私も同じ。彼女はランニングするが、私はほとんど身体を動かさない。彼女は大家族の出身で（十一人きょうだい）、働きながら看護学校を出た。私とは違って、彼女は利用者と接するときも堂々として物怖じせず、相手に共感する力を持ち合わせていた。そして、私を笑わせてくれた。

二人でコーヒーを飲んでいるとき、しゃべり続ける彼女に向かって、私はよく「止まれ」の標識みたいにして手を挙げた。そうしないと食べものを呑み込めず、吐き出してしまうから。ある日のランチタイムに、彼女はコカイン使用歴のある患者に対応したときのことを話した。その患者が尿検査の結果は間違いだと言い張っても、彼女は頑として聞き入れなかった。

「私がびくともしないとわかったら、彼女はこう言ったの。『メアリー、気を悪くしないでよ。あんたの強情さはくそむかつくね』って」

「それで、なんて言い返したの？」私はひやひやしながら尋ねた。

「気を悪くなんかしていませんよ、って」

これがきっかけで、私たちは深い会話をするようになった——子ども時代のことや、これまでの人生で学んだ教訓を打ち明け合った。彼女は裏表のない性格をしていた。考えていることや感じていることを勘ぐらなくてもいいし、例の患者とのやりとりからもわかるように、ちょっとやそっとでは動じなかった。そのころ、私はまだいろいろなことに敏感だった――風が強く吹きつけただけで身体が痛み、涙があふれてくることもあった。感情をきちんとコントロールできる人にあこがれたし、ちょっと惹かれた。

「今のところ、このプログラムはどう？」メサドン投与の合間に、メアリーに訊かれた。

「気に入ってる。いろいろ学べるし」。そこにどやどやと利用者が入ってきて、会話は中断された。クリニックが終了すると、私はドアを施錠して、メアリーが確認し終えるのを待った。患者に投与したメサドンの量がちゃんと合っているか、帰る前に必ず確認しなければならなかったのだ。

「ぴったりだった」。十分後、そう言いながらメアリーがにこにこ歩いてきた。

「それじゃあまた本館でね」。何冊か本を抱えていた彼女のために私はドアを押さえた。

「あのさ」とメアリーが言った。「バスケットボールは好き？　職場の人たちと一緒に買った、ボストン・セルティックスの試合のチケットがあるんだ。もうすぐ試合があるんだけど。行きたい？」

「うん」。私はそう答えた。バスケットボールはそれほど好きではなかったが、試合会場のボストン・ガーデンにはまだ行ったことがなかったし、一九八〇年代後半の当時、セルティックスは歴史的快進撃の最中で、カンファレンスのタイトルを次々と獲得して何度か優勝も収めていたのだ。**どういう風の吹き回しだろう？**　私は心のなかで思った。

その日は一日中、これはデートの誘いなのかと気になってしかたがなかった。そのころ、メアリーとはちょっと散歩したり、コーヒーを飲みながら午後の休憩をしたりと、二人で過ごす時間が増えていた。彼女のえくぼは魅力的だ。それに、おもしろい人だ。飾らない性格をしている。コーヒーが好き。そのとき私は誰ともデートしていなかったが、相手が私でいいのか自信がなかった。

帰宅すると、新しいルームメイトが夕食を用意していて、私にも分けてくれた。「職場の女性とセルティックスの試合に来週行くことになって」。腰掛けながら私は言った。「デートなのかよくわからない。どうしたらわかるんだろう？　彼女が同性愛者かどうかも定かじゃないのに」

「直接訊いたらだめだよ。気まずくなるだけだから。そのうちなんとなくわかってくるって」

当日、ダウンジャケットを羽織った下にジーンズとタートルネック姿のメアリーが、アパートメントまで私を迎えにきた。「すごく便利なところに住んでるじゃない。ベス・イスラエル病院まで歩いて十分だね」

「そうね」。しかめ面になりそうになるのをこらえて、私は答えた。

「ここからなら、Tトレインのブルックライン・ヴィレッジ駅のほうが、ロングフェロー駅よりも近いわ。ボストン・ガーデンには十五分で着く」。私たちがアパートメントを出ると、メアリーは駅に向かってさっさと歩き出した。

「ちょっと待ってよ」。私は彼女の背中に声をかけた。

「あ、ごめん」。彼女はそう言って歩くペースを落とした。

メアリーのチケットの座席はコートの端の高いところにあった。私は試合を観戦しながらメアリーのバックパックに入っていたスナックを食べ、気づかれないように横目で彼女を盗み見た。

これはデート？　もしそうだとしたら？　誰ともつき合わなかったこの数年のあいだに、男性と関係を持とうかと考えたこともある。でも、それは一度きりの男性経験がレイプだったという、胸くそ悪くなる事実を変えたいがためだったので、そんなふうに誰かを利用するのは間違っている気がした。その夏、私は所属するソフトボールチームのある女性が気になっていたが、彼女は私の出すヒントにことごとく気づかず、私も臆病な性格なのでデートに誘えなかった。そんなわけで、歩くのが速くて、バスケットボールのファンで、二人のために美味しいスナックをこっそり持ち込む気遣いのできるメアリーと一緒に、私は今ここで座っている。

事件の直後は、セックスすれば心身からレイプの痕跡が消えるはずだと的外れなことを考えていた。今ならそれがおかしな考えだったとわかる。だが、当時の私は癒しと生きている証を求めていた。何かを感じる力までは奪われていないのだと確かめたかった。信頼と解放がよろこびにつながるセックスという行為が、手招きしていた。それは、自分が身体を持つ存在だと感じさせ、生の実感を与え、何かうまくいっていると思える具体的な方法だったから。レイプはセックスではない。絶対に違う。それは暴力犯罪であり、その中心にあるのは力（パワー）と支配（コントロール）をめぐる問題だ。それでも当時の私には、レイプはセックスの一種だと思えた――望まない、誰かに強要された行為であっても、セックスには違いないと。そして、私はそんな考えにただ耐えられなかった。

✣

当時、私はチェルシーという女性と束の間の肉体関係を持った。私のアパートメントから五キロ離れた場所に住んでいた彼女もまた、その夏に起きた住居侵入とレイプの被害者だった。私が襲われてから四日後に、住居侵入事件がまた発生したと伝えるボストン・グローブ紙の記事を受けて、市全域規模の危機集会が近所の教会で開かれた。椅子のきしむ音。人々が腕を振っている。甲高い声が飛び交う。古くなった焼き菓子のにおいが充満する空間。最新記事が報じる、「最近の連続住居侵入事件の新たな犠牲者」に私も入っていると誰かに気づかれる前に、そこから逃げ出したかった。

許しがたい事件だ。捜査を。何か対策を！

その集会のあとで、私は元ルームメイトたちとカフェに寄った。そのとき、チェルシーが私と連絡を取りたがっているとリースから聞いた。レズビアンのソフトボールリーグを通して、私たちは互いになんとなく知っている程度の間柄だった。私は「ルード・ガールズ」というチームのコーチを務めていて、彼女は選手としてプレーしていた。

チェルシーは私よりも十歳年上の医療助手だった。私たちは一緒にコーヒーを飲むことにした。私が数分遅れて到着すると、チェルシーは目の前にコップ一杯の水を置いたまま、ボックス席に座って待っていた。私が到着するまで注文を待っていてくれたのだ。そのささやかな気遣いが、私の喉につかえていた大きな塊を動かした。

「部屋で目覚めたら男がいたの」。ブラックコーヒーに砂糖を流し込みながら、チェルシーが話しはじめた。「その男はスウェットシャツのポケットに銃を入れているふりをしていた。そいつの手じゃないかと思ったけど、確認したくはなかった」

「はっきり言って、彼はおびえているみたいだった。小柄なやせ型の男で、最初から最後まで震えていた。お金を盗ると私のそばに来て、身体を触りはじめた。やめてと言ったら、動きを止めた。それで窓から逃げていった。怖かったわ」

ここに来たのはとんでもない失敗だった。

私のつま先が、そのカフェの平らではない床をトントン叩いた。自分の物語が、身体の奥深くに引っ込んでいくのを感じた。「わからないな。同一犯だとは思えない。街のあちこちに、違うレイピストがたくさんいるんじゃないかな。事件が公表されたから、模倣犯が出たんだよ」

それからチェルシーは、友人や家族の反応がどうだったか話した。彼女がしゃべっているあいだ、新しく私の呪文になったように感じられる言葉が頭のなかに侵入してきた。**目隠し、ナイフ、電話線、スカーフ。**

ウェーブのかかったくすんだ金髪のチェルシーは、大きな口をしていた。

目隠し、ナイフ、電話線、スカーフ。

そんな反応に、私自身が戸惑っていた。襲撃の状況が自分とは違うからといって、彼女にいら立ってもしかたがない。わかってはいても、その呪文を振り払えなかった。

「男が二人いたって聞いたけど。ミシェルのほうは二人だったの？」彼女のその言葉は私の耳に入らなかった。私は彼女の口の動きを眺めながら、彼女のソフトボールのポジションはどこだったか思い出そうとしていた。しっかりした腕と立派な太ももからして、キャッチャーかもしれない。

「以前つき合っていた彼女がもうすぐボストンに来てくれるの」。私はようやくそう言って、話題を変えようとした。「私たち、つらい別れ方をしたんだけど、とくに事件後はまた距離が縮まってね。普通の感覚を取り戻すためにはセックスしなきゃって思ってる。馬鹿みたいでしょ」

「セックスだったら私がしてあげるのに」。チェルシーがそう言った。「普通のルールなんて、もう関係なくなったみたいだから」

私は決断を迫られた。テーブルの向こうに座る彼女のことはほとんど何も知らないし、惹かれてもいない。別れたサラが恋しくて、私の身体を包み込むサラの両腕を感じたくてたまらなかった。私が心から欲していたのは、彼女に抱かれるその感触だったから、バスに飛び乗って彼女の住むニューヨークに向かおうかと思ったぐらいだ。フラッシュバックが止まらなかった。私は一日に何度もあの晩を追体験していた。でも、おかしくなった私の頭のなかでは、スカーフは口に詰め込まれておらず、首に巻かれていたので、息ができなかった。一日中ほとんどずっと叫び続けている気がする。なのに誰も気づいてくれないのが不思議だった。

「わかった」。私はそう答えていた。そのときの私は、昼夜を問わず際限なく苦しめられていた恐怖の感情に一矢報いられるのならなんでもした。

私たちはなんとか落ち着く先を見つけた。そして、二人で親密な時間を過ごした。私は清潔なシーツに温かい肌が触れるのを感じた。他人に触られても動じなかった。そして、生きているとしっかり実感できたわけではないが、死んでいるという気持ちは少しやわらいだ。恐怖からではなく、手で優しくなぞられて心臓が高鳴った。そして、私が眠ると彼女が腕を伸ばしてきた。私はそれがサラの腕だと思うことにした。すると、彼女の訪問がいっそう待ち遠しくなった。

その二週間後に、サラはニューヨークからやって来た。「もっと早く来させてくれればよかったのに。心配でたまらなかったんだから」。そう言って彼女は私を抱きしめた。私はその手をいつまでも離してほしくなかった。

「誰かを呼んでもいいか、エミーとスティーヴに落ち着いて相談できるようになるまでに時間が必要だったから」。私たちが別れて以来、エミーはサラのことをよく思っていなかった。サラは悪くなかったのだと私が何度説明しても、納得してくれなかった。それなのに、エミーはやって来たサラを抱きしめて、私たちが同じ部屋を使うのにも理解を示してくれた。サラと私はただ手を握り合うか、互いにもたれかかりながらソファに座ってほとんどの時間を過ごした。

週末に何度かセックスもしたが、期待したほど苦痛は減らなかった。時が経つにつれて、私が今体験しているのは、一歩ずつ走り続けたあとで、またスタート地点に戻って走りはじめるのを繰り返さなければならないマラソンなのだということがわかってきた。

「調子はどう？」スティーヴの書斎のツインベッドに寝そべりながら、サラが言った。

「さっぱりわからない」。私がそう答えると、彼女はうなずいた。

私たちはハーバード・ストリートをぶらついて、なかをのぞこうと本屋に入った。書店員のお勧め本が並べてある棚をじっくり眺めているサラを見ていると、ニューヨークにいたときに二人で最後にそうしたときのことを思い出した。それは、サラがヴィレッジ・ヴォイス紙で見つけてきたもので、アップタウンの小さな会場に、詩人オードリー・ロードの朗読を聴きに行った帰り道。イベントが終わると、私たちはいちばん最初に目についた書店に入って、余裕がないくせに本を買おうと、詩集が並べてある棚に直行したのだ。

そのときは、私だって本を見て回れた。そのときは、私だって棚から本を抜き出して、ページの上のおなじみの言葉を楽しめた。でも、そんなことはもうできなかった。私は、サラが首を上げたり下げたりして本を探すのを見ていた。彼女は手を伸ばし、本を読み、何冊かは棚に戻して、結局三冊を選んだ。そろそろ行こうと私が声をかけようとしたとき、彼女はようやく財布を取り出して、レジのほうに歩き出した。書店のドアを出るとすぐに、サラはバッグから本を一冊取り出した。

「お願い、これを受け取って。私がアドリエンヌ・リッチが大好きだって知ってるでしょう？

あなたに何か残さなきゃと思って」

私は差し出されたものを受け取った。それは、『難破船へ潜る（*Diving into the Wreck*）』というサラお気に入りの詩集で、私をこの先待ち受けているであろうものにぴったりのタイトルだった。「ありがとう」。私はお礼を言った。そして、その詩集をぎゅっと抱きしめて、そこに書かれた知恵を私の血肉にできますようにと祈った。

あたりはすでに薄暗くなっていた。私たちはアパートメントに帰る道すがら、マンハッタンの安全について話し合った。新しく越した地区で一人暮らしをするサラが心配で、私からその話題を切り出したのだ。

「生まれてからずっとニューヨークに住んでるんだから。身の守り方ぐらいわかってる」。彼女はそう言った。「誰かと目が合ったときは、どんなふうに見られるか意識しなきゃ。おびえているように思われたらだめなの」。サラは眉間にしわを寄せて歯を食いしばり、怖い顔つきを実演して見せた。

私は、一筋の光が寝ぼけまなこに当たったときのことを思い出していた。

「おどおどしていると思われないこと」

目隠し、ナイフ、電話線、スカーフ。

私は何も言わなかった。

私の顔を見て、彼女ははっと息をのんだ。「でも、それは同じじゃない。ぜんぜん違う。大違いよ。比較なんかできっこない。絶対に。縁起でもない話はやめましょう。ここ五分間のことは忘れて」

「わかってる、あなたが……」

「シーッ……」サラは私の手を取って、家まで一緒に歩いてくれた——道順があやふやだったので、ありがたかった。

サラは私が抱えていた恥の感情をよく理解していたし、私を安心させようとしてくれた。でも、私の話がつくり出すドアに、ときどき他人が無断で入ってくることがあった。私の身に起きたことは他人を怖がらせ、自分ならもっとうまく危険から身を守れるとさえ思わせた。歩くときは毅然とした態度で。ドアは施錠しておくこと。

それでも、忌まわしい事件の現場を避ければ安全が確保できるわけではない。私はそう言いたくなる。正直なところ、次の忌まわしい事件がどこに潜伏しているか、気づける人などいない。そういう人たちは、たやすく避けられない危険人物がいるということをわかっていない。そして、みんながそれを理解する日が来ませんようにと願っている。

サラがニューヨークに帰ってから、私たちは今後も友人として仲良くしていくことを確認し合った。数か月後、エミーとスティーヴのアパートメントから引っ越した私は、引っ越し先のアパートメントの隣に住んでいた美容師と短いながらも濃密な関係を持った。それなのに、うまく行かない苦痛から逃れたくてその関係からも身を引いた。その後は誰ともつき合わないまま何年かが過ぎた。

もしメアリーと私が今しているのがデートで、今後つき合うことになるのなら、今度はセックスだけでなく、親密さ（intimacy）と脆弱さ（vulnerability）も経験することになるだろう。私はそのすべてにおじけづいていた。このデートもどきのバスケットボール観戦に来たのは、良いことではなかったのかもしれない。

「そろそろ帰らない？」試合の残り時間が十分を切ったとき、私はそう持ちかけた。「電車も混むだろうし、二人とも明日は仕事でしょう」

「試合が終わるまで帰れないよ。まだ勝つかもしれないし」。メアリーがそう言ったので、提案を拒否された私は小さな木の座席に座り直した。残り時間五分になって、セルティックスは十点以上得点して相手を引き離し、リードを奪った。「すごい」と私は言った。セルティックスは勝利をたぐりよせたし、メアリーは自分の望みをはっきりと口に出した。私たちはTトレインで帰り、私はコーヒーでも飲んで行かないかと彼女を誘った。ルームメイトが家にいた。

「こちらはメアリー」。細長い造りのアパートメントで、キッチンの奥にある私の寝室に彼女を案内する前に、できるだけさっと紹介を済ませた。冷蔵庫から炭酸水のボトルを二本取り出して、未開封のプレッツエルの袋も出した。そして、封を開けずに袋ごとボウルに入れた。私の部屋で座れるのはベッドしかなかったので、私は床を指さして、私たちはプレッツエルの袋を真ん中に置いて向かい合う形に座った。

何を話したかは覚えていないが、くだらないことでたくさん笑ったのは覚えている。電車で向かいに座っていた男が大股を開いて三人分のスペースをとっていただとか、メアリーがバックパックにアーモンドを隠し持っているとわかったときの私の顔がうれしそうだったとか。結局プレッツエルの袋は開けなかった。そしてその晩、彼女は泊まっていくことになった。翌朝、私はルームメイトに、やっぱりあれはデートだったと告げた。

✢

メアリーとの新たな関係のなかでよろこびを感じられたのは、おそらく私が一度きりの男性経験を女性との経験とは別ものだと割り切っていたからだし、女性の身体と苦痛の記憶とが結びついていなかったからだろう。メアリーとの関係では、フラッシュバックに襲われて、自分を落ち着かせるためにいったん休まないといけないという事態には一度も陥らなかった。それでも、親密さの問題は残った。親密さとは、表には出さない感情のスペースを誰かと共有することであり、これは、二人が共有に耐えられ、受け止められるとわかっている場合にだけ成立する。私はあるときは幸せで祝福されているように感じていたが、次の瞬間にはメアリーのことがよくわからなくなり、批判的になった。ジュディス・ハーマンもこう書いている。「結局、サバイバーの信頼できるかどうかという容赦のないテストにたいていの人は落第し、サバイバーは対人関係から身を引いて引きこもるようになる。サバイバーの孤立はこのように自由の身になってからも執拗に続く[1]」

　自分の同棲相手が、隙があれば飛びかかり、逃走するきっかけをうかがっているようなパンサーだということに、メアリーは気づいていなかった。だいたい週に一度、私は彼女に対して何かしらいらいら立った。例えば、私が言ったことを忘れたり、甘いのが好きだと伝えてあったのに、甘くないディルピクルスを買ってきたりだとか。私が話している最中に、よそごとに気をとられることもあった。「ねえ、見て。このあいだ話したコウカンチョウがあそこにいる。今、フェンスの支柱に止まってる！」継父に言われて、身分証の提示を求められないと彼がわかっていた店にはじめてビールを買いに行かされたときの話を私がしている最中に、彼女は大声でそう叫んだ。「あなたの話はちゃんと聞いていたってば。でも、あの鳥を見逃してほしくなかったから。タイミングの問題ってやつだね」。メアリーは言い訳をした。メアリーがそんなふうに「気もそぞろ」になったのは、彼女の問題というよりも、私や私の心の状態のせいだったのだろう。それでも、二人の仲が進展するなかで、私は自分の弱さに耐えられるように、そういう部分をひた隠しにした。

　私がメアリーを愛していることは、もはやはっきりしていた。ただ、そこから派生するさまざまなことにどう対処すればいいのかわからなかった。つき合いだしたばかりのころを振り返ると、私は二人の関係から逃げ出さないようにするために、表面的なことに意識を集中していた――つまり、彼女の言動に。親密になることにぎこちなさを感じながら、そうする必要がなくなるまであれこれ試した。そしてゆっくりと、メアリーと私は新しい生活に慣れていった。

最初の一年間は、それぞれのアパートメントを引き払うことはせず、毎晩どちらかで過ごした。私は看護師の働き方にも慣れた――週末に二十四時間シフトが入っていれば、平日には数日休みになるので、二人で過ごすために私はときどき休みをとった。メアリーの勤務中に病欠連絡をしてくる看護師がいれば、彼女がその分をカバーしなければならなかった。「自分も疲れてるって言ったらだめなの？」ベッドのなかで彼女のぬくもりを感じられないのが寂しくて、私は尋ねた。

「そんなんじゃ仕事が回っていかないよ」。メアリーは説明した。「看護師っていうのは、不可欠な職業なんだから」

あなたは私にとってエッセンシャルな存在なのに――その言葉がどんなにさもしく聞こえるか、頭ではわかっていたから口には出さなかった。

メアリーの同僚がやって来ると、彼女たちの話と笑い声で部屋がいっぱいになった。病院の話はなんでもありだった――生死の境をさまよう患者、死、やっかいな家族、何度も病院に舞い戻っては伝説的な存在になる患者。私にしてみれば悲劇でしかない状況を笑い飛ばす彼女たちにぎょっとしながらも、私は耳を傾けた。

「ねえ、私もそうだけど、部外者が聞いたら患者を笑い者にしてると思うかもよ」。あるとき彼女の友人たちが帰ったあとで、私はそう言った。

「この仕事をしたことのない人にはわからないよ」。片づけを一緒にしながらメアリーが言った。「私たちは患者を愛している。本人や家族とは長年のつき合いになるからね。看護師がやっていくために、ときにはユーモアが必要なの。そうでもしなきゃ、これだけの喪失には耐え切れない」

「亡くなった人に対してずっと悲しんでいないと、その人を本当に愛していないことになるってうちの家族では考えられていた」

「それとはちょっと違うかな」。彼女はそう言った。「でも、そういう反応は健全じゃないね。人は死ぬんだから。それは事実でしょ。楽しいことばかり思い出したからといって、その人をどれだけ愛したかが変わるわけじゃない」

「メアリー……」。次になんと言ったらいいのかわからずに、私は言葉に詰まった。

「誰もあなたのことをおもしろがったりしてないから」。私の手を握りながらメアリーが言った。「あなたの看護に当たった人は、あなたのことやあの晩のことを絶対に笑い話にしない。人間ってそこまで残酷じゃないし、あなたを傷つけるだけだとわかるから。あなたがあの事件でどれだけ傷ついたか、私はわかってる」

「ええ」。疑り深いパンサーが心の奥に引っ込むのと同時に、涙があふれ出すのに気づいた。

「おいで」。メアリーは腕を広げて招いた。私はそのなかに身を委ねた。

その晩、笑い声が収まり、看護師がまだ何人か残っていたときにメアリーが聞かせてくれた別の話があった。それは、彼女が長年看護してきた、愛する患者の話だった。そのなんでもないエピソードが私に何かをもたらした。それは、今はこの状況を耐え忍ぶべきだというたぐいの励ましからは、感じられない性質のものだった。人生最悪の日を過ごした病院に、残りの人生でずっと手を握ってくれる人がいたという事実のなかに、私は魔法みたいな力や恩寵を見た気がした。

そう、私が運び込まれた救急救命室（ＥＲ）の七階上で、メアリーは看護師として働いていたのだ。それは、私たちがメサドン療法クリニックで出会って――メアリーは気楽に、私はゆっくりと慎重に――恋に落ちる何年も前の話。あの忌まわしい夜、私たちはまだ他人同士だった。私はあの晩、彼女が巡回をして、患者の様子を確認する姿を思い浮かべた。セイディーは、何度も入院するうちにメアリーと仲良くなったおばあさんだ。そのとき、セイディーは心臓手術を受けたばかりだった。回復を促すために立ち上がって歩いてもらおうと、メアリーが病室に入ると、ベッドから離れるのを拒否した。

彼女は苦労しっぱなしの人生を送ってきた――戦争で多くの友人や家族の命を奪われ、新しい国に逃れても、元の国にいたときと同じような憎悪を向けられることがあった。猜疑心の塊になった彼女は支援を拒否した。

「メアリー、どうして私にこんなことをするの。どうしていじめるの。私がユダヤ人だから？」セイディーがそう尋ねた。

メアリーはにっこり笑って、彼女が上体を起こすのを助けながら、その片腕をつかみ、もう片方の腕を背中のくぼみに当てた。セイディーに今どこにいるのか、気づいてもらいたかったのだ。「ここはベス・イスラエル病院よ。あなたを傷つける人は誰もいない。私が保証する。ここなら安全。安全なの」。メアリーはもう一度試みる。「あなたは大手術を受けたばかりで、よくなるためには歩かないといけない」

「よくなるために歩かないといけないのなら、死んだほうがましだよ。とっとと家に帰って、旦那さんをびっくりさせてあげるんだね。あたしのことは放っておいて」

メアリーは穏やかな口調を崩さなかった。「私には夫なんていないから、今夜はあなたと二人きり。ちょっと歩くだけでいいから」

イディッシュ語で何やらぼそぼそつぶやき、悪態をつきながらも、セイディーはしぶしぶ立ち上がった。

翌日、セイディーは昨日のやりとりをすっかり忘れて、その晩も自分はユダヤ人だからメアリーに嫌われていると文句を言いはじめた。そんな仕打ちを受けても、メアリーは優しくて我慢強かった。

私が人生最悪の夜を過ごしたまさにその病院でメアリーが働いていたこと、私がボロボロになって横たわっていたERの真上で、見知らぬ優しい人が別の誰かに親切にしていたことを知って、はっとした。メアリーを見ると、その目には希望が浮かんでいた。世の中も捨てたものではないのだと、愛してくれる人が伸ばした手をしっかりと握っていれば、前を向いて生きるために戦えるのだと、そんな気がした。

メアリーはセイディーに手を伸ばし、セイディーはその手をつかんだ。セイディーは後ろ向きだったのに、手が伸ばされたからそうしたのだ。やがて、私も同じ道をたどった。

セイディーと私は戦友だ。彼女と私は想像のなかでの旧友なのだ。二人ともしぶしぶだったけど、同じ泉から希望を汲んだ。そうやって、待ち受けるつらい試練を乗り切った。

六章　家

依存症フェローシップを終えると、メアリーはベス・イスラエル病院でのフルタイム勤務に戻り、私はノース・チャールズ研究所に残った。私たちは修了のお祝いに、一緒にボストン西郊にある小さなマンションを買った。家の購入は誰にとっても大きな一歩となる出来事だろう。だが、私にとってそれは、事件後にはじめて家と思える場所だった——私は家（home）という言葉を忘れかけていたし、その意味や価値は破壊されたも同然だった。

以前のルームメイト三人と私はそれぞれ、住居侵入があった翌日の晩には眠る場所を確保できた。友人たちは、私たちが眠れるようにとこぞってソファを提供し、抱きしめようと両手を広げて待ち構え、面倒を見てくれた。ある友人は、私たちに代わって大家に電話をかけて、引っ越し費用を捻出できるように、最終月の家賃と敷金を返還するよう交渉してくれた。だが、それは六月末のことだったから、退去一か月前の通告ができなかった。それで大家は、最終月の家賃を七月分に充て、新しい借り手が見つかり次第中途解約を認めると言った。刑事の事情聴取で、このアパートメントは以前からよく住居侵入の被害に遭っていたのかと訊かれたが、そんなことは考えもしなかった。もしかしたら、以前の借主も同じような理由で性急に引っ越したのかもしれない。結局、真相はわからないままだ。メアリーとマンションを購入したのは、事件から五年後だった。その間、私は何度も引っ越しを繰り返し、どこかに根を下ろすという感覚がさっぱりわからなくなっていた。

そんなふうに感じるのは私だけではない。性的暴行の約半数が、サバイバーの自宅かすぐそばで発生し、被害に遭ったあとで多くの被害者がそこから出て行くしかなくなる。[1] とくに加害者が家族だったり、自宅で襲われたりした場合、レイプ被害者は「家」に対して複雑な気持ちを抱きがちだ。また、すべての被害者に引っ越すという選択肢や経済的余裕があるわけではなく、家に対する関係性はすっかり変わってしまう。二〇一二年にワシントンDCでおこなわれたフォーカスグループのセッションで仲良くなった、レイプサバイバーのデビー・スミスは、家から拉致されて、近くの林でレイプされた。自分の生活圏でレイプされるというのがどういうことなのか、彼女は複雑な心情を打ち明けてくれた。「家を売るか、住み続けるか、何年も悩んだ。その男にこれ以上何かを奪われるのはいやだったから、結局そのまま住み続けることにしたの。それから何年かして引っ越すときになってようやく、自分がどれだけの平穏を失っていたかに気づいた。何日か留守にしていた新居に戻ったとき、よろこびの感情があふれたけど、同時に後悔に襲われてね。よろこびというのは、その家に戻ったときにこれまでにない心の平穏を感じたから。そして、後悔というのは、家に帰りたいという気持ちがどんなものなのか、ずっと忘れていたということに対するものよ[2]」

自分たちでも手の届く物件を見つけられるかもしれないから不動産業者に電話したい、と私が言ったとき、メアリーからは「家を買う前に借りたほうがいいんじゃない？」と返ってきた。

「私たち、まだ正式に一緒に住んでもいないんだから」

「そんなのだめ」。私は思わず大きな声を出した。メアリーに反対されたら自分がどうなるかわからなかった。「誰にも奪われない場所が、自分たちで決める前に追い出されたりしない場所が欲しいの。こればっかりは私を信じて。自分の気持ちに気づけなかったり、欲しいものがわからなかったりすることも多いけど、私はどうしても家が欲しい。それにはあなたの協力が欠かせない。強引だと思われたら申し訳ないけど、私には絶対に必要だから」

　メアリーはうなずいた。「わかった。じゃあ、そうしよう」。そう言って、古新聞の束から日曜版を引っ張り出して、不動産情報に目を通しはじめた。

　メアリーの優しさが私を力づけた。そして、私も回復するにつれて、彼女のそういう態度を見習うようになった。一年しかつき合っていないのに一緒に家を買うのはリスクが高い、と彼女は思ったはずだ。でも、重要な局面で相手に合わせられる彼女の性格のおかげで、私は関係を前進させることができた。

　ノース・チャールズでの仕事は、ＨＩＶ教育コーディネーターになったことをきっかけにまた変化した。自分の仕事には価値があると信じて、職務に没頭した。一九八〇年代後半当時、エイズ（ＡＩＤＳ）は全米で危機的状況にあった。診断数はすでに十万件以上にのぼり、その数は増える一方だった。なかでもドラッグ使用者の罹患率は突出していて、増え続けていた。

キャリアを考える上でもこの分野の仕事にそろそろ本腰を入れて取り組んだほうがいいのかもしれないし、ノース・チャールズで働くという決断は当初思っていたほど行き当たりばったりではなかったのかもしれない。そう思うようになっていた。

ある朝、メサドン療法クリニックの監督業務をおこなっている最中に、近くの病院に新しく開設されるというＨＩＶクリニックの求人広告を見かけた。「私、この仕事に応募する」。メアリーにそう告げた。「新しい環境で似たような仕事をしてみたいから」。面接の感触はとてもよかったのに、結局そのクリニックには採用されなかった。私より職歴が浅いが、修士号を持っている別の候補者が採用されたのだ。「あなたは有力な候補でしたよ。またいつか、こちらで空きが出るかもしれませんから」。その病院の看護師長が電話でそう説明した。

「その人たちの選択は間違ってる」。夕食の席でメアリーが言った。「本当に残念だったね」

「そろそろ大学院に行くべきなのかも。資格がなくて希望の仕事に就けないのなら、一生ノース・チャールズから出られない」。私はそこで一呼吸置いて、次に発する言葉が真実でありますようにと願った。「準備はできていると思う」

私の大学院選びのポイントは、以前とは違ったものになっていた。出版、ライティング、女性学（women's studies）関連のプログラムは眼中になかった。別人になったのだ。私はメサドン療法クリニックで働くドラッグ・カウンセラーであって、昔のあこがれはすでに他人のもの。言葉や美しい文章へのこだわりは、私の人生のなかで居場所を失い、本もほとんど読まなくなっていた。読もうとしても集中力が続かない。どんなことに興味があるのか職場の同僚に説明したら、公衆衛生を学ぶべきではないかと言われたので、それがどんなものなのかよくわからないままハーバード大学大学院に出願したら合格した。

うしろめたさを感じずに、自分の仕事についてまた話せるようになった。くすんだ絶望という名の層の表面に、希望の膜が広がった。だが、すんなりとことが進んだわけではなかった。大学に戻るのは楽しみだったが、恐ろしくもあった。クラスメイトのほとんどは私よりもずっと年下で、きっと居心地が悪いだろう。でも、自分が何かに向かって進んでいるということだけは確かだった——それは、私がかつて夢見た将来に似た何かだ。

ある晩、メアリーがハーバード大学生協のビニール袋を提げて、夕食どきに帰宅した。袋のなかには、私がこれから進む大学名が書かれたトレーナーが入っていた。彼女はにこにこしながら、「着てみて」と言った。袋のなかにはトレーナーのほかに、さらに小ぶりなビニール袋が入っていた。そこから黄色い鉛筆が十二本入ったペンケースが出てきた。メアリーいわく、家にお金の余裕がないときでも、彼女は毎年秋に母親から鉛筆が一箱贈られるのを楽しみにしていたという。それは、教育がもたらす可能性と、新学期が始まる期待感を象徴する、安価な印だった。

新しい家、大学院、そして、これからもずっと一緒にいるという約束。私は努力してメアリーへの信頼を深めていった。その一方で、まだ彼女に完全に打ち明けられないことがあるともわかっていて、いつかそれを説明する言葉を見つけられたらと願っていた。

心がしっかりしてきたように感じながら、新しい家庭と人生を築きはじめていた私は、これまでを振り返って、オールストン地区のアパートメントから逃げ出す羽目になる以前に私やルームメイトたちが抱いていた誇りを思い出すようになった。私たちが自立した若者として成長した、懐かしくてかけがえのない思い出が、あのアパートメントには詰まっていた。あるとき、それまで世話になった家族とそのよろこびを分かち合いたいと思った私たちは、母の日にそれぞれの母親や祖母を招待することにしたのだった。

「それはおもしろそう。私ものった」。リースが最初にその計画を持ちかけたとき、私はそう答えたが、母に飛行機代の余裕があるかどうかよくわからなかった。それでも、母とはもう一年も会っていなかったし、このアパートメントに興味があるはずだと思った。

「それはどんな場所にあるの？　窓に鍵はかかるんでしょうね」。オールストンで寝室が四部屋ある物件が見つかったと電話で報告したとき、母はそう尋ねてきた。

普段から口数が少なかった母は、私の選択にケチをつけたいわけではないのだろう。私は長年のうちに、母の出すサインが理解できるようになっていた。例えば、私は母にお腹がすいているかどうか訊かなくなった。というのも、母はいつでも「大丈夫よ。あまりすいていないから」と答えて、私がもう食べられると言うまで待っていたから。長い年月のうちに取り交わされた無数のささいなやりとりのなかに、母自身の意向は埋もれていった。彼女が自分の声を失ったのはいつなのか、正確に思い出せない。おそらく父の死後だろう。母は私と姉とともに残され、みなで父の死を悲しんだ。でも、そのとき私が母に向かって手を伸ばしても、『おばけのキャスパー』のアニメで観たように、その手は母の身体をすり抜けてしまうのではないかと思えた。私たちが知るかぎり、母は怒りや悲しみをあらわにすることはなかった。ただ身近な人たちとのつき合いに満足して、痛々しいまでに静かだった。母が目の前にいても、そこにいないような気がして、私はとてもさみしかった。まるで、私の大好きな小説、カーソン・マッカラーズの『心は孤独な狩人（*The Heart Is a Lonely Hunter*）』に登場するジョン・シンガーみたいだった。耳が聞こえず口もきけないジョンは、ほぼすべての登場人物から慕われ、話し相手は彼に理解してもらえたと感じている。ジョンが誰かと話すときの会話は一方通行で、話し手にしてみれば何も言わない彼は理想の聞き手だ。だが、やがてジョンの孤独と疎外感が浮き彫りになる。

母の日のために来てほしいと言ったら、航空券を買う余裕があろうとなかろうと、母は行くと返事をするだろうから、私はなかなか切り出せないでいた。でも、ようやく母に尋ねることができた。ルームメイトたちもそれぞれの母親を誘って、一週間のうちに続々と参加の返事を受け取っていた。

「私の部屋に泊まればいいから」。母にそう伝えた。無料で泊まれる場所が確保できる場合は、私の家族はホテルを敬遠した。私は大きなソファベッドを持っていた。二人が寝られる大きさだ。おしゃれでも快適でもないが、充分間に合うはず。

私は寝室を見渡し、母の目にどう映るか想像した。安っぽい木のフレームを押したり引っ張ったりすればソファにもなるベッド。前の持ち主が残していった机、それに牛乳箱がいくつか。そのうちの一つはベッドサイドテーブルにして、残りは重ねて箪笥の代わりにしていた。なんと言っても、机の表面にはリースが私のために書いてくれた、「自分ひとりの部屋（A Room of One's Own）」という言葉があった〔女性が自立することについて論じたヴァージニア・ウルフの古典的エッセイのタイトル〕。そのアパートメントで友達と暮らして、私はこの上なく幸せだった。

母は金曜の午後に飛行機でやってきた。私は玄関ドアの鍵を開けて、手をさっと振り下ろしてみせた。「ウォルドーフ・ホテルへようこそ」。母はくすくす笑っていた。前の晩にルームメイトから枕をもう一つ借り、近所のコインランドリーでベッドのシーツを洗った。シーツを最後に取り換えたのはいつだったか思い出せなかった。

前回実家に帰ったときに持ってきた写真アルバムを手に取って、母をキッチンへと案内した。

「一緒に見ようよ」

それは、ハイスクール時代の自分を友達に見せようと思って持ってきたアルバムだった。当時の私は十キロ以上太っていて、分厚いプラスチックフレームの眼鏡をかけ、黒い癖毛をショートにしていた。十六歳ぐらいなのに四十歳近くに見えた。最高学年の個人写真のなかのニットベスト、真珠、化粧は、陰鬱な中西部の主婦というイメージそのものだった。それに引きかえ、そのころの私はレズビアン的流行の先端を追いかけていた。やせていて、アビー・ホフマンのようなふわふわした大きな頭（どれぐらい頻繁に洗髪するかによって変わった）で男っぽかった。ハイスクール時代の私の姿を見せて、そういうギャップを友達と話したかったのだ。そこに写っていたのは、田舎くさいオハイオから出ていきたくてたまらない、内と外のアイデンティティが一致しない誰かだった。

そのアルバムに張ってある緑の布は日に焼けて色あせていた。母と私は隣同士に座って一枚の写真に見入った。三歳の姉が上体を母にもたせかけ、母の腕のなかには小さな赤ちゃんの私がいた。母は目を半分閉じていて、疲れているようだ。

「あなたが最初に生まれていたら、きっと一人っ子になっていたわ」。ダンキン・ドーナッツのコーヒーをすすってその写真を見ながら母が言った。

そのとき、キッチンの窓から一筋の光が差し込み、アルバムのビニールシートに反射したので、母が目を細めた。もし母が立ち上がってサングラスを探しに行ったらタイミングを逃してしまうと思った私は、さっと立ち上がってシェードを下ろした。そして、写真を指差して、「どういうこと？」と尋ねた。

私はクエスチョンマークのように曲げた指を頰に当て、前のめりになった。

「あなたはずっと泣いていたのよ。何をしても泣き止んでくれなかった。朝起きると、あなたが甲高い声で泣いているものだから、また一日この子とどうやったら過ごせるのか、さっぱりわからないって、私も泣きながら思ったものだわ」

私はセーターの袖口を触った。「それ、もしかしたらコリック〔乳児疝痛（せんつう）、いわゆる夕暮れ泣きのこと〕だったんじゃない？　お医者さんには診せたの？」

「赤ちゃんは泣くものよ。そんなことで医者に行くもんですか」

「でも、もし何か悪いところがあったら、医者なら対応できたかもしれないし、母さんだってそんなに苦しまずにすんだのかも」

「苦しむですって？　あなたとジュディを授かったのは私の人生最高の出来事よ」。母は目に涙を浮かべながら、先ほどの発言をうまくごまかした。「あなたからは、よろこびしかもらっていないわ」

母の日を祝う週末は大成功だった。ブランチの会の当日、アパートメントのキッチンは人であふれていた。母親たちはサラダの用意を手伝った――ミニトマトを半分に切り、キュウリを薄切りにして、フェタチーズをすりおろしてくれた。リースが四層のチョコレートラズベリーケーキをつくり、私の母がお手製のホイップクリーム二回分をその上に飾った。

その日撮影された写真を収めたアルバムは、現在自宅のリビングルームの本棚に入れてある。ある写真では、タバコを吸っているリースのお母さんの真後ろで、リースがしかめ面をしている。また別の写真では、自分のお母さんとおばあさんのあいだに挟まって、二人に腕を回したジュリーが立っている。私の母が写っているどの写真のなかでも彼女は笑っていて、黒い瞳は輝き、にっこり笑って頬骨が上がっている。ある写真は、母を見つめる私の姿を鮮明にとらえている。そのときの私は、母がそんなふうに心から笑える力を持っていることをうれしく思い、自分で選んだ街にある自分の家と思い出を母と共有するのを楽しんでいたのだ。

写真のなかの壁の汚れや不ぞろいな椅子は、私の目に映らない。大きなテーブルクロスがなかったので、くたびれたクロスが三枚使われている様子も目に入らない。見えるのは、私たちの顔に浮かぶよろこびだけ。その会は素晴らしかった。私たちがつくりあげた空間で、母や祖母たちは快く子や孫と過ごしてくれた。その空間こそ私たちの家であり、私の家だった。

グレンビル・アベニューのアパートメントで、母の日のお祝いが合同でおこなわれたのは、それきりだった。その後一年と少しして、あの忌まわしい夜に、アパートメントは住居侵入の被害に遭い、私たちはそこに大切な思い出と最悪な思い出の両方を残して散り散りになった。色あせた緑のアルバムは、どうにかして私の手元に戻ってきた。どういう経緯で戻ってきたのかは覚えていない。誰かが持ってきてくれたのだろう。私は今でもそのアルバムを持っている。

母の日のお祝いの写真を眺めると、そこには元気いっぱいの向こう見ずな若い娘が写っている。事件後何年ものあいだ、私はずっと彼女を探していた。よく知っているその娘は、私のなかに、どこかに、ひそんでいた。過酷な状況に圧倒されていたのかもしれないが、確かにそこにいた。私は長いことずっと、彼女が抱いていた将来への希望を解き放つ鍵がないかと、かつての共同生活の写真に一生懸命目をこらした。その若い娘は活き活きとして、おしゃべりで、怖いもの知らずだった。大人の生活が始まったばかりだというのに、どうして彼女は消えてしまったのだろう？　私は彼女と一緒になんとか前に進もうとした。ジョン・シンガーや母のように、愛されてはいても、どこか印象の薄い人になる運命はごめんだった。彼女との再統合には時間がかかった――それは、私たちのどちらにとっても想像しがたいことだったのだ。それでも決意だけは固かった。私たちはまた一つになって、ほかの誰にも壊されない家と居場所の感覚を取り戻すのだと念じていた。

かつての私が少しずつ戻ってきて、回復しつつあるのを感じていたが、そんなときにいちばん助けられたのは、他人のちょっとした振る舞い、優しさ、見守られているという感覚だった。きっとそういう態度が他人を勇気づけるのだろう。大学一年のとき、寮の同じ階にキャシーという学生が住んでいた。大学生活も中盤にさしかかったころ、私ともう一人の友人は、彼女から「ある教授にセクハラされている」と打ち明けられた。彼女は大人しいタイプなので、打ち明けるのは簡単ではなかったはずだ。私たちはできるだけ丁寧に彼女の話に耳を傾けた。彼女のために怒った。何か手助けできることはないかと尋ねた。それから数年が経ち、私は彼女がまだボストンにいるとは知らなかったのだが、彼女のおかげで、エミーとスティーヴが引っ越したあとで移り住んだアパートメントが見つかった。私の身に起きたことを、彼女がどこから知ったかすら私にはわからなかった。とにかく、彼女はジュリーに電話をかけて、私が気に入りそうなブルックラインにある物件の広告を見かけたと伝えたのだ。そこでルームメイトを募集している人に、私の状況を手短に説明して、面接の予定をとりつけ、何時に行けばいいかを私に教えてくれた。彼女がこまごまとした用事を片づけてくれたので、私がその日に登らなければならない山はそれだけ低くなった。

助けを必要としている人に何をしてあげたらいいか、的確に察知できる人にどうやったらなれるのか、私にはわからない。今でもよく失敗する。でも、キャシーの存在と彼女が示したささやかな気遣いは、私にとってはとても大きなものだった。さらに、メアリーもトラウマに苦しむ私を支え、肝心なときに話を聞いてくれた。彼女たちにならって、他人にしてあげられることを的確に察知できるようになることが、私の残りの人生における重要な目標であり、これからもずっとそうだ。

七章　告白

メアリーには立派な欠点があった。女優のローレン・ハットンのように、前歯のあいだにわずかな隙間があったのだ。つき合いはじめたばかりのころは、彼女にそんな欠点があるからこそ、私は幸せになるのが怖いという気持ちと向き合いやすかった。その欠点は、私にとってなくてはならないものだった。当時、幸せは別の太陽系のようなものだった――心惹かれ、手に入れたいと願っても、歓迎されない目標。私が何かを欲しがっても、必ずすべてを奪われ、ろくな結果に終わらない。そんな不安を私はうまく隠していた。愛し、愛されることに慣れるまでのあいだ、メアリーの楽天的な性格が二人の関係を支えてくれた。

その隙間はいつもそこにあった。私は、どうにかそこに美しい笑顔が浮かぶのを見ることもできたし、ただの隙間にしか見えないこともあった。やがて私たちは家を買い、それぞれの大学院進学にかかるお金をやりくりして、子どもたちを迎えた。自分が幸せになるのを許するたびに、私は想像上の欠点をそっと集めて、それをスノードームのように手のひらにのせた。激しく振ると、ドームのなかに欠点がふわっと舞い上がり、そのうち落下して平穏が戻る。

メアリーは四十代になってから、外からは見えない矯正器具を一年間つけて、その隙間をなくすことにした。子ども時代の貧しさを顔に出しておくのはもううんざり、というのが言い分だった。そのころには、私も隙間なしでやってくことに不安を感じなくなっていた。困難な状況のなかでともに人生を築いてきた私たちは、その隙間にずっと助けられてきたのだ。

当初、私には先がまったく見えず、すぐに悪いことが起こるに違いないとつねに思っていた。それでもゆっくりと、いろいろ考えながら、メアリーと新たな人生を一生懸命築いていった。そうしていくうちに、黙っていればそれが消えるかのように、過去数年間ずっと語らないでいたことを、ついに打ち明けなければならなくなった。それは決して消えなかった。消えるどころか、愛する人の視点から、私はもう一度それと向き合うことになったのだ。

メアリーを見る。それから顔をそむける。その日、私たちはベッドのなかにいた。その数か月前から、私はメアリーに、出会う前に大変なことを経験したのだと伝えてあった。住居侵入され、暴行を受け、それまでのように人生を送れなくなった、と。あまり親しくない友達だったら、これぐらいの曖昧な説明でこと足りるが、メアリーには通じなかった。彼女は〝私を信頼できないの?〟などと言って、自分を大切に思っていると示すよう、暗にプレッシャーをかけたりはしない代わりに、こう言った。「準備ができたら重荷を降ろせばいいよ。待ってるから。自分の外に出してみるの。私はうろたえたりしない。あなたもね」。それから黙って手を伸ばし、私の手に触れた。

私は触れられたくなかった。「どうしてそんなにはっきりとわかるの?」私はそう言った

——口に出せるかどうかまだわからないことの仔細を、一気に打ち明けるところを思い浮かべながら。

「私にはわかる。あなたの話を聞くから」。彼女はそう答えた。

✣

すべてが一変したあの夜、蒸し暑いアパートメントで、私は寝ている。裸で。普段はTシャツと下着姿でいるほうがいいのだが、夏がはじめて到来した晩だったから、何かをまとうと考えただけで耐えられなかった。周囲の高層ビルのせいで空気がよどんでいる。通りの先まで歩いて平屋の商店やレストランが立ち並ぶ場所まで行けば、気温は少なくとも十度は低く感じられるはずだ。アパートメントにエアコンはない。私たちは窓を開け、誰もいない居間で小型扇風機を回した。暑い空気を循環させ、風通しをよくしようとした。

夕食のとき、トップレスになったらどうかとリースが提案した。「男だったらためらわずにそうするでしょ」。気温が三十五度もあるのにシャツを着ないといけないなんて、バカげてる」。彼女は強調するためにキッチンテーブルをバンバン叩くので、フォークが飛び上がる。私は動じず、にこやかにしていた。

「そんなことできないよ。だって、うちにはカーテンがないでしょう。そこまで大胆じゃない」。私はそう答える。リースはノースリーブのシャツを顔まで引っ張り上げながら廊下の奥へと歩いていく。その裸の背中にほほえみかけながら、私は大学時代に彼女がシャツを脱ぎ捨てたときのことを思い出す。「今すぐに売却（divest）を！」カフェテリアのテーブルの上で、リースはそう叫んでいた——大学が当時アパルトヘイトをおこなっていた南アフリカに投資していたことに抗議するために。「私が耳にしたなかで、いちばんイカしたかけ言葉だったよ」〔divestには「売却する」「脱がせる」という意味がある〕。私は笑っておじぎをしながら、彼女にそう伝えた。

別のルームメイトのスーザンは、ベッドに霧吹きを持ち込んで、観葉植物にそうするように、暑苦しさを感じるたびに自分に吹きかけている。スーザン以外は全員、冷たいシャワーを浴びたら、むきだしの硬材の床を水浸しにしないようにして、さっさと自室に駆け込んでいった。私たちは汗をかいている。身体がにおう。今よりもっと日が長くなって、息苦しい暑さが確実に続くとわかっていながらも、すぐそこまで来ている夏を楽しみにしている。

私は夕食を済ませ、皿を洗って着替えると、友人のレイチェルとコンサート会場で会うために急いで出かける。いろいろなフェミニスト・ミュージシャンがオリジナル曲を披露するそのコンサートは、退屈きわまりなかった。「〝抑うつ〟だとか〝抑圧〟だとかの歌をもう一曲聴いたら、私、叫び出すから。あの人たち誰も笑ってないじゃない」。私はそうささやく。それでもホールには冷房が入っているので、そこにとどまった。そうでなければ休憩時間に帰っていただろう。

コンサートの最中、大学時代の古い友人がやってきてこう言った。「あなた、この近くに住んでたよね？　コモンウェルス・アベニュー近くのオールストン・ブライトン地区でレイプが頻発してること、知ってる？　地域の自警団がチラシをつくったの。貼るのに協力してくれない？」

「もちろん」と私は答える。「朝になったら貼っておくね」。私たちのアパートメントでは誰も新聞を購読しておらず、テレビは故障中。一日作業しても貼り切れないほどの、必要以上のチラシの束を受け取ったとき、私はどこか他人ごとだった。

その晩、コンサートから帰宅して、チラシをキッチンテーブルの上に置いてベッドに入った。ルームメイトが誰もいないなんて、めずらしい。このアパートメントはボーイフレンドやガールフレンドが泊まっていく定番の場所になっていて、朝起きるとお客さんが何人かいることもざらだった。ルームメイトが帰ってきたら、あのチラシを見てくれますように。もしかしたら貼るのを手伝ってくれるかもしれない。地下鉄から降りて、ボストンの通りに出た女性が誰かにあとを尾けられるところを思い浮かべる。**気をつけなくちゃ**。眠りに落ちながらそう考える。それなのに、窓を閉めなきゃだとか、ポーチに通じる裏の扉の施錠を確認しなきゃとは思いもしなかった。チラシの言葉を目の当たりにしてもなお、自分は安全だという感覚はまったく揺らがず、変わらなかった。私はそのまま眠りに落ちた。

しばらくして、寝室のドアが開いたのがわかった。きっとリースがおやすみを言いにきたのだ。私はぐっすり寝ていたけど、彼女ならいつでも歓迎だ。最近、寝しなにリースがやってきて、話したり、手を握り合ったりして、短いひとときを一緒に過ごしていた。ときにはおやすみのキスをじっくりすることもあった。それでも、私たちは用心していた。リースにはボーイフレンドがいるから、いろいろと複雑なのだ。私たちは友達のままでいたほうがうまくいく。

カーテンのない一階の部屋で。しかも裸で寝るだなんてどれだけ大胆なことか、リースに見せつけられると思うとわくわくした。慎み深さなんてどうでもいい。ここは暑くてたまらない。急に大胆になった私を見て、リースは驚き、よろこんでくれるだろう。私たち二人は裸の闘士なんだ――エマ・ゴールドマン〔十九世紀から二十世紀初頭にかけて活動したアナキスト、フェミニスト〕さながら、政敵に挑むかのように暑さに立ち向かうんだ。私たちに怖いものなんてない。誰にも負けない。目の前の暑苦しい夏にだって。

✣

私はメアリーにもたれかかった。「もう充分でしょう。このあたりでやめておいたほうがいいかも」。メアリーが同意してくれたらいいのにと思いながら、そう言った。

「愛しいダーリン」――私の腕をそっとさすりながら、メアリーが口を開いた。「もちろん、あなたが決めればいい。でも、話すことで楽になるかもしれない。それを話すのは怖いことだって、ほかの誰よりもあなたは思っているだろうし、あなたを思って私の心も張り裂けてしまうだろうけど、私は全部聞くから。約束する。黙っていても何にもならないことだけは、はっきりしているよ」

メアリーがこちらを見つめるまなざしは、愛以外の何ものでもなかった。私はため息をついて、また話しはじめた。

✣

寝室のドアが開き、まぶしい光が私の目に飛び込んでくる。窓の外の通りは、物音一つしない。まるで街全体が眠っているみたい。その数時間だけは、電車が止まり、夜更かししている人も朝が来る前に数時間の眠りにつく。私は首をもたげて、そのまぶしい光を見つめた。その先には親友がいて、〝ちょっと入ってもいい？〟と聞いてくるに違いない。彼女は私を起こすのをためらっているのだろう。私は入るよう手招きして、彼女がベッドサイドに腰を下ろして、その晩の冒険を――帰宅が遅れた理由や誰とどこにいたのかを――語り出すのを待つ。きっと、とんでもない出来事や噂話を聞かせてもらえるに違いない。ありのままの事実をすべて知りたい。

でも、それは彼女ではなかった。男が二人、私にではなく、互いに話しかける声がする。小石が舗道に跳ね返るような侵入の物音。有無を言わさぬ恐怖の音。不安が低く唸る音。

男たちはあっという間にベッドの脇まで来る。

「しゃべるな。大声を出すな。静かにしてろ」

「これを頭にかぶれ」。男の一人がそう言う。布のようなもの。私は言われるとおりにする。

真っ暗になる。自分の動揺に集中しやすくなる。ある意味、落ち着いた。何が起きているのかまったくわからないが、集中していられる。

「ほかに誰かいるのか？」男が大声で訊く。

「いないと思う」

留め金をしたままのネックレスが誰かの手で引っ張られ、チェーンが切れる。そのネックレスには、父のものだった小さなシルバーのダビデの星がついていた。私の手元に残る数少ない父の形見。男の手は荒れていた。そのときはじめて触られた。

私は抵抗したり、言い立てたり、**父さんは私が七つのときに死んだの。お願い、それを持っていかないで**と訴えたりはしない。話しかけられたときしか話したらだめだと、何かを決めようなんて思う暇もないまま即座に決める。乾燥した手が私の手に触れ、指輪を引き抜いていく。中央に小さなダイヤモンドがついたプラチナの指輪。数年前に継父が何気なしにくれたもの。**持っていけばいい**と、心のなかでつぶやく。

一人の男が私のそばで話しかけているあいだ、もう一人は行ったり来たりしているようだ。

「俺たちは人殺しはしない。この稼業をはじめて七年になる。これが仕事なんだ。金が要るんでね。震えなくていい。あんたを傷つけたりはしないから」

私はその言葉を信じる。相手を刺激しないかぎり、危害は加えられないだろう。

何時間にも思える時が過ぎ、もう一人の男が部屋に戻ってきた。「ここにはほかに何かないのか。金目のものは？」

すると、私のそばにいる男が急に興奮し出したようで、私が寝ているシーツに手を伸ばした。彼は手探りで私のほうに身を寄せる。シーツがとれて私の身体があらわになる。この瞬間まで、レイプまではされないと思っていた。彼らが言ったとおり、ただ盗みに入っただけなのだと。金目当てなのだと。だって男たちは約束したではないか。この人たちはチラシの男たちとは別人なのだ。

男が私に馬乗りになる。シャツは着たままで。私は手の置き場がなくなって、とっさに布をつかんでいた。それは薄っぺらくて、蒸し暑い夜の汗を放出するための空気穴が開いている。男のシャツは湿っている。それはきっと、紫と緑のストライプ柄で、特別な外出に着ていく彼のお気に入りの襟付きシャツなのだろう。自分のネグリジェを買おうと店に行った母親が、ついでにそのシャツを買って帰ったとき、彼はよろこんだのだろう。「あなたに買ってきたわよ、着てみて」。母親がにこやかに言う。それはぴったりだった。友達と遊ぶときにもいいし、スラックスと合わせれば教会にも着ていけそうだ。

その後、私はこのときのことを何度も振り返る。あのシャツを着るとき、彼は私のことを思い出すだろうかと考える。あの晩のことを、彼の背中に回された私の手を、彼は覚えているだろうか。私が彼を抱きしめていたと思っただろうか。私について、何か考えていただろうか。私は何も感じなかった。その場にいなかったから。男は私のなかに入ろうとして、いら立っているようだ。「頼むよ、そんなに拒むなって。何が問題なんだ?」

女性としか経験がないと言ったら相手が逆上すると思い、「しばらくしてなかったから」というようなことをもごもご言う。

別の声が聞こえる。もう一人の男が戻ってきた。「フェラチオをさせて終わりにしよう。ほら、急がないと。もうすぐ明るくなる」

「いやだね。俺はプッシーが欲しいんだ」

それ以降のことは、その場にいなかったから説明できない。私の身体は天井へと浮き上がる。何も感じないから、身体の痛みも言葉では説明できない。何をされても私は感じない。一人目の男が終わって、相棒のほうへと押しやられ、彼のペニスを顔に押しつけられても、やはり何も感じない。しばらくしてその男が私から身を離したときも。最初の男が彼の股間で私の頭をしばらく動かし、それから私に馬乗りになってもう一度犯しても。**いつまで続くの？　何度すれば気が済むの？**　私は朦朧（もうろう）としながらそう考えていた。行為の最中、男が私の首に嚙みついたので鋭い痛みが走る。痛みが私を部屋に引き戻す。それで意識がはっきりしたわけではないが、注意していなければ、と思うようになった。

そのとき何かが変わった。男たちはもう不安がってはいないようだ。最初の男は満足げにしている。一瞬、私は自分がうたた寝していたのではないかと思う。もう一人の男は出ていきたがっている。

「さあ、ここからずらからないと」

男の一人が私をうつ伏せにして、背中に両手を回すように言う。冷たいプラスチックコードを取り出して、私の手首に何度も巻きつける。それからコードを足首に向かって伸ばし、縛り、膝が曲がるまで引っ張ったので、手首と足首が触れそうになる。私は横向きに倒れて、身動きがとれなくなる。ボックスシートが端からめくれて、下半身を覆い、繭のように私を包む。

「外が明るくなる前に行かないと」

「そうだな。でも、彼女が大声を出して助けを呼べないように、猿ぐつわをしておこう」

男たちが私のことを三人称で話しているのが気に入らない。そんなふうに呼ばれたくない。その晩ずっと、私は彼らに自分を人間だと思わせようと必死になっていた。怖いと思ったら、消し去ってしまえる物ではなく、無害な人間なのだと。

「私はあなたたちのどちらの顔も見ていない。お願い、目隠しは外れていないから。あとであなたたちを特定したくてもできないし、そんなことはしない。約束する。絶対にしないから」。涙が目にしみる。「そんなことするわけないでしょう？　あなたたち言ってたじゃない。ただの金目当てだって。約束する。私のことは何も心配しなくていい」

そのとき、私の心の目には母しか映っていなかった。もしそんなことになったら、母さんはどうにかなってしまう。

母のために、みんなのために、これから起きるであろう事態だけは避けなければならない。何かを考える余裕なんてまったくない。あと数分を生き延びることに、ただ集中していた。

「ほら、このスカーフで彼女の口を縛れ」

私はなんとかして、そこにいる私は人間であり、彼らの自由を妨げる物ではないのだと印象づけようとする。

「お願いだから息ができるようにしてくれる？　両手がきつく縛られているから。もしうっかり鼻がふさがれたら息ができない。お願い、気をつけてくれる？」私は暗闇に向かってそう言う。

男の一人が近づいて、スカーフを持った両手を私の頭に近づける。そのスカーフが首に巻かれ、ぎゅっと締められるかもしれないから、私は何度か息を吸う。結局、そのスカーフは私の口に当てがわれた。男がそれを二重に結んだので肌に食い込んだ。男の硬い親指の先が私の鼻に触れて、スカーフで覆われていないか確認しているのがわかる。

「急げよ」と、もう一人の男が言う。「その女は放っておいてもう行こう。ずらからないと」

「ああ」

そして、二人は出て行く。

✢

隠しておきたかった物語を打ち明けて、何か月も経ってから、メアリーはその晩訊けなかった疑問を投げかけてきた。

「警察は男たちを捕まえたの？」

「いいえ」。私は答えた。

「でも、その夏は犯罪が頻発していたそうじゃない。ほかの住居侵入の犯人が捕まったかどうかもわからないの?」まるで、読み終わったけど内容は忘れた本のあらすじを訊かれているみたいだった。あの晩のことを打ち明けたときよりも、その会話のほうがよほどつらかった。私は汗をかきはじめた。

「一度にあんまりたくさん事件が起こったから」。そう言って、警察から新情報の連絡などいっさいなかったことをはぐらかした。「それに犯人がわかったってなんになるの? それで私の経験が帳消しになるわけじゃない」

「ええ、ならない。何があっても」。メアリーは顔をしかめた。「でも、警察も捕まえる努力はしたはずだって思いたい。その男たちは、犯行を続けるつもりでいたようだから」。私は記憶を探った。刑事の名刺はかっとなって捨ててしまったのだろうか。それとも、何度もした引っ越しの際に箱にしまい込んだのだろうか。

どうして私が警察に仕事をさせないといけないの?

私たちは黙りこくった。私はアルコール依存だった継父を思い浮かべた。彼が私へのカードを買い忘れないように、もうすぐ誕生日だと一週間前からそれとなく言っていたときのことを思い浮かべた。別にカードが欲しかったのではない。私の誕生日を忘れることで、彼に気まずい思いをさせたくなかったのだ。

「わかった」。メアリーが口を開く。「夕食の準備にとりかかろう」

私は、メアリーが冷蔵庫から食料を取り出すのを眺めている。彼女は背を向けて、野菜パスタの材料を取り出している。**なんてかわいいお尻なの**。私は幸せな気持ちになった。過去に蓋をすることで、私たちの快適な家や、小さな飼い犬、メアリーのかわいいお尻や彼女の優しさなど、今ここにあるものに集中できるのなら、それは正しいことなのだと、その瞬間は思えた。振り返ったらだめなのだ。犯行が場当たり的だったとか、あの男たちが足を踏み入れたのがなぜ自分の寝室だったのかとか、考えたらだめなのだ。警察から音沙汰がないことにこだわっていたらだめなのだ。そういうことはすべて脇に押しやって、ニンニクを炒めるにおい、膝に乗っている飼い犬のルビーのやわらかな毛並み、自分で選んだ愛しいパートナーに心を向けないと。

このすべて忘れて前に進む戦略で、うまくいかなくなって行き詰まるそのときまで、私はなんとか持ちこたえた。人生を前に進め、パートナーとの関係を築いた。私たちは一緒に家を築いた。私が前に進んだと思う人もいるだろうが、そうではないと多くの人がわかっていた。それから何年も経って、私は警察が沈黙していたという事実に再び向き合うことになった。説明責任を果たすよう、働きかけることになった。それは彼らの意識を変えるためではなかった。彼らが無視してきたことがあり、事や人がいるという状況を、これ以上見過ごせなくなったからだ――私のために、私のような大勢の人のために。

第二部

調査

An Investigation

自分ではわかっているのに
他人に理解してもらえなかったら、
どうすればいい？

——カーソン・マッカラーズ『心は孤独な狩人』

八章　未検査

ボストン・グローブ紙の一本の記事が、私をレイプ事件へと引き戻し、人生の流れを変えた。それは二〇〇七年のことだった。大学院を修了後、私はボストン近郊のリベラルアーツ大学に職を得た。仕事の主な内容は、性的暴行の被害を打ち明けた学生に対して、医療とメンタルヘルス担当の職員がうまく対応できるようにサポートすること、そのような学生を支援するために大学の資源（リソース）を活用することだった。やりがいのある仕事に没頭する私を、家族が支え、守ってくれた。

表面上は、悪戦苦闘しながらも前に進んでいるように見えただろう。ところが、まだ苦しんでいた。何かが私を苦しめていた。決着のついていない、放置されたままの過去の断片がしこりのように残っていたが、それが何なのかわからなかった。レイプされてから二十年と少しが経つのに、当時の出来事が意識のすぐ下にひそんでいるような気がしてならない——どんな結末を迎えるにせよ、それはどっちつかずの状態で、消えてなくなるのを待っていた。社会には、目を向けるといたるところに無関心があって、私はそのすべてを自分ごとであるかのように受け止めた。政治家の発言、進展のないレイプ事件を報じるニュース、性的暴行に対する大学の対応など——私の職場も例外ではなかった。いまだ深い傷を癒すためにどうしたらいいかを必死に考えていたが、うまく対処できずにいた。

その日、朝のコーヒーを飲みながら読んでいたボストン・グローブ紙に、こんな見出しを見つけた。「鑑識が証拠一万六千件を放置——一度も分析をしていないことが摘発調査により判明」[1]。記事の冒頭には、「マサチューセッツ州内で起きた約千件の殺人、六千五百件の性的暴行の犯行現場から採取された何千件にものぼるサンプルに対して、州警察の鑑識部が一度も分析をおこなわなかったことが、同州が命じた調査により発覚した」とあった。未検査のサンプルは一九八〇年代にまでさかのぼり、「危機的な規模」だと報じられていた。続けて、州の鑑識部を緊急に調査しなければならなくなった数か月前には、「問題の州警察鑑識部の職員が、多数の未解決レイプ事件の証拠からDNAの一致が発見されていたにもかかわらず、その事実を地方検事に伝えていなかったとして停職処分になった。それらの事件は時効が成立しているため、現在は捜査を進めることができない」[2]とあった。調査がおこなわれた結果、おびただしい数の未検査サンプルの存在がさらに報告されたという。

その記事を読んでいると、捜査のためになると信じて耐えたレイプキット検査の記憶がよみがえってきた。その夏に起きたほかの住居侵入事件のことが頭をよぎる。一連の事件の被害者から採取された証拠のなかに、私の事件と関係するものがあったのでは？　私たちの事件から連続犯を特定することができたのでは？　DNAテクノロジーが進歩したにもかかわらず、採取された証拠が収められたキットは鑑識で二十年間も放置されていたということ？　当時、州検事総長だったマーサ・コークリーは、未検査のサンプルは二千件ほどだとして暴露記事に反論した。しかし、ボストン・グローブ紙の伝えるところによると、州公安委員長のケヴィン・バーグは記事の結論を支持し、「処理しなければならない未検査の生体サンプル一万六千件の存在が調査であきらかになったと認めた」[3]という。州政府高官は市民を安心させようと、事態はコントロールできており、これは一般には理解しがたい複雑な問題なのだという釈明を繰返した。同じ記事で検事たちは、「何千件にのぼる未検査サンプルは、自殺や薬物の過剰摂取(オーバードーズ)の現場から採取されたか、公判ですでにほかの証拠が提出されたか、被告が有罪を認めたために証拠を提出する必要のなくなった犯罪事件のものだ」と主張した。この発言の後半部分は、レイピストの多くが常習犯だという現実を見落としている。利用できる法医学資料（forensic material）を検査しないままにすることで、数え切れないほどの命が新たな危険にさらされる可能性があるのだ。全米犯罪被害者センター（National Center for Victims of Crime：ＮＣＶＣ）の発言にもあるように、「時効が成立しているかどうかにかかわらず（…）、検査済みのキットからＤＮＡ情報を抽出してＦＢＩの全米データベースに追加することができる。法執行機関はそれをもとに（…）犯行現場に残されたＤＮＡと加害者ＤＮＡとの一致、つまり〝ヒット〟を探すことができる。レイプの多くが常習犯によるものだということを私たちは知っている。そのため、未検査のキットから証拠を採取して情報を追加することで（…）さらに多くのヒットが出るようになり、加害者をより多くの犯罪と結びつけることができる」[4]

「何を読んでるの？」メアリーが話しかけてくる。「あなた、首を揺らしながらずっとそこに座ってるけど」

「最後まで読ませて。読み終わったら、できるだけわかりやすく説明するから」。私はそう答えると、また記事に目を落とした。膨大な量にのぼる未検査のレイプキットの存在を報じるニュースに触れたのは、それがはじめてだった。しかも、二十年以上前に自分が被害に遭った犯罪にかかわるかもしれない証拠について、私が住んでいる市の新聞が伝えているのだ。そこに書かれた途方もない数字に、理解が追いつかなかった。

千、二千、三千ものサンプルが未検査になっているこの状況に対して、誰か声を上げた人はいるのだろうか？　未検査の証拠があるという事実だけでも理解しがたいのに、役人がその記事を軽く見て、そのような証拠や関連する事件はたいしたものではないとする姿勢に、私は深く傷ついた。

それから数年のうちに、私はヘレナ・ラザロの話を耳にすることになる。彼女のケースは、被害者が加害者を知っていたり、加害者が有罪を認めていたりする場合でも、レイプキットを簡単に廃棄してはいけないという典型例だ。〔一九九六年に〕ヘレナを襲ったのは、インディアナ州からやってきた長距離トラックの運転手だった。その男が自分の妻を暴行し、妻がレイプキットによる証拠採取をすませた段階で、男のDNA情報が全米データベースに登録された。もし、この運転手が、「加害者の身元があきらかな場合は法執行機関によるレイプキット検査をおこなわない」と法律で定める州に住んでいたら、ヘレナの暴行への関与は浮上しなかっただろう。とはいえ、ＤＮＡの一致が見つかるまでに、十三年という長い年月と、支援団体「ピース・オーバー・バイオレンス（Peace Over Violence）」の援助が必要だった。[5] 検査対象をすべてのキットとするべきなのか、検査にかかる費用はどれぐらいなのか、といった方針や細部についての議論をしているあいだに貴重な時間は失われていく。失われるのは被害者の人生の時間であり、さらなる被害を阻止するために費やすべき時間である。こんなに難しいことであってはならないのだ。労力やコストについて議論しているばかりで肝心の調査が進まないことも、被害者が警察に捜査の継続を催促しているような状態も、あってはならないのだ。

リビングで朝のコーヒーを飲みながらあの記事を読むまで、ＤＮＡサンプルの現状も、時効にかんする規定も、私はまったく知らなかった。それでも記事を読んだとき、警察から一度も連絡がなかった背景にはそういう事情があったのかもしれないと納得した。ふと、友人にチラシを手渡されたときのことを思い出した。**あなた、この近くに住んでたよね？　コモンウェルス・アベニュー近くのオールストン・ブライトン地区でレイプが頻発してること、知ってる？　地域の自警団がチラシをつくったの。貼るのに協力してくれない？**

ＤＮＡ個人識別法（DNA Identification Act）が制定され、全米規模のＤＮＡデータベースが正式に運用されはじめたのは、一九九四年のことだ。これによって、ＦＢＩは法執行機関への情報提供ができるようになった。[6] 九〇年代末には、「複合ＤＮＡ型インデックスシステム（Combined DNA Index System: ＣＯＤＩＳ）」として知られる「全米ＤＮＡ型データベース（National DNA Database）」が完全運用の段階に入った。ＦＢＩ鑑識部のドワイト・アダムズは、二〇〇二年に上院司法委員会で次のように説明している。「CODIS開発の根底にある基本的な理念は、州内で有罪になった犯罪者のデータベースを構築し、それを容疑者不在の犯罪解決に役立てることです」[7]。大規模なデータベースが登場する前、すなわち、私が襲われた八〇年代という早い時期にもDNAテクノロジーは存在したが、それは限定的なものだった。当時はまだ、犯行現場と犯人を結びつける法医学ツールとしては、指紋採取が一般的だったのだ。

「メアリー、これが全国ニュースにならないのはどうして?」記事を読み聞かせるやいなや、私は言った。「一つの州の鑑識部にこれだけ多くの未検査サンプルがあるだなんて、現実とは思えない。でも、まったく驚いていない私もいる」

「なんて言ったらいいのかわからない。でも、こんなの間違ってる。こういう事態になっているのはボストンだけなの?」メアリーは立ち上がって私の背中に腕を回した——一方の私は、目の前の言葉が消えてしまうのではないかと心配で、両手をキーボードから離せずにいる。

「着替えなくちゃ。ほかにも何かわかったら教えてね」。メアリーは慌てて二階へ行った。私は検索バーに別の言葉を打ち込んだ。

未検査のレイプキット

古いレイプキットのDNAの一致

レイプキットの検査で犯人が判明

ふと見上げると、時計は午前九時を指していた。仕事に遅れてしまう。

その日私が目にしたいくつかの記事と、その後数年で読んだ何百もの記事によれば、多くのレイプ被害者が法医学検査を受け、法執行機関に犯罪被害の申し立てをしたにもかかわらず、その努力はまったくの無駄に終わったようだ。レイプ後に採取された証拠が病院の職員から警察に引き渡されても、つまらないペーパーバックのように棚に並べられたままになるだなんて、私たちの誰一人として想像していなかった。

それらの記事を読み、私のレイプに対する考えは変わった。それまでは、レイプを個人的な危機（クライシス）として捉えていた。でも、私は一人ではなかった。何より衝撃を受けたのは、レイプ被害を受けたあとに被害者の置かれる状況だ。はっきりしたのは、レイプという犯罪に遭ったのに、捜査にかかわるどんな情報も、そもそも捜査がおこなわれたかどうかも、私には知らされなかったということだ。私はいまだにあの犯罪の記憶に囚われていて、そのために錨（いかり）で港に係留された船のように身動きが取れず、自由になれないでいる。私に欠けていたのは、覚悟だった。覚悟を決める力が私にはなかったのだ。

私のレイプキットは鑑識部の棚に置かれたまま、誰かに引っ張り出されて、内に秘めたお宝が発見されるのをずっと待ちわびていた。当時、自分を襲った犯人は刑務所に収監されているはずだと私は思っていた。住居侵入を何年も繰り返していると、彼らは言っていたではないか。だから、今ごろは何らかの罪で逮捕されていてもおかしくないと思ったのだ。想像はいくらでもできたが、情報はゼロだった。それでも、せめて知ることができたら。男たちの名前や、その後どうなったかを知り、その顔をはじめて見ることができたら。私は、鑑識についての報道を追い続ける覚悟を決めた。問い合わせもいくつかすることになるだろう。怖かったが、決意は揺るがなかった。そして、自分がこれから知ることを受け容れられますようにと願った。

私がそれ以来目を通した未検査レイプキットについての記事は、長年のあいだにより合わされた糸のようだった——それは、私がこれまで経験してきた無視され、周囲から見えなくなったように感じる気持ちを、現代のレイプ被害者たちの経験に合流させるものだった。私が遭遇した問題は、過去の遺物ではなかったのだ。それは現在も存在していた。

鑑識部に残された何千件ものサンプルへの対処計画が報じられないか、私は注意して見守った。というのも、ボストン・グローブ紙の記事には、未解決なのか訴追に値するのか等の基準をもとに選別をおこない、まずは殺人とレイプの証拠の再調査をすると、バーク公安委員長が約束したと書かれていたからだ。残念なことに、鑑識部に最初の調査が入ってから二年後の二〇〇九年の段階で、未検査一万六千件のうち、検査されたのは五百件にとどまった。検査がおこなわれたのは、地方検事が要請したときだけだった。「われわれは選別しています」。ボストン・グローブ紙の記事には、法医学とテクノロジー担当の公安委員会次官、ジョン・グロスマンの言葉が引用された。「請求があれば分析をおこないます。そうでなければ、一万六千件のサンプルの大半が、未解決事件の倉庫に放置されたままになるでしょう」。鑑識による検査は遅れているが、「未処理案件（backlogs）を減らすことをもう目指してはいません」[8]。つまり、何千もの証拠が何もされないままになるということだ。誰にも注目されない昔の事件は勝手に古びたのではない。まだ進展の望みがあった時期に、誰かが証拠をしまい込んで無視したのだ。それから時が経ち、州の財源を費やすには値しない、重要ではない事件だとみなされるようになったのだ。

私の事件はどうなったのか、最近の事件との関連はないのか、それをあきらかにする必要があると思うようになった。私が引きこもって人生を一からやり直しているあいだ、本当に、ほとんど何も進展がなかったのだろうか？　こんなに進歩的な州で、レイプの証拠が無視されてきたのは信じがたかった。以前かけられた言葉が頭のなかで聞こえてきた。**口を閉じていられない女みたいだ。何かわかったらこちらから連絡すると言いませんでしたかね？**　今、被害者たちはどんな言葉を耳にしているのだろう？　捜査からどんな結果が出ているのだろう？

私が自ら情報を求めたのは、そうできる状況にあった一度きりだ——そこに労力をそそぐことによって、懸命に努力し築き直した人生が台無しになることはないと、ちゃんと冷静に判断できるぐらいに回復してからだった。人生をレイプに破壊されないために、私は長い年月をかけて個人的な足場を構築した。だが逆に、その足場があったからこそ、私はその犯罪の真の重大さと影響を体験することになった。そうなってはじめて、私はさらに多くを要求できるようになった。

九章　不正義

一九九一 - 二〇〇〇年

大学院入学をきっかけに、私の人生はもう一度可能性に向かって動き出した。多くの人にってそうであるように、教育が私に提供したのは、自分には価値があるという気持ちを育てる——私の場合はまたそんなふうに思えるようになるための空間だった。ハーバード公衆衛生大学院は、ボストンのダウンタウン近くにある医療地区の端にあった。歩いて授業に向かう途中で、以前臨時職員として働いたいくつもの病院の前を通りがかった。シェリーがまだ働いているか確かめるために、ボストン小児病院の研究棟に行ってみようかと思った。でも、今の人生を楽しもうと必死に努力しているときに、過去にまた足を踏み入れる気にはなれなかった。

大学院の授業は一九九一年九月に始まった。毎朝、授業の何時間も前に車でミッションヒル地区まで行き、駐車スペースを確保して、大学のアトリウムで朝食をとる。そのままそこに座って課題に取り組み、新しい友人が通りがかったら手を振った。私たちは一緒にコーヒーを飲みながら、とりとめのない会話に興じた。

今朝の道路の混み具合はどうだった？

週末に宿題があるのに慣れなくて。大変だよ。

私はここがとても気に入っている。

深煎りブレンドの香りが入り混じった建物のにおいは、私にとっては希望のにおい、苦労してようやく手に入れた経験のにおいだった。こんなふうにくつろいで、よろこばしい未来を楽しみにしているのは、本当に私なのだろうか？　大学院の合格通知を受け取ってから、母はしょっちゅう電話をかけてきて、「父さんは、あなたがとても誇らしかったでしょうね」と言った。それを聞いて私は毎回涙ぐんだ。父は人生を教育と、教育が他人の人生にもたらす成果に捧げた人だった。私はまだ幼くて何も知らなかったのだが、父は体調を崩した夏に、教育学で博士号を取得するために、ハーバード大学院に進学する予定だったそうだ。「診断が下ったとき、私たちはちょうどマサチューセッツ州に引っ越すところだったの。でも、結局引っ越しはできなかった」。あるとき母は電話でそう言った。「私たちの人生が一変したと想像してみて」と。私が生き残ったのは、このためだったのだ。父が遺したものを、早すぎる死が奪った彼の夢を、たたえるためだったのだ。私はずっと生きてきた。だからこのめぐり合わせを、私がかつて愛した男性に捧げたいと思った。

「母さん、大学院だからたいしたことじゃないよ。入るのは難しくない」。私はそう言い切ったが、嘘だった。教育の継続は、私にとっては一大事だった。

オリエンテーションのときに、学部長が私たちを歓迎して定番のジョークを披露した。「心配無用です。みなさんの入学資格はダブルチェックされていますからね。間違ってここに紛れ込んだ人は一人もいないと保証します」。私はクラスメイトたちと笑ったが、内心笑いごとではなかった。

ハーバードに来る前は何をしていたのかと質問されたら、簡潔に答えるようにしていた。「薬物治療クリニックで薬物使用者に対するHIV教育をしていました。その仕事をするうちに、健康制度（ヘルスシステム）や政策に興味を持つようになったんです」

それ以外は省略した。

きっと過去はどこかにしまっておける。過去に追いかけられずに済む。

私はそれを確かめるつもりだった。

この転機を境に、レイプの体験を他人に話さなくなった。そろそろ新しい物語を始めてもいい頃合いだった。何かを決めているとはまったく意識せずに、そう決めたのだろう。私が他人に話すのは、まったく新しい物語。それは嘘ではない。ただ省略があるだけ。性暴力を受けた過去は、気軽な会話の始まりにはふさわしくないからそうするのだと自分に言い聞かせたが、じつはそれ以上の意味があった。新たに知り合ったおもしろい人たちが仲間だと認めてくれたら、彼らが外からそうやって私のことを見てくれたら、受けたダメージはやわらぐはずだと思っていた。無邪気にも、過去に存在した事実に目を向けずにいたら、忘れられると信じていた。ところが、過去は忘れられるという思い込みは、全米で注目を集めたある局面により覆された。人は体験によって形づくられ、変わっていく。過去は葬（ほうむ）ったり、忘れたりできるものではない。過去とどう向き合うかによって意味づけは違ってくる。大学院に入って一か月も経たないうちに、私はボストン・グローブ紙でアニタ・ヒルという女性についての記事を読んだ。彼女は法学の大学教授で、クラレンス・トーマスの最高裁判所判事承認にかんして、上院司法委員会で証言することになっていた。キャリアの初期の段階でトーマスと働いていたヒルは、かつての上司の態度について証言をおこなうことになっていたのだ。ヒルは証言者になることにしぶしぶ同意した。

　ボストン・グローブ紙のアーカイブで「アニタ・ヒル」と検索すると、一九九一年十月六日以前の結果はゼロだ。ところが現在、彼女の名前をインターネットで検索すると、七千万件近くヒットする。一九九一年十月初頭までは無名の存在だったヒルがおこなった、国の最高機関で地位に就こうとしている男性からセクシュアル・ハラスメントを受け、それに耐えていたという宣誓証言（testimony）は、彼女の人生とこの国を永遠に変えた。ありふれた、しかも私的（パーソナル）なものだと多くの女性たちに思われていた、あの職場での耐えがたい出来事が、あまりに多くのおぞましい重荷が、全米レベルの議論のなかで真剣に疑問をもたれるようになったのだ。ヒルの証言を聞いた多くの人は、証言の内容を受け容れたし、安堵した。一方で、証言の信憑性を疑い、彼女が経験したというその行為の影響はたいしたものではないとする人もいた。ヒルが証言をおこなうと発表された日、彼女がまだ公（おおやけ）には何も言っていないにもかかわらず、トーマスの承認を支持していた上院議員たちは、ヒルの発言をおとしめようと画策した。ジョン・ダンフォース上院議員は「セクシュアル・ハラスメントなどという〝嘆かわしい訴え〟をトーマス氏ははっきりと否定している。上院議員による投票にはいっさい影響しないだろう」という旨をコメントした。[1] デニス・デコンチーニ上院議員は「もしセクシュアル・ハラスメントを受けているのだとすれば、苦情を申し立てるべきです。長いあいだ何もしなかったのに、あるとき突然匿名の電話をかけて（…）『あの、苦情を訴えたいんですけど』（…）と言うのではなく。つまり、本気なのかということです（…）苦情の申し立てを！」と発言した。[2] オリン・ハッチ上院議員は、ヒルが人種偏見を利用することで、トーマスが反感を持たれるよう仕向けたとした[3]〔ヒルもトーマスもアフリカ系アメリカ人だった〕。アラン・K・シンプソン上院議員は、ヒルには妄想癖があるとする匿名の情報源からの記述を読み上げた。[4]

公聴会の前日、大学から帰る途中で、私は新しいVHSビデオカセットを買った。授業があったので、大学は休めなかったのだ。それから数晩続けて、テレビの前でメアリーと夕食をとった。そこに映っている人たちの言葉だけでなく、表情やしぐさに気づくたびに、サイレント映画を見ているような気分になった。ターコイズブルーのスーツに身を包み、胸を張って宣誓をおこなうヒルの姿を、私はいつまでも記憶にとどめることになる。両親のことに話が及び、オクラホマの田舎にある農場で十三人きょうだいの末っ子として育った境遇を説明するとき、彼女の表情はやわらいだ。私は、彼女の口からおぞましく、屈辱的な言葉が飛び出すのを眺めていた。上司からしつこくデートに誘われたこと、コーラの缶に陰毛が入っていると言われたこと、ポルノ俳優のロング・ドン・シルバーを知っているか、彼のペニスの長さを知っているかと尋ねられたことがくわしく書かれたものを読み上げるように言われて、彼女は言葉につまりながらも読み上げていた。

「かわいそうに」。メアリーが言った。「ひどい経験をしたんだ。その上、こんなおかしな公聴会に耐えなきゃならないなんて」

「どうしてエドワード・ケネディ〔マサチューセッツ州出身で当時連邦上院議員〕はあそこに座ったまま、大人しいハウンドドッグみたいに眺めているだけなの？」

「彼女を批判している白人男性の姿を見てよ。文字どおり、高いところに座って見下してる」。メアリーの声がうわずった。「彼女の証言を信じる議員には——そういう人は多いだろうし、信じなきゃいけないんだろうけど——彼の振る舞いが間違っていたってことをしっかり認識してもらわなきゃ。でもさ、その人たちだって同じことをするかもしれないんだから、そんなふうには思えないよね」

メアリーの言葉は的を射ていた。実際に、そこで議論されていた真の争点とは、ヒルが真実を告げているかどうかではなく、司法委員会の上院議員たちにとって、セクシュアル・ハラスメントが懸念事項になりうるかどうか、ということだった。職場での女性への振る舞いについて説明を求められた上院議員が、いまだかつていただろうか？

「女性はこんなつくり話をしない」。おなじみの苦々しい気持ちを嚙みしめながら、私は言った。「もし本当のことじゃなかったら、わざわざこんなことにかかわろうだなんて誰が思う？」

一時停止ボタンを押したが、私たちはどちらも動かなかった。糖分を摂取したら気分が上がるかもしれないと思って、私はアイスクリームかクッキーが欲しくなった。「断言してもいいけど、彼は承認されるよ。それで、あの人たちは彼女のほうが問題だって印象をこれからもでっちあげるんだ」。画面のなかで静止したままの、ペンシルベニア州選出アーレン・スペクター上院議員のしかめ面をにらみつけながら、メアリーの声は甲高くなった。「あの人たちの投げかける質問や表情を見ていればわかる。あの議員なんか、『あなたのほうがフラれたのではないですか？』と言っていたし、別の議員は、職場で女性の胸が大きいと話題にするのがそんなに悪いことだと思えないと言っていた。まるでそれが日常的に交わされる冗談で、彼女のほうが過剰に反応していると言わんばかりに。つまり、あいつら、どれだけ腐ってるわけ？」

　その晩、メアリーが寝入ったあとで私は泣いた。暴力やハラスメントに傷つけられ、誰にも耳を傾けてもらえず、責められているとさえ感じている何百万もの女性たちと一緒に、アニタ・ヒルの後ろに座っている自分を想像した。**真実なんてどうだっていい。**メアリーを起こさないように頭のなかでつぶやいた。**こんな環境で、私たちはどうやって生きていけばいいの？**

　私は横になったまま、翌日一緒にコーヒーを飲む友達のことや、先生がもうレポートに成績をつけたかだけを考えようとした。でも、眠れなかった。この公聴会が、私がすでに知っていたことを世に知らしめてくれたということばかり考えていた。それは女性、とくに有色人種の女性（ウィメン・オブ・カラー）の経験が目に見えないものになっていて、私たちの言葉は、ピクニックで出会ううるさい虫のようにぴしゃりと潰される運命にあるということ。レイプ事件で警察からかけられた言葉がまた聞こえてくる前に、頭から否定的な考えを追い出したかった。人生の新しい章が消し去ってくれるはずと、私が期待していたあの言葉――。

口を閉じていられない女みたいだ。

何かわかったらこちらから連絡すると言いませんでしたかね？

✢

結局、トーマスが最高裁判事に承認されて公聴会は終わった。しかし、彼の支持者たちは就任という結果だけでは満足しなかった。保守派の声を正当化する人物としてのトーマス判事を大々的に守るために、引き続きヒルの評判をおとしめたのだ。イェール大学で教育を受けた輝かしい評判を持つ法学者のヒルは、屈辱的にも「少しばかり頭がおかしくて(ナッティ)、少しばかり好色(スラッティ)」と、保守派論客であるデイヴィッド・ブロックに書かれた。[5] ほかのトーマス支持者たちは、ヒルの終身在職権(テニュア)を取り消すようオクラホマ大学に圧力をかけ、彼女のもとには何年にもわたって殺害予告が届いた。[6]

私はヒルについての報道をわがことのように追っていた。そこから伝わってくるメッセージはわかりやすく、示唆的だった。もしあなたが現状に異議を唱え、権力を持つ男性が当然視する行動に疑問を投げかけるなら、そしてそうする権利があると思っているなら、彼らは平気で嘘をつくし、永続的なダメージを与えるのもおかまいなしに、こちらを潰しにかかるということだ。上院議員一人ひとりの顔を眺めていると、**お嬢さん、よくそんなことができますね？**

という言葉がしわに刻まれているような気さえしてきた。

公聴会後に「I BELIEVE ANITA HILL（私はアニタ・ヒルを信じている）」とプリントされたTシャツや缶バッジが大量に出回ったが、それは真の争点ではなかった。トーマスの最高裁判事就任を阻止するには、まず上院議員たちが認識しなければならなかった——ヒルが証言した行為は、男性にその責任を取らせるに値するものだということを。しかし、男性の力が支配的な場では、セクシュアル・ハラスメントや性暴力の問題に関心のあるふりをすることが求められる。それは、変化を起こそうとする決意とはまったく別ものだ。

この歴史的瞬間が私を変え、決意を抱かせた——何年も経ってから性暴力関連の問題にかかわり、自分の声を見つけるそのときまで、はっきりとは自覚していなかったのだが。私は、連邦裁判所内の司法行政を監督する責任がある司法委員会（圧倒的に白人男性が多い）が体現していた、揺るぎない権力構造を目の当たりにした。強力なメッセージが伝わってきた。そんな組織では、この国の構成員すべての声をうまく代弁できるはずはないということがはっきりした。とくに、女性のバストのサイズを職場で話題にするのは普通だと司法委員会のあるメンバーが発言したとき、ほかの議員が誰一人として反論の必要性を感じなかったのは非難に値すると感じた。彼らは反論せず、まるでアニタ・ヒルのほうが審判にかけられているかのように次の質問へと移った。

そんな人たちがこの国の立法者（lawmakers）なのだ。ヒルの言葉は、この国の最高裁判所の地位にかかわる証言だというのに。

トーマスの指名承認から二十七年後〔二〇一八年〕に開かれたブレット・カバノーの公聴会に、私は同じ偽善の響きを聞き取った。心理学研究者で大学教授のクリスティン・ブレイジー・フォード博士が、二人が十代のときに、あるパーティーでカバノー判事から性的暴行を受けたと告発したのだ。ある記事では、トーマスの公聴会にも出席した数少ない司法委員会メンバー、オリン・ハッチ上院議員の発言が引用されている。「上院議員のみなさんは今日、この判事はいったい何者なのかと考えずにはいられないでしょう。そこが問題なのですから。この判事は本当に善良な男なのかと。どんな基準に照らしても、彼は善良な男です」[7]。案の定そんな発言が出た。これは、指名承認を受ける側に対する発言だ。ハイスクールのときにカバノーから性的暴行を受けたとするフォードの発言のどこが「間違っている」と思うのか、ハッチから説明はなかった。そしてカバノーは承認された。ハッチは、説明の必要があるとは彼が思いもしない基準に従って、カバノーを〝善良な男〟と判断したのだ。カバノーは証言するあいだ、上院議員に向かって声を荒らげ、ビールは好きかと尋ね、質問に答えるのを拒否し、思慮深くて賢いというよりも、むしろ怒りっぽいようだった。だが、ハッチの基準や、彼の指名承認に票を入れたほかの議員たちにしてみれば、彼は〝善良な男〟であり、この国の最高裁判所で終身の地位に就く資格を満たしていることになる。

フォードが証言したとおりのことをしていたとしても、カバノーは〝善良な男〟なのだ。

レイプサバイバーがそんな最高裁判所を見て、レイプや性的暴行の問題にきちんと対処してもらえると信頼できるだろうか？　この最近の見世物では、この国でレイプや性的暴行が蔓延しており、加害者が罪に問われないことが多いという状況が真剣に考えらえることはなかった。男性中心的な制度が注目するのは、誰が勝ち、賞を獲得し、昇進するかということであって、フォードが雄弁にも「海馬から消せない[8]」と語った、生涯にわたって影響を残すトラウマや傷に慎重かつ真摯に対応することではないのだ。一九九一年でも、二〇一八年でも、私たちはみな、まず告発者（accuser）に目を向けて、批判的な視点から、なぜ何も言わずにいたのか、その証言は信頼に値するのかを考えるよう促される。さらに、たとえそれが実際に起きたことであったとしても、わが国の最高裁判所の地位に就く男性を不適格にはしないよう、行為の矮小化に加担するよう促される。最高裁判所の唯一の役割は、可決された法律が合憲かどうかを判断し、私たち国民を平等に守ることだというのに。

そんな状況にあって、レイプや性的暴行の影響を軽んじない者は、もはや身の置きどころがない。私たちが保護され、楽観的になれる余地は——司法が政治とは切り離され、問題を公平に裁いてくれるという希望を持てる余地は、存在するだろうか？　もしそんな余地などなく、私たちの人生と安全がそのために危険にさらされるのだとすれば、私たちはいったいどうやって改革を求めていけばいいのだろうか？

✣

トーマスの公聴会からは、私が大学院の研究で取り組みはじめていたことについて、学ぶところがあった。それは、何が問題なのかをただ述べるのではなく、問題の原因を分析するということだ。私は、ＬＧＢＴＱの若者の自殺率の高さについての研究論文において、彼らの感じている孤独、恥、自己嫌悪のもとになる社会的要因（ソーシャルファクター）や政治情勢に注目して取り組んでいた。自殺に至るまでには個別の物語がある。だが、自殺率低下を目指す解決策は、個人を超えたレベルにまで届くものでなければならない。社会の偏見が健康に及ぼす影響を調べ、対応しなければならないのだ。これと同じ構図は、エイズ（ＡＩＤＳ）にかかわる仕事をしていたときも経験した。国内に健康危機が存在したにもかかわらず、最初にその影響を受けたのがおもにゲイの男性、薬物常習者、有色人種の人たちだったために、政府による研究への資金提供が遅れた。公衆衛生の分野では、ソーシャルファクターが健康状態に影響を及ぼすという理解が不可欠だ。そしてその後、私が自分のレイプ事件だけでなく、国内のレイプ捜査の実情を調べはじめたときにも、その視点は欠かせないものだった。

　ＬＧＢＴＱについての論文を提出する前の晩、私はそれをメアリーに見せて、トーマスの公聴会から社会問題を分析する考えに影響を受けたと説明した。「あなたの言いたいことはわかった」。論文の序章を読んで、メアリーが言った。「でも、今この国で権力を握っている人とは違うタイプの人をそろそろ選挙で選ぶべきだ、という提案を追加したらどうかな。そうしないと、たいして何も変わらないと思う」

アニタ・ヒルは一九九〇年代後半に、社会正義に取り組む姿勢で有名なある大学で教職に就くことになった。「Sunlight is the best disinfectant（日の光は最良の殺菌剤だ）」〔民主主義における透明性の大切さを訴える言葉〕という名言を残したユダヤ系初の最高裁判所判事、ルイス・ブランダイスにちなんで名づけられた大学だ。ブランダイス大学の公印には、「TRUTH EVEN UNTO ITS INNERMOST PARTS（真実は最奥部に宿る）」とある。学部生時代、私は友人たちと、この垢抜けない言葉は、さまざまな説のなかから真実を見つけるために、あらゆる道具を駆使して地底世界の様子を探るようなものだと冗談を言い合った。だが重要なのは、権力と影響力を持つ者が、私たちにいくらそう信じさせようとしても、真実は相対的なものではない、ということだった。ブランダイス大学はその名からもわかるとおり、言論の自由を熱心に擁護する伝統があるので、ヒルがそこで教えることになったと聞いて素晴らしい選択だと思った。個人として犠牲を払ってまで、ヒルは権力に向かって真実を告げたのだから。そして彼女が先例となり、多くの人があとに続いた。

最高裁判所の判断が与える影響の大きさを考えれば、最高裁判事に選ばれた者は、合衆国憲法への深い理解をもとに、憲法を尊重して判断を下すよう当然期待されるべきだ。さらに、すべての人間は平等につくられたと宣言しながらも奴隷を所有し、この国の歴史において長らく投票権を白人男性にしか認めなかった独立宣言を起草した白人男性たちとよく似た人たちだけでなく、すべての人の権利を擁護するよう期待すべきなのだ。アフリカ系アメリカ人としてははじめて最高裁判事に任命されたサーグッド・マーシャルはこう言っている。「彼らが考案した政府は最初から欠陥があった。現在私たちが基本だと考える、自由や個人の権利を尊重する立憲政府の体制ができあがるまでに、幾度かの修正、一度の内戦、そして大がかりな社会変革が必要だった」[9]。この国の歴史を理解して、すべてのアメリカ人に対する基本的権利が平等に適用されてこなかった事実を述べるのは、愛国心に欠ける態度ではない――それどころか、その逆だと主張したい。この国では、自由と正義は目指すべき理念であって、いまだ現実のものではないのだと。

　大学院での課程を修了してから二十年後、アニタ・ヒルと個人的に面会する機会が訪れた。住居侵入事件後に、私をエミーとの家庭に受け入れてくれた心優しい友人のスティーヴが、ブランダイス大学の性暴力対策について意見を求めてきたのだ。そのころにはもう、私はタフツ大学で同じ仕事にかかわっていて、健康と福祉（ヘルス・アンド・ウェルネス）部門の責任者を務めていた。世界的に有名な科学者になっていたスティーヴは、研究室でイオンチャンネルの研究を続けるかたわら、大学運営で指導的役職に就くためにブランダイス大学に戻っていた。私たちはずっと仲良くしていた。ブルックラインにあった彼らのアパートメントに居候していたときは、自分が赤ちゃんみたいだと思っていたが、このときは二人の妹になったように感じていた。助言（コンサル）の仕事を終えると、スティーヴから母校に転職してはどうかと持ちかけられ、面接の日程が組まれたのだ。そこで彼の主要な同僚と面会することになり、そのなかに、彼と一緒に対策方針（ポリシー）の策定や学務の仕事をしていたヒルも含まれていた。

「ねえ、メアリー。明日アニタ・ヒルに会うんだ」。私たちは寝室にいた。私はメアリーの仕事用の服を試着しようと、とっかえひっかえ手にしているところだった。彼女の服のほうがプロらしく見えたから。「彼女は偶像扱いされるのにうんざりしている普通の人なんだって、覚えておかなくちゃ。それは尊重したいけど、彼女のしたことが私にとってどれだけ意味があったか伝えられるといいいな」

「そんなの、彼女はいつも言われてるよ」。メアリーは私が選んだスカーフを手に取り、畳みながら言った。「ごめんね、ハニー。でも、黒のパンツと茶色のシューズと黄色のスカーフは似合わない。代わりにこっちを試してみて」

「ファンガールじゃなくて、威厳があるように見えるのなら、誰も私の服なんて気にしないよ。うまく振る舞えるといいけど」

「ファンガールがどんな格好をしているか、どういう人のことなのか、私にはさっぱりだけど、あなたらしくしていればいいよ。私たちみんなが大好きなあなたらしくね」。メアリーはそう言って、私の手から似合っていない別のスカーフを抜き取った。

翌朝、私はブランダイス大学に足を踏み入れた。スーツのポケットには面会予定の人物リストが入っている。緊張のあまり、母校に戻ったというのに思い出を懐かしむ余裕もない。私はスティーヴに指示された建物の受付に赴く。リストの用紙を開いて、面会予定の五名の名前を告げた。アニタ・ヒルの名前は最後だった。

そのとき、「私から始めましょう」という声が聞こえ、開いていたオフィスのドアからアニタ・ヒルが姿を現した。彼女は笑顔で、私に挨拶しようと手を差し出した。「こちらへどうぞ、ミシェル。お会いできてうれしいわ。座ってお話ししましょう」

彼女のオフィスは広々としていて、デスクが一つ、椅子が二脚あった。私たちは向かい合って座った。持参した履歴書を渡すと、ヒルはそれを自分のコンピュータのそばに置いた。「あなたの素晴らしい評判はスティーヴから聞いています。本学の性暴力対策を考えるにあたって助言をくださり、ありがとうございました。とても重要なことですからね」。彼女はそう言った。「それではあなたのお仕事について、もっと聞かせていただけますか」

そのころ、私は専門家として性暴力の問題に取り組んでいただけでなく、レイプの証拠が未検査になっている問題に取り組む全米規模の支援活動に一年ほどかかわっていた。それは簡単には説明できないことだった。もし、「大学での仕事以外にも、国中で多数のレイプキットがなぜ検査されないままになっているのかを解明し、状況の改善を目指す活動をしています」と言ったら、私の正面に座っている人物はもっと聞きたがるだろう。〝どうしてそんなことに？何十年もレイプの証拠が検査されなかったって、いったいどういうことですか？〟と。それから必ず、〝なぜその問題に興味をお持ちなのですか？〟と質問されるだろう。この面接の目的は、ヒルが私のスキルや関心について知ることにあったが、私の人生のその部分を明かすのは気が進まなかった。それは間違いなく、私がこの仕事に適役だと証明してくれるだろう――性犯罪の扱われ方を変えようとする活動にかかわっているのだから。でも、それはきわめて個人的なことだった。恥ずかしさと内気さのせいで、私は言い出せずにいた。

その代わり、性的暴行やハラスメントが学生の学業にもたらす影響や、告発された者にはほとんど影響がないのに、被害者のほうが苦しむことが多い現状について話した。「あなたがこの問題についてはじめて声を上げたときから、何も変わっていないと思うことがあるんです」。私はうっかり口をすべらせ、そこで言葉を止めた。その話題を避けるべきなのか、よくわからなかった。そんなことを言ってしまって、失礼な人だと思われていないか心配になった。彼女はうなずいた。「まだ仕事は終わっていませんからね」。それを受けて私はこう返した。「しかも、すぐには終わらない仕事でしょう」

面接の最中だったが、私はすでに細かいことはどうでもよくなっていた。世の中で私以外の誰かが――その人の名前や過去にかかわらず――性的暴行とハラスメントの被害申し立てを真剣に受け止め、より公正な結果がもたらされるような対策を整備する必要性を理解していること。私はとにかく圧倒されっぱなしで、それがうれしくてたまらなかった。

面接が終わりにさしかかったころ、私は深呼吸をして口を開いた。「あなたには感謝しています。私が大学の仕事以外でかかわっている支援活動をするうちに、私なりにほんの少しですけど、個人的な問題で公の場に出るのがどれだけ大変かがわかりました」。支援活動やこれまでの経験から学んだことについて、私はごく簡単に伝えた。個人的な質問はせず、問題のほうに関心を持ったヒルの態度は意外ではなかった。彼女はそういう人だろうと、なんとなくわかっていた。だからこそ、断りもなしに彼女の対外的なイメージに言及するような厚かましい態度は取りたくなかった。

次に口を開いたとき、私は言葉を慎重に選んだ。「その問題を名づけることが効果を生むのです。だからと言って問題はなくなりませんが、そこから始まるのです」。彼女はにっこりほほえんだ。それから、私たちの話題はまたキャンパス内の性的暴行へと戻り、その最前線での共通の仕事について話した。それからヒルは、ブランダイス大学に対する私の助言に感謝した。

彼女のような気品にあふれた人にこれまで会ったことがあるかどうか、定かではない。

結局、ブランダイス大学での仕事は辞退した。私がスティーヴをとても大切に思っていて、彼にどれだけよくしてもらったかを考えると、彼のもとで働くことで関係性が変わってしまうリスクを冒したくなかったのだ。だが、アニタ・ヒルが、公の場でセクハラについて声を上げた女性がそこにいると知っていることが、自分の仕事に取り組む私を支えてくれたのは確かだ。支援活動が本格化するにつれ、世間から注目されることが増え、友人や知らない人から感謝されるようになった。すると私は、矛盾した感情を抱くようになった。そういう人たちはたいてい好意的で、私の仕事の重要性を認めてくれていたが、私は裸でさらされているような気分になったのだ。そういうとき、ヒルのことを、変化を起こそうとする努力を彼女が認めてくれたことを思い出した。そうすることで活動を続けることができた――それが彼女の功績と奮闘をたたえることにつながるのだと信じて。

一九九一年のトーマスの指名承認公聴会はショックだったが、私はすぐに厳しい大学院生活に没頭し、二年後には学位を取得した。在学中に多くのことを学んだが、振り返ってみると、トラウマが健康に及ぼす影響やダメージ、公衆衛生の視点から性犯罪を取り上げた授業があったかどうか、記憶が定かではない。私がとったほとんどのクラスは、もっと一般的な概念(concepts)を扱っていた。この危機的な公衆衛生の問題から影響を受ける人の多さを考えれば、私は自分の記憶に間違いがないか確かめたかったし、もしそのとおりだったとしたら、カリキュラムに入っていなかった理由を理解したいと思った。個人的体験が幾重にも積み重なった層をめぐっていくうちに、社会にかかわる層も調べる必要があるとわかってきた。この二つにはどうやら関係がありそうだった。私は以前の指導教官、デイヴィッド・ヘメンウェイ教授に連絡をとった。先生は現在「ハーバード傷害防止研究センター(Harvard Injury Control Research Center)」で責任者を務め、「過去二十年間でもっとも影響力を持つ傷害と暴力の専門家二十人」にも選ばれている。[10]九〇年代前半には、大学院のプログラムにレイプ、性的暴行、性虐待を取り上げるクラスはなかったと先生は認めた。暴力防止を扱うクラスが注目していたのはおもに他殺と自殺で、そこには地域内の若者の暴力がもたらす影響も含まれていた。

若者の暴力、HIV研究、母子保健などのテーマがさかんに研究され、教えられていた時期に公衆衛生を学べたことを、私は誇らしく思っている。それでも、当時は「女性に対する暴力防止法」成立の直前で、家庭内暴力、性暴力、子どもの性虐待が頻発しており、深刻な健康問題になっているということが当時の公衆衛生データから読み取れたにもかかわらず[11]、性暴力についての議論がカリキュラムから抜けていたのが不思議だった。ボストンという一地域だけを考えてみても、「ボストン地域レイプ・クライシス・センター（BARCC）」がそれまでに二十年間存続していたし、トラウマサバイバーのPTSDを取り上げたジュディス・ハーマンの画期的な著作が出版されたばかりで、複数地域の病院で暴力の被害者に特化したサービスが始まっていた。高く評価されている教育機関でそれが教えられていなかったのは、不自然だった。

健康と社会問題の歴史のなかで欠けていたり、認識されにくかったりするものを軽視してはならない。それらは、歴史に組み込まれているものや、それがいつ組み込まれたかということと同じぐらい重要なのだから。これは国レベルの議論にも当てはまる。社会として何に価値を置くかを決めるとき、私たちはそれまでに読んだものや、新しい研究が伝える知見、その分野の権威が教えることや重要だとみなすものに影響されるからだ。

✣

ハーバード大学院を修了するその日、私はヘルスケアと社会正義、この二つにかかわる仕事を希望していた。しかし、私と違って人生をまっすぐ進んでいるように見えたほかの若い専門家には、かなわないかもしれないとも思っていた。それまでに応募した仕事は、すべて私の経歴以上の経験を要求するもので、採用決定の電話は一本もかかってきていなかった。

輝かしい五月のある日、大学の裏手にある小さな中庭に数百名の学生が集まった。私の家族全員と友人数人は早くに到着して、最前列に陣取った。私が修了式でスピーチをおこなうことになっていたからだ。それは一九九三年のことで、当時クリントン政権は、包括的な国民健康保険の整備に取り組んでいた。普遍的(ユニバーサル)な健康保険制度が導入されたら、この国にどんな影響があるのか、複数の先生が時間を割いて教えてくれた。さまざまなモデルについて、ホワイトハウスに助言をしていた先生もいた。健康保険を基本的人権とみなす考えと、幼い私に教育もまた人権であり、公平をもたらすものなのだと伝えてくれた父の教えを、はっきりつなぐことができたらと思っていた。メアリーはスピーチの練習を何度か聞いてくれ、エミーは原稿を編集してくれた。「準備万端だよ」。最終稿を聞き終えると、どちらもそう言った。

「父は、シカゴのウエストサイド地区にある学校で校長をしていました」。その日、私はそうスピーチを始めた。父は当時、教え子である生徒たちのために熱心に職務に当たっていた。そして、まっとうな教育が彼らの人生を支えることを望みながら、生徒が夢を持っていても、貧困がその夢に影を落としていることに気づいたのだ。彼は、この地球で私とともに生きた七年のあいだに、すべての人がまっとうな教育、経済的チャンス、そして医療——基本的な尊厳と公正さにかかわる項目ばかりだ——を利用できるようにするべきだと教えてくれた。そして、基本的な権利と、基本的なニーズへのアクセスを保証するという価値観を支持するために、私たちは立ち上がるべきなのだと教えてくれた。彼の死から五十年が過ぎた今もなお、昔の生徒たちから連絡がある。その人たちの多くは、教師、校長を務めた父から影響を受けたと語ってくれる。

私はスピーチを終えると、基調講演者として招かれていたアメリカ合衆国公衆衛生長官、ジョスリン・エルダーズの隣に腰を下ろした。彼女は私のほうに身を寄せて「素晴らしかった」と小声で言ってくれた。ところが、私はそのとき、母を見ていた。スピーチのあいだ彼女はずっと泣きっぱなしで、私のほうに何度もキスを投げてくれた。式のあとで、信頼していた先生が、ボストンで大規模なコミュニティ・ヘルス・センターを運営するジーン・J・テイラーを紹介してくれた。この紹介のおかげで、私は大学院修了後、最初の仕事に就くことができた。公衆衛生について理解できたと感じていたし、チャンスとアクセスにかんする父の信念との関係も見えた気がした。私が選んだ分野は、結果として父の仕事をたたえることにつながり、私に変化をもたらした。私は誇らしい気持ちになった。希望に胸をふくらませていた。その瞬間、十年前に奪われたままになっていた主体性の感覚が戻ってきた。

✣

父とともに過ごした記憶は三つしかない。どれも鮮明ではっきりしている。

最初の記憶では、私は自転車で坂を下っていて、父がその後ろを手で支えている。速度がどんどん増し、父も全速力で走る。私は彼が手を放すことはないとわかっているので、あまり恐怖を感じていない。コンクリートの隆起部にさしかかるたびに、十八キロの身体がシートから五センチ浮き上がるが、そのたびに父の手の先が私の背中に触れるので、私は飛び上がりながらも、父がそこにいるのを感じている。

二つ目の記憶で私が眺めているのは、私の友達の姉に時計の読み方を教えようと、床からおもちゃのプラスチック時計を拾い上げる父の姿だ。「すぐに戻るから」。父は大きな声で言って、狭い裏庭をさっと抜け、近所のタウンハウスへ向かう。私は五歳だった。父に教えてもらったら、その女の子はつまらないと思うはずがなく、特別な気持ちを味わうだろうと私は考えている。父は戻ると、私に時計を返して一緒に遊んでくれた。

三つ目の記憶では、暑い太陽が照りつけるなか、石がたくさん落ちている場所で、隣にいる父が座りながら身をかがめている。目を細めて石を眺め、そのうち一つを選ぶ。しばらくそれを観察して、スクリュードライバーでひと叩きする。化石が入っているとわかっているのだ。父は私の指先を、柳の葉っぱのように見える小さくて完璧な骨格に触れさせる。私は石のなかにある形を見ながら指をすべらせる。生温かさが伝わってくる。その瞬間、この男の人は奇跡に触れることができるんだ、私は安全なんだ、と理解する。

五月も終わりにさしかかったころ、私は家族の生活リズムの変化に気づいた。学校の年度末だから、ハイスクールの校長は大忙しだ。なのに、そのころ父は仕事に行かなくなり、以前はたくましかった胸の上で、半袖Tシャツが少しだぶつくようになっていた。数か月後、父は家から姿を消した。ダウンタウンにあるシカゴ病院に入院したのだ。そして、二か月後に亡くなった。骨肉腫だった。母は私と姉を葬儀に出席させなかった。愛息子を亡くしたばかりのハンガリー人の祖母が泣き叫び、耳をつんざくような声が、苦痛に満ちた恐ろしい甲高いしわがれ声が、式のあいだ続くとわかっていたから。母は、そうすることで私たちを守っているのだと思い込んでいた。でも、私は父に別れを告げる機会を失った。

父を失った悲しみによって私はかたくなになり、善良な男などめったに現れず、現れたとしてもそばにはいてくれないのだと思い込んだ。誰かをこれほど愛さなかったら、傷つかずにすむ。そんな子ども時代の思い込みを解きほぐすのに何年もかかった。性的暴行を受け、混乱し、警察からなんの連絡もないことに落胆していた私は、ほとんど女性ばかりの、静かでこぢんまりした世界を築いた――心身ともに、親密さをなんとか共有できたのは女性だけだった。

大学院修了後、生々しい記憶が戻ることが少なくなり、眠れない夜も減っていった。恥を感じたり、失ったものを嘆いたりすることに、毎日時間を使わなくなった。良好な人間関係を楽しみながらトップの成績で院を修了し、自分の履歴書では手が届かないと思っていた仕事を手に入れた。ほどなく、メアリーと私は、私たち二人と愛犬以外に家族を増やす可能性について検討しはじめた。

子育てはしないと、私はずっと前から決めていた。周囲にカミングアウトしたとき、母性という考え方は、私の場合、レズビアンとしてのアイデンティティとは相いれないと感じていた。妊娠するなんて想像もできなかった。メアリーとその段階に進むかどうか考えはじめて、永久にしまい込んだと思っていた記憶がよみがえった。当時、人生によろこびと愛を迎え入れることを私は自分に許可していた。だから、険しい岩々が待ち受ける渓谷で綱渡りをするようなリスクにつながりかねない選択ができるのか、さっぱりわからなかった。そして、そんなリスクが実際にはないにしても、子どもを愛するリスクはどんなものだろうと考えた。

数か月間、私は子育てはいっさいしないと訴え、メアリーはそんな私を理解しようとしてくれた。「母性が自分のアイデンティティにそぐわないって、大学生のときに気づいたの」。あまり説得力がないことはわかっていた。「子育てというのは、女性を支配下に置き、影響力を弱めるために家父長制が考案したものだと当時は信じていたから」

「それから十五年経っているけど、考え直したりしなかったの？」メアリーが尋ねた。「何かがきっかけになって、考え方が変わったとか。例えば、あなたのことを深く愛していて、わかっているかぎり家父長制の一部にはなっていないパートナーが現れるとか」。メアリーは膝の上に両手を置いて座り、私にすべてを吐き出させた。

「子育ては経済的不公平を長引かせる。種の再生産を担うために女性は労働市場から排除される」

「あなたが子どもを持つ可能性はゼロというわけ？」メアリーが尋ねた。

「そうじゃない。私の気持ちを伝えているだけよ」。私は不満をすべて出し切った。「今度はあなたの番よ。私は聞いているから」

「私たちは良い親になれる。だって、ここには与える愛がたくさんあるから」。私たちのささやかなマンションの部屋を手ぶりで示しながら、メアリーは言った。「あなたは子どものそばにいるのが好きでしょう。子どもと一緒だと、あなたの目はめずらしく輝くから、わかるよ。それに、私が妊娠する。私はかまわないから」

自分の考えが恐怖に基づいたものだと、私はどこかでわかっていた。ジュディス・ハーマンが、性暴的暴行に遭ったあとの子育てについて書いているように、「サバイバーがもっとも気をもんでいる恐れはトラウマが（自分によって）くり返されないかということである。いかなる代価を払ってもくり返しは予防しなければならないという目標をサバイバーは立てる」[12]。もしメアリーと口論になっていたら、私はこう言ったかもしれない。「子育てが死ぬほど怖い」と。人生を肯定するイベントのためとはいえ、神経を張りつめて暮らす日々が戻ってきたらどうなるかと想像した。なんとか恐怖を抑えられますように。

その後、あるときふと優しい気持ちになって、私はメアリーの手を取って伝えた。「いいわ」と。

✣

私たちは一年以上にわたって、自宅で体外授精を試した。友人に勧められた、レズビアン所有のカリフォルニアの精子バンクから、ドライアイスの詰まったタンクが毎月玄関ポーチに届いた。そこからタンクを台車に載せて家のなかに運び込み、力を込めてその蓋をこじ開け、一・五センチほどのシリンダーを取り出して冷蔵庫に入れた。何度か失敗したのちに私たちは降参し、精子を不妊治療クリニックに配送してもらうことにした。クリニックで人工授精をおこない、メアリーはすぐに妊娠した。妊娠が進んで、あるとき私たちは一緒に産婦人科を訪れ、超音波の定期検査を受けた。

技術者が私たちを診察室へと案内した。メアリーはシャツをまくり上げてお腹を出した。青色のジェルが塗られ、細長い器具がお腹を行ったり来たりするあいだ、私は画面を見つめながらメアリーの隣に立っていた。おなじみのシュッシュッという音が部屋に響いた。

「心拍が確認できました。問題はないようですね。ほら、背骨、頭、足の形がわかるでしょう」。技術者は部位の名前を告げながら指さしたが、そこに代名詞をつけるのを控えていた。

「性別を知りたいですか？　ちょっと画面を見つめたら、はっきりわかりますよ」

そのとおりだった。手の指やつま先、頭や背骨と一緒に、まったくなじみがない、私とは正反対の性別を示す部位が映っていた。私は、男性が世界に存在するとわかっていても、まったく異質な存在だと思うことがあった。そして自分を守るために、家庭から、ベッドから、心から、その存在を消していた。これからは、そんなことができるだろうか。この小さな生き物がもうすぐ、残りの人生ずっと、私の息子になるというのに。男の子用の服や下着が登場し、男の子の要求に対応しながら、私は親として成長するだろう。でも、どうしたらそんなことができるのか、私にはわからなかった。将来、私たちは男の子と一緒に暮らす。面倒を見てもらい、この世界で大人になる方法を学ぶ手助けをしてもらうために、彼は私を必要とするだろう。彼は優しくて愛情あふれる人になる——何かが欲しければ無理矢理奪ったらいけないとわかっていて、忘れずに同意を得るような男性に。もしかしたら、その子は私に自転車の乗り方や化石の見つけ方を教えてくれた人みたいになるかもしれない。私は父のことを思い浮かべ、恐怖を振り払い、彼がかつてそうやって私を愛したように、全身全霊でこの子を愛せるようにしてくださいと祈った。無防備な小さな胎児を画面で見ていると、私のかたくなさはやわらいでいった。なじみがあろうとなかろうと、私はもう子育てに向かっている。彼を愛している。

「この子をベンジャミン・ギルバートと名づけてもいい？」浮遊する彼の画像をまだ見つめているメアリーに尋ねた。「父の名前にちなんで。ギルバート・ベノウィッツではなく、ベンジャミン・ギルバートに。そんな名前だったらとてもうれしいし、子育てがあまり怖くなくなる気がする。かまわない？」

「あなたの望みに反対する理由なんてない」。彼女は私にほほえんだ。「あなたはベンの素晴らしい親になる」。メアリーがはじめてその子の名前を口にした。彼に会うためにあと数か月も待たないといけないだなんて信じられなかった。「赤ちゃんに必要なのは愛情（ラブ）だけだよ。それがどれほど素晴らしい贈り物（ギフト）なのか、私は経験上わかっている」

　超音波検査ではじめてベンジャミンを見たときに感じた恐れは、別の何かに取って代わられた――それは正真正銘のよろこびだった。このなじみのない感情に、私はまず挑まなければならなかった。すると、それは素晴らしいものだとわかった。

　病院からベンジャミンを連れ帰った日、黄色い帽子を被り、同じ色の毛布にくるまれた彼はとても小さかった。夜七時、私たち全員が疲れ果てていた。子育ての先輩からは、最初の数週間を乗り切るために、赤ちゃんが寝たらすぐに寝るようにと言われていたから、私たちはベッドに直行した。

友人から借りた木製のゆりかごに入れられたベンが、私たちの寝室にいる。私が寝ている側に、腕の長さよりも近い距離に彼はいた。頭に枕が触れるやいなやメアリーは眠りに落ち、ベンも眠っていた。私もベッドに入ったが、どうしても眠れそうになかった。私はメアリーの肩にそっと触れた。彼女が目を覚まさなかったら激しく揺すってみよう。

「ねえ、夜中にこの子に何かあったらどうするの?」私はそう言った。「私たちったら、何を考えていたんだろう」

「大丈夫だよ」。なんとか身を起こそうとしながらメアリーが答えた。「この子は大丈夫。でも、私たちにもできることがある。宇宙にささやかな祈りを捧げたら、助けてくれるかもね。信じる、信じないは別として。とにかく祈ってみよう」。私は反論せずに、彼女の手を取った。

「神よ、女神よ、ブッダよ、母なる大地よ、宇宙にまします精霊たちよ」。彼女は始めた。「こんなに素晴らしくて、かわいらしくて、美しい子どもを、私たちの人生に授けてくださりありがとうございます。この子に何ごともないように、あなたが守ってくださるように祈ります。でも何かあっても、あなたが私たちにくださったこの数日間に深く感謝いたします。私たちが彼と暮らすよろこびは何ものにも奪えません。この小さな赤ちゃんの面倒を見るために、今、私たちは休息を必要としています。私たち全員がしばらく眠れるように、ミシェルが恐怖を振り払えるようにお助けください」

メアリーが私をじっと見た。「本当に眠らないと」。そう言って私の腕に触れた。「何か言い足りないことはある？」

私は彼女のまねをした。「この数日間は何ものにも代えがたいものです。あなたに感謝します。それと、どうやら私たちは、なんとかして寝ないといけないようです」。私はそうささやき、自分がとても小さくなったように感じた。「彼を安全にしておくお手伝いをしてくださいますか？」とくに誰に向かってでもなく、そう言った。

その二年後に、娘のレベッカが生まれた。彼女も素晴しい赤ちゃんだった――思いがけず赤毛で、メアリーのものとよく似た瞳はきらきら輝き、ほほえみかけられると、圧倒されてしまうほどの愛情が湧き上がってきた。子育てが始まったばかりのころ、私のなかに残っていたトラウマのせいでよろこびに水を差されることがたびたびあった。でもたいていは、二人の子どもを見ると、私の身体は震えた――高く跳躍するバレエダンサーのように、よろこびが満ちあふれ、跳ぶのもまったく怖くなかった。私の心は、かつて葬り去ったと思っていたあらゆる可能性に向かって開かれていた。それはちょっとした奇跡のようだった。これほど誰かを気遣うリスクを、これだけ愛しくてはかない存在と向き合うリスクを、再び自分に許すだなんて。誰かを気遣い、深く愛そうとするこの力が、未解決のままでいた自分の事件に向き合う原動力になった。子どもたちには別の世界を用意したかった。それに、何よりも、その世界では不正義や他人を害することは許されず、自分を愛することができれば、一度は失われたと思っていたものも見つけられるのだということを、子どもたちに示したかった。

十章　心的外傷

二〇〇八 - 二〇一二年

マサチューセッツ州鑑識部の実情を報じたグローブ紙の記事を読んでから数か月後に、私は未解決のままになっていた自分の事件について問い合わせはじめた。一九八〇年代半ばに知らない男にレイプされ、その後警察からは何も連絡がないという内容の手紙を、州検事総長事務局宛てに書いた。そして、新聞で報じられた何千もの未検査レイプキットのなかに自分のものが含まれているか、被害者が確認する手続きが整っているかを尋ねた。

その返事として、事務局の問い合わせ担当だと名乗る人物から電話がかかってきた。その女性は、「どのような形での支援を望んでいらっしゃるのですか?」と訊いてきた。

私は、証言台でしどろもどろになる証人の気持ちを味わった。何もはっきりと言えず、私のせいで相手の時間が無駄になっていると感じた。やっとのことで言葉を絞り出した。「未検査サンプルのことや、それが誰の担当になっているのか、被害者がくわしく知るための手続きは用意されていますか？　つまり、私は名簿やなんかを手に入れたいわけじゃないんです。私の名前や証拠がどこかに記録として残っていないか、確認したいだけです」

「その事件の管轄がどこであれ、私だったら地方検事局に電話をかけて、この件について何かわかることがないか問い合わせますね」

「どうしてですか？　裁判になってもいないのに」

「私だったらとにかくそうしてみます」。彼女は繰り返した。「もしかしたら事件の記録が残っているかもしれませんから」

私は電話を切ったが、そのステップに進む準備ができたと思えるようになるまで、数週間か数か月かかるだろうとわかっていた――また手紙を書き、電話をかけ、返答が来るのを待ち、私がどんなことを求めているのかわからず電話の向こうで戸惑ったり、いらついたりする相手と話せるようになるまでに。

私はボストン地域レイプ・クライシス・センター（ＢＡＲＣＣ）のシニアスタッフ、ソーンドラとも会った。レイプキットの未検査問題を報じるグローブ紙の記事が出て以来、ほかのサバイバーからもセンターに問い合わせが入っていないか気になったのだ。政府機関の職員と違って、ソーンドラは威圧的ではなかった。

何十年も前のレイプ事件のサンプルが州鑑識部に置かれたままになっている記事を読んだショックを、彼女に打ち明けた。「この件でそちらに連絡してきた人はいませんか？　あの記事を読んだのは私だけではないはずですから」

「私の知るかぎりでは、そういう問い合わせはありませんね」。彼女は答えた。私たちは、お互いの職場の中間にあるコーヒーショップで話していた。ソーンドラの声は穏やかだ。「言いたいことが、まだあるのではないですか」と彼女は促した。

私は尋ねた。「一般市民の安全についてどう考えているのか、州政府に説明を要求しましたか?」州鑑識部の責任者は、主要関係機関に対してダメージコントロールをおこなったはずだと思っていた。ソーンドラからは、未検査サンプルの数については異論があると聞いている、という返事が返ってきた——そのことなら私だって例の記事を読んで知っていた。だが、調査官がその数は正確だと主張していることも、彼女は思い出したようだ。続けて、BARCCの主要ミッションはサバイバーの支援であって、センターが提供するサービスを利用する人がかなりの数にのぼることを考えると、この手の調査はミッションの中核にかかわるものではないと説明した。時間をとらせてしまったことに後ろめたさを感じながら、私は彼女を見つめた。つまり、それは彼女の優先事項ではないのだ。検事総長の優先事項でもない。おそらく誰の優先事項でもなく、私だけの優先事項なのだ。どう言葉を継いでいいのかわからずに、ただ彼女を見つめた。センターで長年働いて、次から次へと話に耳を傾けるのはどんな感じなのだろう。ソーンドラは私と同じような、ふわっと広がる茶色い髪の持ち主で、その瞳には忍耐強さが宿っていた。

彼女は優しそうだったし、不満をぶちまけても大丈夫だと思ったから、私はつい言ってしまったのだろう。「鑑識が何十年も放置していたサンプルを検査して、連続犯が特定できたら、センターに助けを求めるレイプ被害者の数もきっと減るでしょうね」。その言葉が口をついて出たとたん、言い過ぎたと思いはっとした。あのときＢＡＲＣＣがなかったら私はどうなっていたことか。センターの仕事には畏敬の念を抱いている。それなのにそんなことを口走ってしまった。もう取り消せなかった。

ソーンドラは私に向かってほほえみ、うなずいた。きっと取り乱した人には慣れているのだろう。彼女は私の嘆きを自分に向けられたものとして受け止めていないようだった。「わかりました。この件についてはもっと調べて、何かお役に立てることがないか考えてみましょう」

私は被害者権利法律センター（Victim Rights Law Center）にも電話をかけた。全国的に有名な、広く尊敬を集めるボランティアの法律相談所だ。「危機的な規模」の未検査サンプルが鑑識に保管されている事実について、どう考えているかを聞いてみたかった。裁判で弁護してほしいと思うような弁護士につないでもらった。でも、私が何も訊かないうちから彼女は、「残念ながら告訴はできません」と言った。「あなたの事件は、ＣＯＤＩＳ（複合ＤＮＡ型インデックスシステム）のデータベースの本格運用前に時効が成立しています。当時はたったの十年でしたから」

続けて、法執行機関の職員を訴える民事訴訟を起こすのは不可能ではないにしても難しい、と説明した。職員は法律で守られていて、どの事件を捜査すべきかをめぐって（関係機関がかかわる事件の場合が多い）民間人から訴訟を起こされないようになっているのだと。これは、「資格による免責（qualified immunity）」として知られる考え方だ。[1]法執行機関がそのような保護を与えられるのは、困難で危険な仕事に従事しているという理由からだ。つねに訴訟におびえていたら、実力の発揮どころではない。命を救うために最善を尽くしている別の職種の人たち――とくに際立っているのはおそらく医療従事者だろう――は、そんな保護にはあずかっていないというのに。

「私は自分の事件のことで電話をかけたんじゃありません。訴訟が目的ではないんです」。いら立ちを抑えながら、そう説明した。女性、子ども、有色人種、その他の周縁化された存在に計り知れない影響を及ぼす犯罪の証拠の大がかりな黙殺は、大規模な集団訴訟にもつながりかねない事案ではないか、とふと思った。「未検査のままのレイプキットが全国的に大量に存在する事態について、そちらのセンターでは法的見地からどんなお考えをお持ちなのか、くわしくうかがいたいだけなんです」。センターの電話番号はパソコンで調べたので、私は電話で話しながらセンターのウェブサイトを眺めていた。そこには「寄付」、「サイトから出る」、「私たちにできること」のアイコンが並んでいた。

「周囲に聞いてみることはできますが、私どもがそのような件でお役に立てるとは思えません」。彼女はそこで言葉を切り、さらなる質問を待った。だが、これ以上何を言えばいいのか、私にはわからなかった。「こちらに電話をおかけになる人は、法的案件で弁護を望む人がほとんどです。新聞に掲載されていた事案に対して意見を求められることはめったにないものですから。ご質問にちゃんと答えるためには、時間をかけて調査しなければなりません」

「わかりました。ありがとうございます」。そう言って電話を切った。彼女の時間を無駄にしてしまった。

後日、ＢＡＲＣＣのソーンドラが、スタッフの一人を私に紹介してくれた。地元警察署との協力関係のもとで仕事をおこなっている弁護士、ジェニファーだ。「ソーンドラから聞きました。ご自分のレイプキットが州鑑識部の未処理案件に含まれているか確認したいそうですね。その件で、お手伝いいたしましょうか？　よろこんでお調べしますよ」。電話をかけると、彼女はそう言った。

「ちょっと考えさせてください」。私はそう答えた。答えを求めて何度も電話をかけ、何通もＥメールを送ったというのに、いざ自分の事件につながる命綱（ライフライン）があると思うと、おじけづいてしまった。

私が十五年前に体験したのは、レイプサバイバーがときに「魂の殺人（soul murder）」と表現するものだ。これは、性的虐待を受けた子どもたちが、子ども時代だけでなく、よろこびを感じる力までも奪われる体験を表現するために、心理学者のレオナード・シェンゴールドが最初に使い出した言葉だ。サバイバーやトラウマ・セラピストは、この言葉をさらに広い現象を指すために使うようになっている。それは、どんな年齢であっても、性的暴行を受けとあとでは、無邪気さや快活さが消えるということだ。[2] 私の場合、ここ数年は、事件の起きた六月になるとかならずレイプの記憶がよみがえった。五月末にメアリーと二人でカレンダーのページを重々しくめくると、おぞましい「六月」の文字が現れる。すると、夏が訪れる最初の日が終わるそのときまで、私は汗のにおいを感じ、暗闇を目にし、血を味わい、恐怖の膜に包まれながら過ごすことになった。

日がだんだん長くなり、暑さを乗り切るために半袖シャツが必要になってくると、私たちはそれとなく気づいた——もうすぐ六月が来る。そのため、気を紛らわすために二人で海辺へのバカンスをよく計画した。波が砕ける音を聴くと私の心は落ち着き、メイン州南部のひんやりした海水に素足を浸す（ひた）のは心地よかった。潮が引くと、海藻や貝殻が散らばり、追いかけるのにちょうどいいカニが横切る広大な遊び場が現れた。子どもたちはそこで何時間も砂浜を掘ったり、走り回ったりしていた。地元住民がサンドアート大会で競う近くの遊園地で時間を過ごしたり、マイナーリーグの野球の試合のチケットを手に入れて、借りている海辺の家から十五分の場所に観戦しに行ったりした。

あるとき、トルコ人の祖先を持つ友人が「無事に過ぎますように（may it pass）」という言い回しを教えてくれた。それ以来、その言葉がこのつらい期間の支えとなった。**無事に過ぎますように。無事に過ぎますように。無事に過ぎますように。**

その記憶は六月以外にもよみがえることがあった。数年前に発覚した、思いがけないある身体症状が発端となった。複数の臓器に影響するほど大きくなった良性の子宮筋腫があることがわかったのだ。食事どきには臓器が圧迫されるほどだった。身長百五十センチの身体で一キロの重みが増すのは、背の高い人が十キロ増量するようなもので、裸になると、妊娠初期と勘違いされそうなほどの腹部のふくらみが確認できた。

直近の超音波検査で、筋腫がグレープフルーツ大に成長していることがわかり、主治医から電話で「摘出の必要があります」と告げられた。「今、仕事中ですから。メアリーと相談してまたかけ直します」。そっけなく言って切った職場の電話の受話器が、受け台の上で静まり返っていた。グレープフルーツぐらいなら、そんなに大きくない――マスクメロンよりはずっと小さいし、きっとネーブルオレンジよりもわずかに大きいぐらいだ。十代のころ、継父が地元のスーパーに箱単位で農産物を卸していたのを見ていたので、そういうことにはくわしかった。世の中、グレープフルーツぐらいならなんとかなるものだ。

レイプ以後に私が病院に足を踏み入れたのは、メアリーが子ども二人を出産したときだけで、それは何ものにも比べようのない体験だった。手術を受けるという考えは、高層ビルの最上階から私の神経系めがけて突然どさっと落ちてきたようなもので、私は思わず卒倒しそうになった。とにかくつかめるものを必死に探していた。レイプサバイバーはしばしば身体記憶（body memories）を経験する。出来事、場所、におい、感覚などがその「引き金（トリガー）」になるのだと、トラウマの専門家は説明する。それらが何らかの形でトラウマティックな記憶を刺激し、極端な場合、ずっと前に経験した危機がすぐそこまで迫っていて、避けられないという気分になる。手術に対して抱いていた恐怖がどんなものか説明するようにと言われたら、私はこう答えるだろう――身体に侵入され、切り裂かれる痛みを感じ、その後の長い回復期には弱ってしまった身体につねに向き合わなければならないイメージだと。その上、意識を失っているあいだに知らない人たちに囲まれ、その人たちに命運を委ねることになるのだと。神経が昂（たか）ぶっていた。眠れず、息もうまくできなかった。手術中に何かが起こって死ぬのだと、本気で信じていた。

手のつけられない恐怖が私をすくませた。それは確かにそこにあった——揺るぎない、無慈悲な恐怖。

手術を受けたくなかった。

混乱する神経にさらに追い打ちをかけたのが、主治医が手術をおこなう場としてベス・イスラエル病院を指定したことだった。私が心のなかで「あのおぞましい場所」と呼ぶ病院。ずっと昔、その病院のスタッフがプロとして丁寧に対応してくれていても、もはや関係なかった。ロングウッド医療地区全域が大きな穴に呑み込まれて、ベス・イスラエル病院がまるごと消滅してくれたら、どれだけせいせいするだろう。眠りに落ちる前にうとうとしていると、私に話しかける前の深呼吸や、穏やかで慎重な声が聞こえてくることがあった。その明るい口調が心底嫌だった——耐えられないほどの同情にあふれた声が、信じられないような質問を投げかけてくる。

男たちはあなたの体内に射精しましたか？

首の噛み跡を観察させてもらってもかまいませんか？

彼らは、あなたの身体のどこに、身体のどの部分を入れたのか、質問させてください。見落としがあってはいけないので。

そういう言葉が投げかけられるたびに、「ごめんなさい」だとか「なるべく手早く済ませますから」と、誰かが口をすぼめて言うのだった。優しくされたところで、つい数時間前には存在しなかった私たちのあいだにある違いが際立つだけだ。

筋腫の大きさを確認する定期的な検査を受けながら、手術を受けるかどうか何週間も議論した。「どうやら子宮の摘出をしなければならない段階に来ているようです。妊娠のご予定はなかったはずですね」。主治医が念を押す。「妊娠担当はメアリーでしたよね」

私は彼女の軽口を無視した。「あの、ベンとベッカはまだ二歳と四歳なんです。今でさえ私たち二人は精一杯頑張っていて、くたくたなんです」。私は訴えた。「今のところ唯一の問題は、私がピザを丸ごと一枚食べたように見えることです。太ったと思われても私は気にしません」

主治医は反論した。「いずれは摘出しなければなりません。それに、筋腫が大きくなって摘出が難しくなるのを待っても意味がありません」。このとき、私が十五年間保ち続けてきた自制心のたががが外れた。彼女は正しいとわかっていた。手術は受けるべきだ。でも、それでは私の心の健康がおびやかされる。布で覆われた両目の数センチ先に突きつけられたナイフが舞い戻ってきた。その切っ先の温度が伝わってくるようだった。絶体絶命。

ここ何年かは、あの晩に充満していた暴力は遠い昔に起こったことで、箱に入れて粘着テープを何重にも巻いて封印した気持ちになっていた。それでも、メアリーと私は慎重だった。わが家に入ってくる本や映画に目を光らせていた。「私があなただったら、この本は読まない」。小説を一冊読み終えると、メアリーは私に警告した。

「考えておく」。私は決まってそう答え、その本を手に取って表紙に目を通し、それをベッドサイドの開いていない本が積んであるそばに置いた。そういう警告はありがたかった――「前方注意」の標識みたいだった。標識を見て進む人もいれば、わきまえて引き返す人もいる。私は、犯罪ドラマは気にせず観ていられたが、被害者が縛り上げられたり、猿ぐつわを噛まされたりする場面が出てくると、すぐに無言でメアリーにリモコンを渡した。二人ともストーリーに没頭していたとしても、メアリーがチャンネルを変えた。

記憶が侵入してくると、私は今、この人生で受け取っているギフトを数え上げた。パートナーとの関係は良好で、素晴らしい子どもたちがいる。長いつき合いの友人に恵まれ、やりがいのある仕事もある。

私は安全なんだ。生きている。愛されている。誰かに必要とされている。生き延びた理由があったんだ。

レイプと性的暴行に対する考え方も変わっていった。それらを個人的な苦痛として捉えるのではなく、社会に及ぼす影響という観点から考えられるようになった。でも、この期間は、ベッドの上で縛り上げられ、首を絞められると覚悟していた若い女性の身体記憶に向き合うことしかできなくなった。そのせいでほかのことをする余裕はほとんどなくなった。世間で性犯罪がどう扱われるかというより大きな視点は、私の混乱した頭に入り込めなくなった。そして、耐え切れないほどの恐怖が戻ってきたのは自分のせいだと責めた。自分が弱くて、おかしくなっているせいだと、多くの被害者と同じように思い込んでいた。

メアリーに安心させてほしかった。私が必要としていたのは救命ボートだった。彼女はまさにその役割を果たしてくれた。「ねえ、手術中は喉にチューブを突っ込まれて自力で呼吸できなくなるんでしょう?」メアリーが二十年近く看護師として働いていることをすっかり忘れて、私はそう尋ねた。「麻酔は文字どおり呼吸を止めるのよ！」声が一オクターブ高くなった。「意識を失っているあいだに身体を切り裂かれるなんて。ちょっとでも手元が狂ったら死んでしまうじゃない」

メアリーが押し黙っているので、私は叫びたくなった。「何か言ってよ！」彼女が心配そうな目でこちらを見ているのがわかったが、何も言ってくれないから頭の回転が止まらず、そのまましゃべり続けた。

「きっと私は前世で溺れ死んだんだ。よくわからないけど、私にとっては最悪な事態なんだ。息が止まるって考えただけでめまいがする」

「ミシェル、それは前世なんかじゃない」。メアリーがようやく口を開いて、私を引き寄せた。私は頭を彼女の膝に載せた。メアリーは頭からつま先まで全身をなでてくれた。

そうやってなでられ、私が落ち着くと、メアリーが話し出した。「これはあなたがはるか昔に経験したことなんかじゃない。でも、そんなふうに思うのも理解できる。あなたの全身が――神経系が――トラウマに刺激されているの。これ以上考えてもしかたがない。時間がかかるんだから。さっさと手術を済ませて、それからこの難局を乗り切るにはどうしたらいいか、一緒に考えてやってみましょう。私たちは、あなたがいなくなったらとても困るわ」

手術後、身体は二か月で回復したが、トラウマの記憶を手放そうとしても、それは脳にしっかりと刻まれていた。メアリーの助けを借りて、ケンブリッジの暴力被害者支援プログラム(Victims of Violence program)で、ジュディス・ハーマン博士とともに二十年ほど働いた経験を持つセラピストが見つかった。たとえそうではないと感じていても、私の示す反応は普通だと理解してくれる人と話す必要があった。トラウマ反応を引き起こすトリガーのせいで混乱する経験は、まるで証人保護プログラム（Witness Protection Program）のようだった〔証言者を報復措置から保護するための制度〕。そのころ周囲の人たちは、私が彼らに見せているうわべの姿に違和感を覚えていなかった。私はもともとそういう人だと思われていた。でも、自分の安全と正気を保つために私が外に出せなかった過去の経験とアイデンティティも、同時に私のなかに存在していた。原因となった出来事から受けた暴力が、被害者が死を覚悟するほど激しく、また事件直後の周囲の対応が不充分だった場合にＰＴＳＤの症状はより激しくなり、反復されがちだ。

自分のトラウマ反応を知り、落ち着かせようと努力するうちに、事件後に起こったことと起こらなかったことの両方が、暴力的な出来事の記憶に含まれているのに気づいた。私はこの新しいセラピスト相手に、どれだけ自分の事件についてわからないことが多いかを含めた、事件後のことばかり話していた。話せば話すほど不可解な気持ちになっていった。

法執行機関からなんの連絡もないことが、ずっと続く苦痛の一因なのかもしれないと真剣に考えるようになった。性犯罪の被害者は、自分の行動や選択を非難され、吟味され、意見を言われるのに慣れっこになる。あなたから誘惑したのだと、力いっぱい抵抗しなかったと、薄暗い場所を歩くのは危険だと、飲み過ぎたせいで抵抗できなかったのだと、暴力的態度を取る人のそばにいたからだと、一階の部屋だったのに、蒸し暑い夏の夜に窓の施錠を確認しなかったせいだと責められる。違法行為を犯した加害者ではなく、被害者の振る舞いばかりが注目される。このような不公平のために、多くのサバイバーが自分を責め、公正な解決が得られないと絶望する状況が長年続いてきたのだ。

レイプを矮小化する必要性がいたるところにあふれ、被害者と加害者の苦しみが同等だとする誤った線引きがおこなわれている。今の世の中では、犯罪で告発されるのは、犯罪の被害者になるのと同じくらい悪いか、もっと悪い経験だとされているようだ。まっとうな告発のせいでもともと授けられている力を失うことになれば、その人の人生は「台無し（ruined）」になる。そして同じ世の中では、未成年の性的暴行被害者のうちの八十二パーセント、そして大人のレイプ被害者の九十パーセントが女性であり、権力の座にあるのは圧倒的に男性だ。こうした差別的な構造によって、国民の半分以上の命と安全がおびやかされている[3]。

もし、この国の法律をつくり、執行する責任を負う人たちの大半が、レイプは暴力ではなくセックスだと認識し、男性にはセックスが必要だからと問題視しないのなら、レイプと性的暴行はこれからもほとんど罰せられない犯罪のままだろう。レイプや性的暴行は事故や誤解であり、さらには、従うべきルール――加害者が罰を受けないというルールもそこには含まれる――をわきまえない女性（や子ども）のつくり話なのだとされる。権力を持つ男性が、性的暴行の告発のなかに自分の姿や過去の振る舞いを見た気になれば、その告発が本質的には重罪の性犯罪に対するものだと認めたがらないだろう。事故ではない、誤解ではない、女性が混乱して心変わりしたのではない、複雑なメッセージではない、避けられないものではない、私の話を聞いた誰かが肩をすくめてそう言ったように、「昔からある」ものではない。

これらすべてを、頭では理解していた。そして観察していた。それは私のライフワークとなった。聴衆を前にしたり、同僚と会議のテーブルを囲んだりするときに、そういう状況を言葉で説明できた。でも、いざ自分のために行動を起こそうとすると、必要な力をかき集められなかった。手術をきっかけに起こるようになったPTSD発作からの回復を目指す一方で、わずかずつではあるが進みはじめていた——知識としてのレイプの理解を、レイプに対する沈黙と矮小化を助長する社会構造を、私個人の物語につなぎ合わせるという最終的なゴールに向けて。それを達成するために着手しなければならない仕事が、まだ残されていた。

そんなある日、職場で仕事を片づけている最中に、書類の山の上に置いてあったジェニファーの電話番号が目に入った。「先日の申し出がまだ有効なら、私の事件の調査をぜひお願いしたいのですが」。電話に出た彼女に、私はそう伝えた。「よろしくお願いします」と。それから待った。長いあいだずっと傷つきやすい状態にあったので、私は疲れ果てていて、状況が改善するはずはないと、あきらめの境地だった。答えを得ようと何かを追求することで、不快な気持ちになるのではなく、安心することができますようにと祈らずにはいられなかった。

一か月後にジェニファーから電話が入った。「ミシェル、今のところわかっていることを報告します。まず、あなたの事件の証拠は、ボストン・グローブ紙で報じられた、州鑑識部の未処理の証拠のなかにはありませんでした。ボストン市内で発生した事件は、ボストン市が対応しますから。市に未処理案件はありません。すべて処理されています。性犯罪捜査班の責任者と、科学捜査班の主任研究者の両名と話しました。今のところあなたのレイプキットの所在は確認できていませんが、州ではなく、彼らのもとに回されたことは確かだそうです」

「もしかしたら私だけかもしれないですけど、その人たちの言葉は信用できません。レイプキットが見つからないのは、たまたま州の鑑識部に送られて、未処理案件のなかに紛れ込んでいるからではないですか？　病院で手違いがあったのかもしれない。どうしてそう断言できるんです？」

「その可能性についても質問してみましたが、それはないと言われました。あなたの事件ファイルが確認されているからです。もっと良いニュースをお伝えできたらよかったのですが」

この調査を先に進めたければ、私はボストン性犯罪捜査班に連絡を取らなければならない。ジェニファーは、連絡を取るべき人の名前、電話番号、Eメールアドレスを教えてくれた。

「あなたさえよければ、あちらは相談に乗る準備が整っていますよ」。彼女は言った。「急ぐ必要はありません。どんなことでも私でお役に立てるのなら、いつでも電話してくださいね」

十一章　手紙

ボストン警察の一部署であるボストン性犯罪捜査班が発足したのは、一九八四年七月一日、私の人生を一変させた暴行から一週間後のことだった。この捜査班の成り立ちについて私がはじめて知ったのは、二〇一三年だった。捜査班の主任刑事と面会した際にくわしく教えてもらったのだ。住む場所や仕事を失うリスクとつねに隣り合わせで、悪夢にうなされながらも心身の回復を目指し、なんとか前進しようと私がもがいていたあいだ、ボストン警察では、私の件も含めたレイプ犯罪の解決に欠かせない連携支援をおこなう捜査班が始動していた。

捜査班の発足以前は、近隣地区で似たような事件が発生しても、事件の担当となった個々の刑事が采配をふるっていた。そのような事件が性犯罪捜査班へと回されるようになり、関連する重要な手掛かりがないか調べられるようになった。

街をより安全にし、数々の事件を解決し、レイプや性的暴行の発生率を減らすという目標が達成されたのかを確認するために、私はボストン・グローブ紙のアーカイブで見つかる捜査班発足当初の記事に、手あたりしだい目を通した。発足のきっかけとなった連続事件の被害者だったにもかかわらず、事件当時はそんな捜査班の存在をまったく知らなかった。

一九八四年、レイモンド・フリン市長は、新たな捜査班が七月に発足すると発表している。「連日新聞で報じられています」と市長は言った。「テレビのニュース番組で毎晩目にします。そのような暴行事件が増えたのか、通報件数が増えたのか、いずれにせよ、性的暴行は現代の犯罪といえるでしょう」[1]と。レイプの一部しか通報されていないと認識していたフリンによれば、その前年に通報されたレイプとレイプ未遂は四〇四件だった。

私がレイプされてから五日後には、私たちのアパートメントの住居侵入被害について、グローブ紙がくわしく報じた。

オールストン・ブライトン地区で、今年に入ってレイプ被害が頻発している。先日も新たな被害者が出た。被害女性のルームメイトであるリース・ブロディが、昨日開かれたレイプ防止集会で襲撃事件について語った。午前四時半に、グレンヴィル・アベニューのアパートメント一階の、道路よりも高くなった玄関ポーチに、二人の男がのぼって窓から侵入し、キッチンからナイフを盗んで室内を荒らした（…）その集会で話をしたボストン警察副本部長のポール・F・エヴァンズは、オールストン・ブライトン地区の最近の一連のレイプは、今年の市全域でのレイプの「警戒すべき」増加を反映していると説明した（…）聴衆に向かってブロディは涙ながらに語った。彼女のルームメイトを襲った男たちは「まったく恐れていませんでした。そこら中に指紋を残していきましたから。レイプで終身刑になる可能性があると知っていたら、男たちはもっとおびえていたでしょう。レイピストに被害者と同じぐらいの恐怖を味わわせてやりたい」。エヴァンズによれば、オールストン地区の被害者は告訴を控える傾向があるという。「学生が多い地区ですから。大学も年度末で帰省を控えていますし、親も忘れるのがいちばんだと思っているのです[2]」

ポール・F・エヴァンズは、この十年後にボストン警察本部長に就任することになる。のちに自分が法執行機関のトップとなる市で発生した、恐ろしい連続レイプ事件に対するコメントとして、彼は通報率の低さを指摘し、その原因は被害者本人と家族にあるとしたのだ。通報しやすくするために新たに発足した捜査班がどんな仕組みを、どんな方策を用意するかについての見解は、その記事のどこからも読み取れなかった。

グレンヴィル・アベニューで発生した住居侵入事件の記事が出た二日後に、フリン市長は新たに記者会見を開き、ボストン性犯罪捜査班の発足を正式に宣言した。女性六名、男性六名の捜査官からなる、一日二十四時間稼働の捜査班だと市長は強調した。記事には市長の言葉が引用されている。「この捜査班は、女性に対する暴力の対応にかんして、ボストンを模範となる市にするでしょう[3]」。ここでも、それをどのように達成するかについての具体的な説明はいっさいない。

それから二か月後、九月初頭にはこんな見出しの記事がグローブ紙に掲載された。「ボストンで重犯罪全般が十三・五パーセント減少――殺人は急上昇」。この犯罪データを報告した警察本部長は、「七月一日に性犯罪捜査班が発足して以来（…）住民は、捜査官が対応してくれることに安心し、堂々とやってきては犯罪を通報しています」[4]。発足後わずか二か月で、どうしてそんなことがわかるのだろうか。この発言は被害者の体験を正確に反映したものなのだろうか。レイプ被害を通報した人に調査をおこない、対応の満足度を測ったとはどこにも書かれていなかった。

捜査班発足から九か月後には、こんな見出しの記事が出た。「発生率の上昇を受けて、ボストンはレイプと闘う方法を模索」。ボストンのレイプ発生率が、ニューヨークやワシントンDCよりも高いことを示す数字が報じられている。そして、「現在までのところ、レイプ事件の逮捕率を上げるのに捜査班は苦戦している」として、通報件数が五十パーセント増加したのに対して、逮捕率は十四パーセントしか上がっていないと指摘した[5]。

その四年後、一九八九年二月には、一週間以内に掲載された二つの記事で、性犯罪捜査班の問題が取り上げられている。一つ目の記事では、捜査班の人員が削減され、「ボストン市立病院での、レイプ被害者のためのカウンセリング・プログラムがもうすぐ終了する」ことを心配する被害者支援団体の声が紹介されている[6]。警察側は、捜査班が軽視されているという主張を否定し、カウンセリング・プログラムについては人員削減するが継続すると「誓った」。記事によれば、過去数年間で警察の人員は何百人も増えているにもかかわらず、発足当初十二名だった捜査官は、このときまでに六名に減らされていた。今後は多くの捜査官が、別の仕事をしながら性的暴行に対応するトレーニングを受けることになると、警視長は説明した。

それから一か月も経たない一九八九年の三月には、性犯罪捜査班の改悪に対して沸き起こった激しい非難と不評を受けて、ボストン警察は計画を撤回した。グローブ紙の見出しには、「ボストン警察が抗議に屈して性犯罪捜査班の人員を元通りに」とある。さらにフリン市長の言葉が引用されている。「州予算削減のあおりを受けて市は財源問題に直面していますが、性犯罪捜査班が最重要の部署であることは変わりません。捜査班はこれまでに素晴らしい実績を上げ、模範となるプログラムであり続けてきました。われわれは妥協しません」[7]。その模範となるプログラムが当初の半分の規模に縮小されただとか、その機能を分散化させる計画が市民の反発を受けてようやく撤回されたということには触れられていない。

これらの新聞見出しからは、市全体の危機的状況を受けて性犯罪捜査班が発足したものの、五年と経たずに財源不足で風前の灯（ともしび）になった経緯が伝わってくる。レイプの通報の増加、予算削減、被害者への継続的な地域の支援活動、人員配置の必要性についての複数の見解、有色人種のコミュニティでは犯罪の影響がより深刻になること、たび重なる捜査班解散の危機などが報じられていた。被害者を支援につなげるためのアウトリーチ活動や捜査の強化を報じる記事は、一つも見当たらなかった。一九八四年に発生した連続レイプ事件の関連性が判明しただとか、解決されたという記事も、見つからなかった。

アーカイブ化された記事は、アメリカの一都市における性犯罪捜査の一面を伝えている。ほかの都市でも、特別な訓練を受けた性犯罪捜査官が、「特別被害者捜査班（special victims unit）」

と呼ばれることの多い部署に所属している。「特別な」被害者とは、どういうことだろう。「大切な」の婉曲表現のつもりだろうか。きっと、特別な犯罪の特別な被害者を指す特殊なカテゴリなのだろう。それは、犯罪の証拠が検査されず、捜査に予算がつかず、通報がないとしばしば認識され、逮捕や有罪判決が存在しないも同然の犯罪。なるほど、それなら確かに特別だ。

私は長いあいだ、ボストン性犯罪捜査班の存在を知らなかった。ボストン・グローブ紙も購読していなかった。ニュース番組を観るのは好きではなかったし、事件について警察からの連絡はいっさいなかった。新聞を読んだり、テレビを観たりしていれば捜査班について知ることができたのに、と反射的に思ってしまったのは皮肉だ。事件から何年経っても、彼らの情報を得られるかどうかは自分次第だと直感的に思い込んでいた。私は捜査班発足の動きを加速させた連続事件の被害者の一人で、事件の経緯やルームメイトの氏名、住所がテレビや新聞で報道されたにもかかわらず、捜査班からの接触はなかった。そういう状況を考えると、捜査班の設立が単なるアピールのためなのか、それともボストンで発生したレイプ犯罪への対応を本気で改善しようとしているのか、疑問を抱いてもしかたがない。私はずっと人生を立て直そうと四苦八苦し、経験したことのない難題をこなすので精一杯だったし、その状況は多かれ少なかれ現在も続いている。捜査の進展を求めるのが、被害者の役割であってはならない。それは法執行機関の仕事だ。それだけに、法執行機関による性犯罪捜査班軽視の影響は甚大だと感じる。

適切な方法で被害者とコミュニケーションを取ることこそ大切なのだ――被害者が主体性を取り戻し、正当だと認められる貴重な瞬間はめったに訪れないが、その機を逃さないようにしなければならない。自分の経験から学び、長年仕事の参考にしている具体的なポイントが一つある。それは、さまざまな専門職員に向けた、性暴力被害者に対応するトレーニングが非常に大切だということだ。

子宮筋腫の手術から数年が過ぎても、それがきっかけで発症した心的外傷後ストレスに私は悩まされ続けていた。さらに、タフツ大学のヘルスサービス運営を担当する職務内容が、症状の悪化に追い打ちをかけた。私の職場では毎年八月下旬、学生たちがキャンパスに戻ってくる前に職員研修をおこなうことになっていた。性的暴行に適切に対応できるように、職員のスキルを高めることが私の仕事だった。それは、その仕事に就いて以来の業務の一環だったが、タフツ大学は司法省からキャンパスでの暴力予防を目的とした連邦政府助成金を受け取っていたので、私たちのチームはとくに医療従事者の能力を伸ばすための取り組みをおこなっていたのだ。

「素晴らしいアイデアがあるんです」。上司として面談をおこなっている最中に、医療ディレクターが言った。マーガレットはカールした金髪の背が高いスリムな女性で、細いフレームの眼鏡をかけていた。私は彼女の上司だが医者ではないので、彼女からどう思われているか、以前は心配だった。何を達成しても無力感にさいなまれていた過去のせいで、たびたび不安に見舞われた。「英文学専攻だったのに、なぜ公衆衛生の仕事に就いたのですか？」という無邪気な質問に、もし誠実に答えるとしたら、長々と説明しなければならなかった。だからこそ、そういう質問をされたら当たり障りのない説明でごまかすことにして、詮索されませんようにと願った。

「研修期間の一週間のうち二日間は、ベス・イスラエル病院とボストン地域レイプ・クライシス・センター（ＢＡＲＣＣ）から職員を招いて性的暴行の影響について話してもらうのはどうでしょう」。マーガレットが言った。「そうすれば、どんなサービスが利用可能なのか、証拠採取で病院に出向く人はどんな処置を受けるのか、性暴力被害を打ち明けた人に対して診療現場ではどんな対応をしたらいいのか、レイプがサバイバーに及ぼす影響などについての議論ができるのではないでしょうか？」

私は彼女の肩越しに見える、人気のない窓の外の広場を眺めた。そこはじきに、夏のあいだ離れ離れになっていた学生たちが再会する歓声で満たされる。私はうなずきながら、笑顔をつくろうとした。

マーガレットは先を続けた。「私が全体を計画します。うちのスタッフは優秀で、すでにさまざまなスキルも持ち合わせています。でも、この特別な研修から学ぶところがあるはずです」

私は顔色を変えないようにした。「続けて」

「こちらに被害学生を支援できる力があるのに、病院に丸投げするのはよくありません。それに、そこまでの処置を必要としたり、望んだりするケースは多くはありませんから」

私は話題を変えたかったが、短く「よさそうね」とだけ言った。

「朝、目を覚ますだけで精一杯なんです」――これは私がレイプサバイバーから聞き、自分でも口にしたことのある言葉だ。私たちが世間に復帰して、そこで能力を発揮するのはハードルが高い。ほとんどの時間帯でそれがなんとか達成できていることを、私は誇りに思っていた。学生たち自身や、その年代を悩ませる健康問題に深く関心を寄せてきたが、なかでも性的暴行は大きな問題だった。でも、マーガレットの話を聞いた瞬間、私の身体をつかんで離さない記憶が、仕事にかける熱意に影を落とした。

実際のところ、マーガレットは学生の性被害に対する医療の必要性をよく理解していて、この分野では同僚たちの何年も先を行っていた。彼女がこの先進的な研修を提案したのは、大学が性暴力サバイバーへの対応を早急に改善しなければならないと連邦政府が言い出すよりずっと前だった。性的暴行を通報した学生に対し、大学がとるべき対応についての指針(ガイダンス)を教育省がまとめたのは二〇一一年のこと。一部の教育機関によるサバイバーの苦情申し立てに対する杜撰(ずさん)な対応が調査で判明したことを受けて書かれたもので、「親愛なる同僚への手紙(Dear Colleague letter)」と呼ばれている。[8]

シングルスペースで十九ページあるそのレターは、多くの特別な項目について方向性を示したが、特筆すべきは、性暴力ポリシーの策定と高等教育機関への対応要請を、教育改正法第九編にかかわる問題(タイトル・ナイン・イシュー)としてとらえた点がある。レイプや性的暴行の被害者は圧倒的に女性が多く、タイトル・ナインは教育の平等な権利を保障するものだ。このため、被害者/サバイバーの学業継続が困難となる事態を避けるために、教育機関側は適切な性暴力ポリシーの整備を求められた。つまり、既存のポリシーや、ポリシーそのものの欠如が、学校にとどまって前に進む力にどれだけ影響を及ぼすかを教育機関は再認識し、改善しなければならない。

レターは、性的暴行と暴力犯罪を同一視する立場をとった。「性暴力はタイトル・ナインで禁止されているセクシュアル・ハラスメントの一形態である」とはっきり述べている。一方で、「犯罪行為となりうる要素がある場合、適切な法執行機関やその他の機関に通報するかどうかは、州やその地域の法律に照らし合わせ、大学職員が判断を下さなければならない」[9]としている。つまり、レターによれば、性暴力はまぎれもなくセクシュアル・ハラスメントであり、タイトル・ナインにかかわる問題として扱われなければならないのに、それが犯罪行為になるのかはおそらく稀だということだ。ほかの法律でも性暴力がこのように説明されているのか、私にはわからない。だがこの指針に従えば、性暴力はセクシュアル・ハラスメントだとみなされ、それ相応の対応をしなければならない。なのに現実にはそうなっていないどころか、そのようなものであるとも認識されないということだ。

このレターが出る以前は、性的暴行や性的不適切行為（sexual misconduct）の苦情申し立てに対して判断を下すポリシーが、一部の教育機関には存在しなかった。私の職場のように、多くの教育機関は委員会を開いて全般的な処遇を決定した。ということは、学生が事情聴取のための会に出席し、別の学生――友人やクラスメイトの可能性もある――が暴行の詳細に耳を傾けることになる。そのせいで、多くの学生が手続きを進めるのをためらっていた。委員会に出席する人や、ポリシーを作成し、手順を準備する学部長に求められるトレーニングの基準はたいてい存在しなかった。苦情申し立てが審議されるあいだ、被害者／サバイバーを支援し、学業やその他のことに配慮をするためのポリシーが、多くの機関では用意されていなかったのだ。レター以前は、サバイバーの多くが成績不振に陥り、住居や教室が安全だと思えなくなり、さらに傷つけられるとわかっている審議のプロセスに進むのを拒否していた。

そして、この新しいガイドラインは、性的不適切行為の苦情申し立てをする側に肩入れしすぎており、訴えられた学生に不当な影響を及ぼすとして、すぐさま全米で反発が起こった。[10] やがて教育省は、二〇一八年に新たな規則（レギュレーション）を提案した。それは、かいつまんで言えば、レターで示されたガイドラインの大部分を撤回するもので、変更点の一つとしては、セクシュアル・ハラスメント認定のハードルが高くなった。[11]

二〇一一年以降、アメリカ大学保健管理協会（American College Health Association）は、「性的および関係性に基づく暴力に対応する――トラウマ・インフォームド・アプローチ」という、大学の医療従事者向けの「ツールキット」を出版した。[12] マーガレットのおかげで、私の勤務先の職員は、そこで取り上げられていた多くの項目の研修を少なくとも五年早く済ませていた。医療従事者にとって、性暴力サバイバーの心身のニーズへの理解は重要なスキルだ。ところが、大学という環境では、ほかのコミュニティ同様、それだけでは不充分なのだ。レターはそれをあきらかにした。

面談が終わり、マーガレットがドアへと向かった。「ところで」――私は彼女の背中に向かって言った。「大学で性暴力に対応するトレーニングが必要だということにかんして、あなたは正しい。レイプ被害者への適切な対応はとても重要だから。被害者のその後の数年間を左右しかねない」。私は若いころの自分を思い浮かべた。事件後に、一度だけ会った刑事に電話をかけ終わり、受話器を置いている自分の姿を。「不適切な対応も深刻な問題で、被害者が思いもしないほど長く影響を残すものよ」

マーガレットはそのままドアを閉めて出ていった。すると、ある記憶がよみがえった。今度は、刑事がダッフルバッグからビニール袋に入ったナイフを取り出す光景。「これがわかりますか?」と彼は言った。「見覚えがありますか?」事前に警告はなく、私が恐怖を感じているのもおかまいなしだった。デスクに座っている私の心臓の鼓動は、当時と同じぐらい激しくなった。私は胸に手を当てて落ち着かせようと、自分を今に引き戻そうとした。**ええと、あの刑事はどんな感じだった?** 確か、緑色の半袖のボタンダウンシャツを着ていて、エミーのアンティークの椅子とは合っていなかった。そう考えるうちに、エミーのことや、彼女の一家がコネチカットに住んでいたときは、車を二時間走らせれば訪ねていくことができて楽しかったということを思い出した。今、彼女たちはボストンに戻っているから、電話して会う約束をするのもいいかもしれないな。そういえば、彼女のところに遊びに行ったら、変なにおいがするバセットハウンドにベッカが突き倒されたことがあったっけ。たくさん飼っていたペットの名前はなんだったかな。

時間というのは不確かなものだ。私は二十四歳のままなのだろうか? それとも四十代? 私は今、どちらの身体に存在しているのだろう。私は再び今の人生に、自分のオフィスに、今日この日に、ベストを尽くして打ち込むべき仕事に戻ってきた。

✣

マーガレットが提案した職員研修が三週間後に迫り、私はいよいよ眠れなくなった。その晩は遅くまでテレビを観ながら次々とチャンネルを変えた。メアリーはとっくに寝ていた。

私はまったく眠くならなかった。

小さなテレビのリモコンが、私の手のなかでひっそりしていた。夕方から夜の時間帯へと移り変わり、家のなかは静まり返っていた。くたびれた古いソファには、クッションがいくつか散らばっていた。私の小柄な体に時間をかけてなじむようになったおなじみの心地よさが、くつろぐよう誘いかけ、今は安全なのだと思い出させてくれた。ここは私の家で、愛に囲まれている。上の階ではメアリーが待っていて、子どもたちは眠っている。

悪夢が頭のなかに忍び込んできた。眠くならないから、それを追い払えない。夜のにおいがする。路面電車がきしむ音がする。汗ばんだ肌を感じ、恐怖がよみがえる。朝から晩まで恐怖につきまとわれた。

私はテレビに熱中するタイプではないが、一人でいて、記憶の洪水に襲われているときは、テレビを観るとほっとした。ほとんど心の準備ができないまま、次の展開も読めずに異世界に放り込まれるのがどんな気持ちなのか、画面に映る人たちが思い出させてくれる。そんな状況では、次の瞬間まで生き延びることが唯一の目標となる。画面のなかの俳優たちはただ役を演じているのでなく、他人が筋書きを書いた人生を生きている。その人本人のものではない。いずれもとの世界に戻るのだと私にもわかっている。内容に没頭しないうちに、私は彼らから離れる。

これはテレビだ。自分にそう言い聞かせた。ほとんどいつもハッピー・エンドなのだ。

私はテレビを消して、寝室へと向かった。階段を覆うやわらかい生地が、足の裏でチクチクした。メアリーが私のためにつけたままにしておいたベッドサイドテーブルのライトが、廊下にレモン色の影を投げかけていた。子どもたちは各自の小さな部屋で眠っていた。私はその胸に手を置き、寝ている子どもたちに向かって静かにおやすみの挨拶をした。手のひらに当たる息で彼らが生きていることを確認した。黄色と青のトラック模様、やわらかいコットンのパジャマ。子ども用シャンプーが香る髪の毛。ぬいぐるみや本であふれた寝室。たくさんの愛が、私にささやきかけた。

✢

マーガレットが研修の計画表（アジェンダ）を完成させた。まずBARCCの臨床スタッフがプレゼンテーションをおこない、次はベス・イスラエル病院の職員が、救急救命室（ER）を訪れる学生に証拠採取などの処置について説明する。だが、証拠採取を希望する学生は一部にとどまる。研究によれば、暴行されても法執行機関に通報しない学生は八十から九十パーセントにのぼる。[13] われわれの仕事は、学生たちにERで処置してもらうよう説得することでも、起こった出来事を通報するよう促すことでもなく、学生がいる場所まで出向き、必要とされるヘルスケアを提供することだ。通常、学生たちは何日も何週間も、自分の身に起きたことが性的暴行やレイプと呼べるのか、誰かに相談すべきなのか、そして、誰かに言ったら、そんなことになったのはあなたが悪いからだと責められるのではないかと悩み続ける。なぜならあのとき酒を飲んでいたから、なぜなら加害者はそうなる前は良い人だったから、なぜなら事件前の性行動を批判されるのが怖いから、なぜなら加害者とは友達だったから、なぜなら、なぜなら、なぜなら……。

それでも、性的暴行だとはっきり認識しないうちから、あの出来事は何か変だったと、学生たちは気づいている。一例として、頭痛や不眠、足の先にできたやっかいな湿疹(しっしん)など、その出来事とは一見無関係な悩みへの処置を求めて大学のヘルスサービスを利用する学生を想定してみよう。その学生は、何らかのケアや助けを求めて私たちの建物までやって来る。私たちはわきまえていなければならない。あるトラウマ研究家が述べるように、「〝専門家〟が疑いの目を向け、襲われたのは自業自得だとして支援の手をさしのべなかったら、ヘルスサービスは役立たずで、誰かに助けを求めても無駄だとサバイバーは思いかねない[14]」

診療時間中どこかのタイミングで、たいていはドアから出ていこうとするときに、その学生は振り返り、別の悩みがあるのでもう一つ質問していいかと尋ねる。その医師に、次の患者まで時間はあるかと、迷惑ではないかと、確認するかもしれない。温かくほほえみかけ、何週間も消えないかゆくてわずらわしい発疹を診るときに、そっと腕を持ち上げてくれたその医師なら信頼できると感じたのだ。「ちょっと拝見してもかまいませんか？」医師はそうやって尋ねた。「どんな処置ができるか見てみましょう。不快な発疹のようですね」。そんな言葉をかけられて、その学生は目にあふれる涙を気づかれずに引っ込められるか自信がなくなったのだ。

優しさ、触れてもいいかという質問、自分のせいで相手が痛みを感じるかもしれないという認識――そういうものは、そこにあれば気づくものだし、そこになくても気づくものだ。

優しく接してもらい、その学生はほとんどこらえ切れなくなった。でも、振り返って、別の要求をして伝えるという賭けに出るには、充分な情報だった。

深呼吸をして、勇気をかき集めて自分のタイミングで伝える。

その医師は指を一本立てた。「ちょっと待ってね。そうすれば、あなたの話を聞けるから」。そう言って、受話器を持ち上げた。「できたらこれ以降の患者は予約枠から外してくれる？時間が必要だから」

「お酒はそんなに飲んでいません。それなのに何も覚えてないんです。目を覚ましたら、多分一緒に踊っていた男性が隣にいました。薬を飲まされたのかもしれない。でも、何が起こったか、わからないんです。彼は良い人だと思ったけど、そんなつもりはなかったのに。とにかく、そういうことになっていたのです。その後、私が友人に――彼の友人でもあります――打ち明けたら、二人ともパーティーにいたのだから、どうしてそんなことがわかるのかと言われました。ある友人には話をでっち上げるのはよくないと言われて、今ではみんな、私によそよそしい態度を取ります[15]」

この手の質問には、適切で、巧みな受け答えが欠かせないのだが、それはベテランの医療従事者にとっても難しい。医療従事者の仕事は受診する患者に質問することだが、その質問自体に本来的な性質として、動揺して自分を信じられなくなっている被害者が責められているように感じる部分が含まれる。

「こういうことは以前もありましたか？」という質問は、飲酒で意識を失ったと告げる者に対してもっともな質問のようだが、暴行を受けたと訴える者は、起こった出来事よりも自分の振る舞いが注目されていると感じるかもしれない。

「相手のことをどれぐらい知っていたのですか？」という質問は、「まともな判断はできなかったのですか？」と受け取られかねない。

そのパーティーがどのようなものだったのか確認すれば、「なぜそんな危険な場所にのこのこと出向いたのか」と訊いているように思われかねない。そして、診察を予約するのに時間がかかったことを不思議に思えば、「受診が遅れたので、妊娠や性感染症の可能性もあります。もう少し自分を大切にできないのですか？」と言ったも同然になる。

医療従事者から無神経な質問をされたり、不適切な対応を取られたりすれば、そこで会話が途切れかねない。善意だとしても、配慮に欠けた質問は、何年も頭から離れないことがある。私の場合は、過去から呼びかける声が聴こえてくることがあった。

彼らがどうやって入ってきたか、わかりますか？

窓は施錠しましたか？

この地区では、ほかにも住居侵入事件が起きていたことを知らなかったのですか？

病院での証拠採取を望んだり、必要としたりしない学生も、性感染症検査や妊娠予防薬、さらにはもっとシンプルに、どんな選択肢があるのか教えてくれる共感的な人を必要としているかもしれない。この研修の実施によって私たちが伝えたかったのは、ベテランの医療従事者であっても、トラウマが患者の医療体験に事件当初のみならず生涯にわたって及ぼす影響について理解を深めれば、得るものは大きいということだ。上で紹介した事例は、トラウマ・インフォームド・ケアの学びを深める医療従事者が、関係性や対処法を理解しやすくするために実際に使われた。

時が癒すといっても限界がある。時は確かに過酷な経験をやわらげてくれるが、それだけでは治療薬として不完全だ。それは、どれだけ私がそうしようと思っても、無視できない事実なのだ。私はレイプサバイバーとして、当時もそれ以降もずっと、安全と理性の感覚が多くの人とは異なる世界に身を置いてきた。暴行を受けている最中に、生き延びるために押し込めた恐怖が、身体中の神経やシナプスに永久に棲みついていた――ニューヨークで安価な家賃設定のアパートメントに暮らす老人が、箱に入れられて運び出されないかぎり、そこから頑として動かないようなものだ。それはしつこくて、びくともしない。取り除くことなんてできない。

長年のあいだ、騒音や報道、救急車のサイレンなどが耳に入ると、自分がまた危険な目に遭っていると錯覚する瞬間が多々あった。タイタニック号の乗客だったら、氷点下の大西洋ですぐさま溺れ死ぬのと、救命ボートで安全に座りながら叫び声を聞き続けるのと、どちらが残酷だろう。日々の仕事が引き金（トリガー）になってトラウマの記憶がよみがえったという事実は、私にとっては大惨事（カタストロフィ）のようなものだった。

　無味乾燥な会議室に座り、人生最悪の日々を過ごした二十年前に対応してもらった人たちがレイプの影響について私の部下に説明するのを聴くだなんて、耐えられそうになかった。私の身に起きたことは、職場ではほとんど誰にも知らせていなかった。私たちはプロ同士の関係だったから、当然だ。間近に迫ったその日の仕事を考えただけで全身に悪寒が走り、あちこちが引きつった。

　研修当日の朝、急に胃腸風邪になったということにすればいいとメアリーに言われていたにもかかわらず、私は会議のテーブルに着き、ゲストの到着を待っていた。マーガレットが三人の女性をともなってドアから入ってくると、私は立ち上がって自己紹介をした。

「今日は私たちのためにお越しくださってとてもうれしいです。私は医療従事者ではありません。参加者のみなさんには、サバイバーへの対応経験について自由にお話しいただきたいので、すべてのセッションには同席しないつもりです」

「かまいませんよ」とBARCCのトレーナーがにこやかに言った。「午前中のほとんどは基本的な説明ばかりですから」

　マーガレットによる講師紹介が終わると、トレーナーはスライドを映し出した。「まず、トラウマが神経システムに影響を与える様子を説明します。それから、慢性的なPTSDへ移行するのを防ぐために、専門家がインフォームドな対応をすることがなぜ重要なのかご説明します」。私は咳き込むふりをして、部屋から出た。

階段に向かう途中で、事務の責任者であるメアリーと鉢合わせした。「思ったより長くもったのね」と彼女は言った。

「戻るの？　それとも話せる？」

「研修はパスするわ」。私はそう答えた。「気を悪くする人がいないといいけど」

「人にどう思われるかなんて気にしてどうするの。やるべきことをやっていれば研修なんて必要ない。医療スタッフのためにあの人たちをここに連れてくることが大切なのよ。あなたが証明しなければならないことは何もない」

眉毛が上がって、髪の生え際に当たりそうになった。以前うっかり口をすべらしたのだろうか？　そうだとしても、メアリーに知られたってかまわない。彼女は信頼できるし、尊敬していたから。それに、マサチューセッツ州サマービルで生まれ育ったと聞いている。彼女の故郷には「沈黙の掟（おきて）」の伝統があって、それを破ると「裏切り者」になるのだとうれしそうに話してくれたことがあったではないか。

「何も言われたわけじゃないのに、どうしてあなたはいつも、なんでも知っているように思えるの？」私は不思議に思ってそう尋ねた。

「私は七人きょうだいのいちばん上だから。言われなくたっていろいろなことを察するのよ。そうやって、きょうだいがトラブルに巻き込まれないようにしてきた」

「そういうことだったの」。私には混乱する感情を鎮める時間が必要だった。「上の階に行って、できる仕事がないか探してみるわ。もしなかったら、家に帰る」

「風邪か食あたりということにしておきなさいよ」。メアリーが言った。

「ねえ、先週うちのメアリーにも同じことを言われたのよ。彼女から電話があったの？」私は笑顔になった。

「いいえ、でも、私たちメアリーは賢い一族ですからね」。さも当然というように彼女は言った。「あなたに知らせてしまって申し訳なかったわ。でも、ここ何週間かつらそうだったから、普段よりも気にしていたの」

「確かに。あなたのそういうところ、大好きよ」。私はどっと疲れて、オフィスへと向かった。

一つ片づけたと思っても、問題はまだ山積み。階段をのぼりながら、そんなふうに考えた。もっと多くの人に打ち明けたら、苦しみもやわらぐのかもしれない。実際には、沈黙していると、いろいろなことが現実よりも大げさに感じられるものなのだ。

私は何を恐れているのだろう？　それについて――他人に打ち明けることについて――考えてみた。詳細は省き、ずっと昔に住居侵入の被害に遭って暴行されたと言えばいい。そうやって誰かに伝えるところを想像していると、顔にかけられた目隠しの布や、手首に巻かれたコードの感触が戻ってきた。それから、レイピストではなくて、私が助けを求めた法執行機関の専門家たちの声が聴こえた。

口を閉じていられない女みたいだ。

何かわかったらこちらから連絡すると言いませんでしたかね？

どんなささいな情報でも、進展はないという報せであっても、努力はしているが連続犯は捕まらないということであっても、電話が静まり返っていたことを思い出した――私は何年も連絡を待ちわびていた。電話でも手紙でもいい、犯罪捜査にあたる人たちが、私の身に起こったことの重大さを認識しているというサインを待ちわびていた。

当時、自分が感じているのは恥だと思っていたのだが、今では、表面のすぐ下で怒りが煮えたぎっていたのだとわかる。それは、この犯罪が及ぼす影響への怒り、それが矮小化されるのを目の当たりにしたり、耳にしたりして湧き上がった怒り、ボストン警察の圧倒的な沈黙に対する怒りだった。そして、放出先がどこにもなかったので、怒りは私の内側にとどまり続けた――一つひとつの細胞に、引きつる背筋に、なんとか空にしておこうとした涙腺に。

暴力予防助成金（violence-prevention grant）のおかげで、助成金終了までの期間限定になりそうではあったが、キャンパスアウトリーチ支援員二名を継続して雇用できるようになった。支援員は時間をかけて学生の信頼を得ようと熱心に活動し、男性性（masculinity）やフックアップカルチャー（hookup culture）、性的な場面における同意（consent）の必要性について、キャンパス全体で議論する場を設けた。また、毎年おこなわれる「夜を取り戻せ（Take Back the Nihgt）」という集会のスポンサーになって、サバイバーを招いて経験を語ってもらったり、レイプの防止や、そばにいる人が阻止しようというメッセージを学生に直接届けたりするなどの活動をおこなった。

支援員は学生の近くで活動していたので、さまざまな局面における大学の対応改善が話題にのぼることが増えた。例えば、職員の対応に戸惑っただとか、性的暴行にかんする処遇を決めた大学のポリシーのせいで被害者が孤立無援だと感じているだとか。あるいは、大学には誰にも「罰せられない」領域があるように感じるので、そのようなポリシーでは不充分だと訴えた学生もいたかもしれない。

これは最近のことだが、助成金の提供機関（ファウンダー）に提出しなければならない書類を仕上げている最中に、同僚から電話が入ってきた。「連邦政府からもらったお金で、職員にホノルルやサンフランシスコみたいなおしゃれな場所で会議に出席するよう命じれば、キャンパスで性的暴行を受けた学生の体験が改善できるなどという考えは理解に苦しみます」。彼女はそう打ち明けた。「どんな助成金も完璧ではありません。必要な仕事をスタートさせて、あわよくば軌道に乗せるのが、その目的なのだから」と私は反論したかったが、彼女の意見ももっともだった。すべての大学がスタッフをそのような会議に派遣するわけではないし、まだまだ性的暴行の防止や対応が重要な仕事だと認識されていない――実際には重要な仕事であるにもかかわらず。一部の大学職員が研修を受けても、大学全体が根本的に変わらなければ始まらないという事実が浮き彫りになるだけかもしれない。かぎられた職員が性的暴行の影響を理解していても、それ以外の人たちが理解していなければたいした効果は見込めないだろう。学生は学期中に、数多くの教職員に接するのだから。根本的な変化をもたらすには、この問題に取り組むべきだという大学全体の意識改革が欠かせず、その件にかんして私たちの誰もが批判や責任の追及をまぬかれない。変化は徐々に起こるものだと私は考えていたが、自分の経験から、組織のお粗末な対応のせいで被害者たちがどれだけ苦しむかを理解していた。大学職員の対応は不充分だとする学生の不満と、レイプ被害者への社会の対応が不充分だと感じる私の気持ちには、まぎれもない類似がある。私は引き裂かれたよう感じ、恥ずかしくなった。別の仕事を探したほうがいいのか、メアリーと真剣に話し合うようになった。学生たちの体験談、善意ではあるが配慮に欠けた同僚の言葉、サバイバーの体験を伝える学生新聞の記事――そのすべてが脳天に打ち込まれるハンマーのようだった。汗をかき、胸の鼓動が速まり、混乱する感情を鎮めるために、私はオフィスのドアを閉めなければならなかった。この状況が自分の手に負えるとは思えなかったが、大好きな仕事を辞めるだなんて考えられなかった。大学という組織は構造的に「自分のことは自分で」という風潮があるとよく言われる。一人で仕事をしていると、他部署が同じ問題にどのように取り組んでいるのか、そもそも取り組みがおこなわれているのかすらわからない。自分の仕事が前進していると錯覚することもありえる。そのような環境で、根本的かつ協働的かつ持続的な変化をもたらすには、教職員をまとめるための基準やリーダーシップが必要だった。それから数年かけて、全国的な議論の広がり、連邦レベルの指導、そして何よりも、私が勤める大学の学生や国中の学生が変化を求めたことによって、キャンパス内で起こる性的暴行の対応を改善する環境が整っていった。

「何かを変えなきゃ」。ある晩、子どもたちが寝ついてから、私はメアリーに打ち明けた。「最近は性的暴行にかんする仕事が多くなって、もう限界。でも、それが私の仕事だから。それに対応し、改善していくことが」。首を左右に激しく振ったのでめまいがした。

メアリーは私の頬を両手で包み込み、「一緒に考えよう」とささやいた。

しばらくして彼女は言った。「つらい気持ちになるのは、職場であなたらしさを完全に発揮していないからじゃないかな」。それを聞いて、私はその先に、**家でもそうだよね**と続くと思ったのだが、私が図星だと思っていることをメアリーは口には出さなかった。

「正直なところ、もうどうしたらいいかわからない」。私は本を手に取り、文字を目で追った。意味は頭に入ってこなかった。ただその会話を終わらせたかった。

仕事がつらいせいで、家に帰ってから整えなければならない残りのエネルギーもすべて奪われた。ずっと昔にケリをつけたはずの人生の大惨事と、今ではほぼ四六時中隣り合わせだった。どんなに遠ざけようとしても、とうに過ぎ去ったはずの過去が現在と分かちがたくもつれ合っていた。親がうわべを取繕っても子どもはだまされない。私は恐怖を盾にして隠れていたが、子どもたちは隙あらばその盾をつついたりひっかいたりして、私を見つけようとした。子育てをしていると、自分の弱さを思い知らされる瞬間がたくさんあった。親が過去の出来事やその影響を幼い子どもたちに説明できなくても、子どもたちは何かがおかしいと勘づいている。それは、家族全体の試練となりうる。私を苦しめる何かが、そこまで愛せるとは思っていなかったほどに愛している人たちに悪影響を及ぼす事態だけは絶対に避けたかった。この経験を私のなかから追い出して、身も心も完全に奪われないように早急に手を打たなければならなかった。

　私か、仕事か、どちらかを変えないといけなかった。私は自分を変えることにした。逃げていても何にもならないし、きちんと向き合うまでは、恐怖と恥の感覚につきまとわれることがわかっていたから。どこの高等教育機関に移っても、残念ながら国中の大学に蔓延しているレイプの問題と向き合わざるをえないだろう。「レイプサバイバーとしては……」とはまだ言い出せなかったが、もしそう言えたら、性的暴行にかんする問題に基本的な誤解を示す同僚の言葉を訂正しやすくなるかもしれない。それに、性暴力は口外できないと認めるような態度をとっていたら、プロとして充分に実力を発揮できないだろう。

　学生たちはじきに大学の対応改善を求めてくるはずだ。伝統ある大学なのだから、前進すべきだと。サバイバーが軽んじられたり、不当に扱われたり、見えない存在におとしめられることのない環境を整えるよう、要求してくるだろう。学生たちの勇気と怒りによって状況が改善されていく様子を見ているうちに、黙ったままでいたら、暴力犯罪に対する社会的な軽視というより大きな問題意識を裏切ることになるのではないかと思えてきた。

　私は前に進む方法を模索しはじめた――自分の声と力を探しはじめた。被害者だという事実は、しかるべき役割を果たさなければならないのに責任を免除される名誉の記章（バッジ）ではない。私は大人で、大学の学位を持ち、自分と家族を養っている。しかも白人で、シスジェンダーで、学生のように脆弱な立場にあるわけではない。サバイバーであり大学職員であるという二重のアイデンティティと、それが引き起こす痛みと共存できるようにならなければ。私の経験はより大きな社会的病理の一部なのだ。その認識をもとに、私は自分の内側から強さと覚悟を引き出そうとした。

私は、答えを知りたいと思っている大勢のうちの一人であり、法執行機関と社会全般のレイプ犯罪への対応に変化を求める何万という人間のうちの一人なのだ。

✣

大学が助成金で実現した成果を祝うために開かれたパーティーで、スピーチのために名前を呼ばれた私は、走り書きしたメモをくしゃくしゃにしてマイクへと歩いていった。膝を震わせながら、演台の縁をつかんだ。

「性的暴行というのは決して被害者側の落ち度ではなく、口外できないことであってはならないのです。それが私の仕事に欠かせない認識だと思うのであれば、自分自身に対してもそう思わなければなりません」。深いため息が聞こえないように、私はマイクから身を離した。

「私はレイプサバイバーです」

市全域で事件が頻発していた当時、住居侵入の被害に遭ったこと、長年その経験に苦しめられ、それが今でも続いていることを話した。自分が別人になったように感じ、その経験のせいで、人生のあらゆる局面が不安定になったと説明した。

「率直に言います。性的暴行というのは、それを生き延びたり、完全に立ち直って前に進めたりするような何かではありません。過去になどできないのです。その一部は、死ぬまでずっと私のそばから離れません。こんなふうにお伝えするのは、ここにいる学生やスタッフのなかにいるサバイバーをがっかりさせるためではありません。襲撃後に苦しみを味わった体験をお伝えすることで、性的暴行のサバイバーが抱える不安やニーズに対応すべき人たちに、その責任を認識していただきたいからです。ここにいる職員のほとんどが、学生たちを相手に仕事をしているのですから」

ステージを降りるとき、以前よりもずっと自分らしくなったように感じた。スピーチ後に、長年の知り合いで、友人だと思っている同僚の何人かが自分の過去を打ち明けてくれた。私はようやく理解した――**誰も自分の気持ちをわかってくれない**と一人きりで痛みを抱え、沈黙していても、自己中心的にゆがんでしまうだけなのだと。性的暴行にかんするある調査により、同じ場所に居合わせた人の二十パーセント近くが性的暴行や性虐待の被害者である可能性が高いことが判明している。[16]

私はもう、自分の経験を黙ったりはしない。新たに発見したこの声のおかげで、私は前進し、意味を見出し、説明責任を追及できるようになった。

十二章　円卓会議

デトロイト市内のとある場所に、朽ちかけた倉庫が立っていた。ガラスの入っていない窓からは鳥が出入りし、床は抜け落ちた羽毛やネズミの糞だらけだった。空調設備はとうの昔に壊れ、建物内に保管されていたものは三十八度のうだるような夏の暑さや、零下まで冷え込むミシガンの冬の寒さにさらされていた。二〇〇九年、重犯罪の証拠が詰まった箱が倉庫の床から天井まで積み上げられていることが発覚した。そこに保管されていたのは、一万一千個以上の未検査レイプキットだった。それらの未捜査事件の被害者である一万一千人のもとに連絡はいっさいなかった。さらにひどいことに、市がようやく証拠キットの検査に着手すると、もっと早く発見されていたら防げたかもしれない連続レイプを示すＤＮＡの一致が何件も見つかった。実際に、連続レイプ犯八百十七名が特定され、そのうち五十名は、検査された証拠のなかに十から十五件の「ヒット」があったという。[1] 具体的な人数で考えるなら、デトロイトには、こうしたニュースを報されなければならない人が何百もいたことになる——つまり、自分を襲った犯人が繰り返し犯行に及ぶあいだ、自分たちのＤＮＡは崩れかけた倉庫に放置されていたのだと。連続犯がもっと早くに特定されていたら、自分の人生も、ほかの被害者の人生も変えていたかもしれない秘密を抱えたまま、放置されていたのだと。

これはデトロイトにかぎった話ではない。ある人権団体の調査により、ダラス、ロサンゼルス、クリーブランド、メンフィス、ラスベガス、ヒューストン、ミルウォーキー、その他多くの都市で、レイプの証拠が放置されていることがわかった。未検査になっているレイプキットは全米で四十万件にものぼると試算された。[2] 放置されたキットが伝える物語は誰にも知られないままになっていた。責任者は事件の数が多すぎるせいだと主張するだろう。「未処理案件」が存在するのは、レイプ犯罪を軽視したせいではなく、予算不足で検査ができなかったからだと。[3] ところが、全米各地で見つかった山積みのレイプキットは、じつは予算が下りるのを待っていたのではない。捜査がまったくおこなわれていないのに片づけられたものが大半だ。[4] ある法学研究者が書いているように、未処理案件というのは、「過重負担を抱える鑑識が検査をおこなう順番が回って来るのを待っている未検査レイプキットを指す。ところが、これは国内の実情とは異なる。実際は、鑑識はキットの中身を調査する気などない。未検査レイプキットは、倉庫や保管場所、収納クローゼット内に置かれたままになっている」[5]

自分の身体が犯行現場になった被害者の、その身体の奥にある襞（ひだ）や部位から集められたキットに対して何もしないとは、理解に苦しむ。未検査レイプキットが何万個もあるのは、頭髪や陰毛が櫛で梳かれ、膣、肛門、口に綿棒を入れられ、唾液や血液が採取され、爪が切られる――暴行を受けた直後の弱った状態で、救急救命室（ER）の明かりが煌々と照らすなか、知らない人たちによって証拠が慎重に集められる——そういう検査に身を委ねることに同意した被害者が何万人もいたからだ。理由があるからレイプキット検査を我慢して受けたというのに。被害者は正義を求めていたというのに。彼女たちの身体とそこから採取された証拠は、利用価値のないゴミ同然の扱いを受けていたのだ。いくつかの都市で未検査レイプキットの調査が始まり、レイピストが何人も特定されたが、時効の成立により訴追できなくなっているケースも多かった。

デトロイトで大量の未検査レイプキットが発見された数年後、すべてのキットの検査が終わらないうちに市に分配された資金が尽きたため、地方検事のキム・ワージーは、資金集めのキャンペーンをおこなわなければならなかった。[6] 殺人、窃盗、放火、住居侵入の捜査をするために資金集めがおこなわれることはない。理不尽な方法で資金を集めないといけない犯罪はレイプだけだろう。

さかのぼること二〇〇四年に重要な連邦法が成立した。すべての者に対する正義法（Justice for All Act）の一部であるデビー・スミス法（Debbie Smith Act）は、膨大な量の未検査レイプキットの数を減らすための費用を州政府に助成するものだ。[7] この法律の名称の由来となったデビー・スミスの物語は、DNAを利用したレイプ犯罪の捜査によって人生が一変することを伝えている。自分の名前が法律名になった女性、デビー・スミスは、一九八九年、夫である警官のロバートが夜勤明けに二階で寝ている最中に自宅から拉致された。襲撃者はまた戻ってくると、通報したら家族を殺すと言ってデビーを脅した。襲われたあと、彼女は自宅まで戻り、夫に付き添われてまず病院に向かい、それから警察署に出向いた。

被害を通報したため、家族に害が及ぶのではないかと恐れたデビーは、事件後の数年間、深刻なうつ状態に陥った。事件から六年後、ようやく彼女のレイプキットが調べられて、彼女を襲った犯人は、別の犯罪で五年間刑務所に服役しているということがわかった。[8] DNAの一致がもっと早くに判明していたら、彼女は何年も苦しまずに済んだかもしれない。非常に個人的（パーソナル）で痛ましい教訓を得たデビーは、レイプキットの検査がおこなわれ、DNAの一致が発見されることでもたらされる安心を被害者全員に届けるために、すべてのレイプキット検査を実現させるための活動に邁進した。

デビー・スミス法の成立以来、レイプの証拠を検査するための費用として十億ドル以上が助成された。だが、当初の法の文言に抜け穴があったため、法執行機関は本来の目的よりも広い解釈のもとに費用を使うことができた。[9] ソフィア・レズニックが「レイプキット――十年と十億ドルが費やされたのに未処理案件がなくならないのはなぜか」という記事で書いているように、その法律の当初の文言は「検査対象をレイプキットだけに限定しなかった（…）殺人や窃盗など性暴力とは関係ない犯罪を含む、さまざまな加害者や犯罪現場から採取された未処理のDNAサンプルの検査に助成金が使えるとした」のだ。

二〇一九年のワシントン・ポスト紙の記事には、「デビー・スミス未処理DNAサンプル削減補助金プログラム（Debbie Smith DNA Backlog Grant Program）によって（…）DNAの一致が二十万件近く判明した」[10] とある。これほどの数を軽く考えたり、矮小化したりできないはずだ。

未処理キットへの世間の関心を高め、検査のための資源を求めてデビー・スミスとロバートが長年活動してきたことは尊敬に値する。ところが、このような画期的な法案が登場し、国中の鑑識や警察署に追加の資金が分配されているというのに、レイプキットが検査されない問題と性犯罪が捜査されない問題は、どちらも続いている――一部の都市には、いまだに何十年も前の未検査の証拠が大量に存在するのだ。証拠が放置される原因は財源不足だけではなかった。もっと大きな組織的問題がかかわっていたのだ。捜査官がレイプ事件の捜査を進めないでおくことができる方法は、いくつもあった。最初から証拠を調べる気がないのなら、何万もの未検査レイプキットを「未処理案件」と呼ぶのは語弊がある。

二〇一二年に未検査レイプキットが四百個あると発表したオースティン警察の職員は、次のように説明した。「どのキットも分析の対象にはなりません。内部調査の結果、刑事告訴が難しく、DNA情報が判明してもCODIS（複合DNA型インデックスシステム）に反映できないケースばかりだとわかりました」[11]。州鑑識部に未検査サンプルがあるとわかったときのボストンやほかの都市でも、同じように説明された。国中で未処理のキットが検査されれば、DNAの一致が見つかり、加害者の特定につながることは疑う余地がない。ここから、レイプ事件を捜査するか否かを判断する基準には、メリットがまったくないばかりかそれ自体に深刻な欠陥があることがわかる。

デビー・スミス法は成立以来、十五年のあいだに、DNA検査の費用が継続して助成されるよう、連邦議会で一度ならず承認されてきた。支援団体とサバイバーたちは、資金を分配する機関とそれを受け取る側に説明責任を求められるように、法の不備を修正するよう要求した。その活動は、すべての被害者に正義がもたらされるべきで、法執行機関は全力を尽くして犯罪解決を目指すべきだという信念を持ち続けるサバイバー、デビー・スミスのライフワークとなった。

レイプサバイバーだと大勢の前でカミングアウトし、自分のレイプキットが州鑑識部の未処理案件に含まれるのかどうかを調べたあと、私は職場以外での活動にのめり込んでいった。未検査のままのレイプの証拠が全国的に存在するということを広く知らせ、検査の実現を求める活動には、証拠の放置がどれだけの悲劇につながるかを理解してもらうためのサバイバーの物語が欠かせなかった。サバイバーの多くは、二度被害者になったと感じていた――最初は人生を一変させた犯罪によって、次は捜査のためにいかなる労力も投入されなかったという報せによって。私の場合は、支援活動に深入りするほどに疑問が湧いてきた。公衆衛生を学んでいたからこそ、このような状態がなぜ続くのかが不思議だった――複雑な問題の原因の多くは、社会の側にあった。浮き彫りになったのは、この国の刑事司法制度に深く根を張る不正義と構造的欠陥であり、さらには、レイプ犯罪が広範囲にわたり許しがたい規模で不当な扱いを受けることを可能にする要因の存在だった。

それがもし、一都市や一人の悪徳警官の話だったら。裁判での高い勝率を求め、レイプ事件の訴追を敬遠した一地方検事の話だったら。加害者に同情的で被害者の側に過失があったとした一裁判官の話だったら。ある警察署でレイプキットが紛失したとか、棚に置かれたままになっていたとか、廃棄されたとか、そういう話だったら。ある鑑識で重犯罪の証拠が検査されないままになっていたという話だったら。ある政治家がレイプを矮小化する不用意な発言をしたという話だったら。トレーニングなど受けなくても、そのような問題に対して素晴らしく冴えた判断を下せるので、性的不適切行為への苦情申し立てにかんする研修など必要ないと、ある大学の学部長が主張しているという話だったら。

だがそれは、一個人や一組織だけの話ではなかった。軽視と矮小化は、この何十年ものあいだに、いくつもの組織で繰り返されてきた。それに、こうした態度がいかにレイプ犯罪や性的暴行と関係するのかも、社会で理解されていない。この三十年のあいだに、ほとんど何も変化していない。私の事件はずっと前に起こったことなのに、現代の社会通念、行動、政策と分かちがたいほどに結びついている。改善が認められる部分があっても、レイプカルチャーとミソジニーの土台は揺るがず、国中のレイプ犯罪の捜査に広範な影響を与え続けている。

二〇〇八年に、社会正義の実現を目指す「ヒューマン・ライツ・ウォッチ（Human Rights Watch: HRW）」という非営利団体が、未検査のままになっているレイプの証拠がどれぐらいあるのか、証拠の放置によってどんな影響があるのかについて調査を開始した。一年後、同団体は、未検査レイプキットが一万二千個以上確認されたロサンゼルス郡の状況についてまとめた、六十一ページに及ぶ包括的な報告書を発表した。[12] そこには、「レイプキットが回収され、検査され、加害者が被害者に接触したDNAの証拠が含まれていた事件は、レイプキットが回収されなかった事件と比べて、司法制度の手続きが格段にスムーズに進むということが全国的な調査で判明した」とある。さらに、事態は急を要するものであり、もし対応が間に合わなければ、確認された何千もの事件が訴追不可能になると警告している。

ＨＲＷの報告書が出る前は、自分の事件にかんする連絡をいっさい受けていなかったサバイバーの多くが、事件が解決されないのは捜査がおこなわれたのに行き詰まったせいであり、法執行機関は手を尽くしたが残念な結果になったのだと信じていた。しかし、調査によって、それとはまったく違う実情があきらかになった。ロサンゼルス郡についてのこの報告書がきっかけとなり、多くの記事が書かれ、この国におけるレイプ捜査の実情に注目が集まるようになったのだ。

ＨＲＷがロサンゼルス郡で調査をおこない、報告書を出したのとほぼ同じ時期に、未検査のレイプの証拠を取り上げる記事がいくつも書かれた。ハフィントン・ポストの「冷凍庫のなかのレイピスト」という記事は、「アメリカで連続レイプ犯が野放しになっているのは、司法制度の欠陥だと言って差し支えないだろう」[13]とした。十年以上事件の解決を待っていた女性の話を掲載したマリ・クレール誌の記事の説明文（タグライン）には、「レイプが最悪の出来事だと思うのなら、そのあとに何が起きるのかを知ってほしい。国中の女性が、何年も、ときには何十年も、レイプキットが検査されるのを待ちわびている」[14]とある。二〇一〇年に発表された、イリノイ州の未検査になっている証拠について調べたＨＲＷのオンライン・レポートは、あるサバイバーの言葉で始まっている。「警察が（レイピストに）事情聴取をおこなわず、レイプキットの検査もしないで、私の事件の調査を打ち切ったと知ったとき、思い知らされました。司法制度が希望をもたらしてくれるだとか、レイピストを刑務所に収監してくれるという期待は抱いてはいけないのだと。悪行が正されると期待したらいけないのだと」[15]。テキサス・トリビューンは、「テキサス中の警察署で何万ものレイプキットが長年保管庫の棚に置かれたままになっている。これは、予算不足、鑑識の負担超過、そしてそのような証拠の活用を、加害者が知らない人物である場合だけに限定する法執行機関の考え方のせいだ[16]」としている。ニューヨーク・タイムズ紙に寄稿している、広く尊敬を集めるジャーナリスト、ニコラス・クリストフも、「怒りを覚える本当の理由を欲しますか?」という記事でこの問題を取り上げたため、多くの読者がこの問題に注意を向けることになった[17]。

最初に立て続けに記事が出てから数年後に、全米でレイプキットが未処理のままになっている実態について早くから記事を書いていたサラ・タフトが、ボストン地域レイプ・クライシス・センター(BARCC)に連絡してきた。自分のレイプの証拠が不当に扱われているかもしれないとセンターに相談しているサバイバーを探すためだった。私の友人のペギーは、BARCCにアウトリーチ担当ディレクターとして勤務していた。サラがセンターに電話をかけると、ペギーは私に連絡した。私はすぐにサラと話した。自分の件がどうなったのか、知るのは当然だとサラに言われた。私がこれまでにしてきた努力を支持するとも言ってもらえた。「助けが必要なら、よろこんでお手伝いします。これは私たちの命にかかわることですから、こういう電話はかけにくいのです」とサラは言った。

それからサラは、二〇一二年二月にワシントンDCで開かれる円卓会議(ラウンドテーブル)に出席してはどうかと提案した。「最近になって、レイプキットが未検査のままになっている問題や、検査の遅れがサバイバーに及ぼす影響に関心が集まるようになっています。あなたがおこなった調査は、現在あなたのレイプキットがどうなっているのかわからないという事実とあわせて、ほかの都市で起こっていることの参考になるはずです。私たちはサバイバーを招待して、政府職員と議論を深めてもらう場を準備しています。あなたの意見や話は歓迎されるでしょう。時間をかけて考えて、私に連絡してください」

私は目を閉じて、その誘いに応じたらどんな気持ちになるだろうと想像した——別の都市に出向き、知らない人たちを前に、身をすり減らしてきた問題について語る。あちこちの都市で、レイプの証拠が何年にもわたってひどい扱いを受けてきた記事を読んだときに感じた苦痛や落胆を、言葉で説明できるだろうか。隅に引っ込んで、自分の傷の手当だけをしている場合ではないという気がした。

「サラ、時間をかける必要なんてありません。私もメンバーに入れてください」

調べれば調べるほど疑問が出てくる状態だったが、体験談を話すことで支援活動にかかわれば、レイプ捜査の在り方を変える手助けができる。それは大切なことだと思えた。立ち上がって、自分の物語を語り、あとは隅に引っ込んでいるだけでは不満だった。レイプの悲惨さをサバイバーみずからくわしく語ったところで、法執行機関、非営利団体、政府の力ですべてが改善できるとは思えなかった。重要なのはそういうことではなかった。

事件のことでボストン警察から何も連絡がないことや、地域や国中の鑑識で検査が進んでいないこと、レイプ捜査の実情についてその後耳にしたことについて考えると、私はまだ苦痛と怒りを覚えていた。より大きな活動に参加して、私の意見や視点を伝えれば、意味のある改善につながりやすくなるかもしれない。それから過去と向き合い、自分の事件に対する答えを得るために必要な勇気をかき集めることになるのだろう。私の矛盾する態度は、性犯罪が被害者に及ぼす影響の皮肉さをよく表している。全国的な取り組みのなかで役割を果たすことに前向きになる一方で、警察署に出向いて、まだ直接向き合えるとは思えない過去を調べてほしい頼むことが、言葉にならないほど恐ろしいのだ。警察に自分たちの仕事をさせるのは私の役割ではないと考えていたので、ますます後ろ向きになった。でも、自分で行動を起こさなかったら、誰かが代わりにやってくれるわけでもなかった。

私はBARCCの証言者の会に参加した。「未解決事件(コールドケース)」だとされ、何十年も放置されたままの未検査レイプキットの調査を開始した都市を支援するために集められたデビー・スミスやほかの女性たちとは、まもなく出会うことになる。これらの事件が「未解決」のままなのは、事件が通報されたときに捜査がおこなわれなかったせいだ。私たちサバイバーが集められた大きな理由の一つは、被害者への告知方法を検討するためだった。

✢

未検査レイプキットが被害者に与える影響について話すために、はじめて招かれた大規模な集会は、ワシントンDCの司法省で開催された円卓会議だった。だが、その会議に参加する前に、私はずっと恐れていたある問題を片づけておかなければならなかった。トラウマ体験を持つ親は、いつか子どもに自分の体験を打ち明ける日がくる。これを機に子どもたちに説明するべきだと思った。今がそのときだった。

娘のベッカは三歳のときに悪夢にうなされるようになった。一週間に三度も私たちの寝室に駆け込み、「ここで寝かせて」とせがんだ。「クマが部屋に入ってきて、私を連れていこうとするの」。彼女を寝かしつけようと私たちが背中をさするあいだ、ベッカは泣きながらそう訴えた。

「私のせいよ」。私はメアリーに言った。「この子は私の恐怖を皮膚の毛穴から吸収している。だって、何かが窓をよじのぼって、襲われると思い込んでいるじゃない。頭をひねらなくても、原因は私だとわかる」

「怖がりな子はたくさんいる」。メアリーはそう言ってくれたが、私の心は罪悪感でいっぱいになり、彼女のなぐさめも届かなかった。ちょうどそのころ、親の過去を知らされているか否かにかかわらず、ホロコーストサバイバーの子どもたちの不安と抑うつ傾向が高くなると本で読んだばかりだった。同じことが私の家族にも当てはまると思った。でも、ベッカのような幼い子どもにレイプのことをどう説明すればいいのかわからなかった。

そして今、あれから十年が経ち、ベッカはもう中学生になっていた。私はワシントンDCへの航空券を買った。すると、友人たちはその場に誰がいてもおかまいなしに、私に質問をするようになった。**緊張しない？　どんな会議になるんだろう？**ベッカが私の過去を偶然知ってしまう事態は避けたかった。私たちの口から説明したかった。

「ベッカの前に、まずベンに伝えるべきじゃない？　二歳年上なんだから」。メアリーと私は二月のニューイングランドの風が吹きつけるなか、犬たちを散歩させていた。ここ何週間か、悩ましい疑問が次々と浮かんで不安になりかけていた。DCに行くことにしたのは間違いだった？　私はいったいどんなことに首を突っこもうとしている？　嫌な気持ちになったらどうすれば？　そんな疑問をぶつけると、メアリーはいつも「あなたはどう思う？」と返した。おかげで私は、不安に思うあまり自信がなくなっているのだと気づけた。私は気持ちを切り替えて、疑問ではなく意見を言ってみた。「ベッカに話すのなら、ベンにも言うべきね」

「あの子はもう知ってる」。メアリーがそう答えた。その瞬間、怒りが湧いた。それが私にとってどれだけ重要な情報か、メアリーはわかっていたはずなのに。それなのに教えてくれなかったなんて。

「それで？」私は言った。

「そんなに前のことじゃないし、あなたに黙っているつもりはなかった。きっかけがつかめなくて。短いやりとりで、そのときはたいしたことには思えなかったから。でも、あなたにとってはたいしたことだったと気づくべきだった」

「それで、私に申し訳なく思っているのね」。メアリーが申し訳なく思うべきだということがはっきり伝わる口調で私は言った。

「正直なところ、そんなに申し訳なく思っているわけじゃない。でも、あなたが私にそう感じてほしいってことはよくわかるから、そうだね、やっぱり申し訳なかった」。それは誠意ある謝罪とはいえなかったが、ひとまず受け入れた。その先を知りたくてたまらなかったのだ。「あの子は何かを探して私たちの部屋に入ってきて、紙の束を見つけたの。あなたが執筆に取り組んでいたあの原稿を。そして、気になってそれを読んだ。それから私のところに来て言った。『ミッシーのエッセイを読んだよ。本当に悲しい出来事だったね』って」

私は法執行機関のレイプへの対応を取り上げた記事を読んで、考えをまとめている最中だったのだ。エッセイのなかで私が明確にしたかった論点には、事件の細かい説明が含まれていた――目隠し、ナイフ、電話のコード、二人の男。ベンは私には何も言わなかった。

その晩、就寝時間にベンの部屋に行った。「ベン、私のエッセイを読んだんだってね。そのことでちょっと話せる？」

「あんなことがあったなんて、本当に悲しいよ」。ベンは本に目を落とした。

「あなたがこういう形で知ることになったのは悪いと思う。そんなつもりじゃなかったのに。質問があればなんでも答えるから」

「いいよ。謝らなくていい。ママは何も悪いことをしてない。これ以上この話はしたくないんだ。この本を最後まで読んでしまいたいから」。そう言って、彼は読書に戻っていった。

「ベッカにはあなたから話してもらったほうがいいわ」。翌日、私はメアリーに言った。「そのほうがあの子も素直に反応できるだろうし、あとで三人で話せるから」。そのときベッカは着替え中で、私たちのうちどちらかがバスケットボールの練習に送って行くことになっていた。「わかった。手短かに話すよ。子どもたちが小さいときからのルールを覚えてる？　言葉を尽くして説明したら、相手がもっと聞ける準備ができているかを見守ろうって」「ベッカが車から降りたら電話して。それか、急いで家に戻ってちょうだい」

自宅からバスケットボールの練習会場である学校までは三キロぐらいあった。私は行ったり来たりして、冷蔵庫からチョコレートチップを取り出して食べ、本を開いたが、内容は頭に入ってこなかった。二十分後にガレージのドアが開く音がした。

「簡単に話したから」。居間のソファに座っている私の隣にメアリーは腰を下ろした。「こう言ったわ。『もうあなたも大きくなって理解できるはずだから、伝えたいことがあるの。あなたのママは大学を出て数年後に住居侵入の被害に遭って、そのときにレイプされた。とてもつらい体験だったけど、多くの人に助けられて気持ちを立て直すことができた。今回のワシントンDCへの旅は、レイプサバイバーへの対応をどうしたらいいか、政府に理解してもらうためのものなの。私は彼女のことを誇りに思ってる』」

「ベッカはなんて言った？」私の左肩が引きつり出した。

「ベッカは繊細な子だって、わかっているでしょう。それに、あなたのことが大好きなんだから」。メアリーはそう言った。「最初は黙っていたけど、突然大声で、『え、ミッシーはレイプされたの？　そんなのひどい』って言った」

「それだけ？」

「しばらくして、あなたがレズビアンになったのはレイプされたせいかって訊かれた」。メアリーは指をクエスチョンマークの形にして見せた。

私はクスクス笑った。「それはおもしろいわね。あなたがレズビアンになったきっかけを知りたくないのかって、ベッカに訊かなかったの？」

「いいえ。きっと私のほうがいかにもレズビアンだと思われているんでしょ。あの子を元気づけてあげて」。渡された車の鍵に光が当たってまぶしかった。

迎えに行くと、練習を終えたベッカが勢いよく車に入ってきた。「ミッシー、本当に悲しい出来事だったね」。ベッカはドアを閉めながらそう言った。「その男は捕まったの？」その言葉を聞いて胸がうずいたが、「男たち」だと訂正することはしなかった。

「いいえ、ベッカ。捕まってない。事件当時はそんなことまで気にする余裕はなかったの。気持ちを立て直すだけで精一杯だったから。でも、今では捕まっていたらいいのにと思ってる」。

私たちが乗った車はことごとく赤信号に引っかかっているようだった。

「犯人は〝ボストン絞殺魔〟じゃないかな。聞いているとそんな感じだし、ママはボストンに住んでいたんでしょ？」上着のチャックを開けながらベッカが言う。「きっとそうよ」

「いいえ、ハニー。ボストン絞殺魔は六〇年代に有罪判決を受けているから。その後、刑務所で亡くなったはずよ」

「ボストン絞殺魔のしわざだと思うんだけどなあ。違うとは断言できないでしょ？」ベッカはラジオをつけた。「ママはその事件がきっかけで同性愛者になったの？」

「いいえ、その前からよ。関係ないわ」。なぜか悲しい気持ちで私は言った。「レイプされたから同性愛者になるわけじゃないの」

「そういう可能性もあるでしょ」。ベッカが言った。そこで会話はおしまいになった――おそらく、家に着いたからだろう。おそらく、私たちどちらも、そのとき言えることを言い尽くしたからだろう。

何週間か経って、ベッカが私に疑問をぶつけた。「ママ、レイプされたのならどうして泳げないの？ おかしいよ」

メアリーは首を傾げている。それはどういうことかと、メアリーが質問しようと短く息を飲んだのがわかった。でも、ベッカの言いたいことが私には理解できた。

「ベッカ、レイプのような恐ろしい経験をしたのなら、もう何も怖くないはずだって言いたいの？ 例えば、水がたくさんあるところなんか怖くないはずだって」。そう言った瞬間、ベッカの小さな身体がベッドに寝ている私たちのあいだに割り込んできて私の身体に触れ、必死にしがみつき、クマにさらわれないようにしていたときの光景が浮かんだ。ジェットコースターに乗ろうだとか、一緒に水のなかで遊んでだとか、私ができそうにないことをお願いするときのベッカの茶色い大きな瞳が、こちらを見つめていた。

「うん、そのとおり。怖がらないで。私が教えてあげるから」。なんとかして〝遠慮しておくわ〟と言えないだろうか。考えただけでめまいがした――水にもぐって、息が吸えなくなって、無力な状態になって、レッスンが終わるのをひたすら待つだなんて。

「私が教えてあげるから」。私の手を取ってベッカがそう言った。

「わかった」。私はため息をついた。彼女に触られてびくっとした。「でも、お手やわらかにね。レイプされたからといって、なんでも平気になるわけじゃないんだから」

ベッカはにっこり笑って、数学の教科書をバサッと閉じた。「そんなの、やってみなきゃわかんないでしょ。私が教えるんだから、怖くないよ」

近所のフィットネスクラブには一年中入れるプールがあった。その翌日から三日間連続で、私とベッカはプールに通った。

「私がしているみたいに、浮かんだりもぐったりしてみて。一回ごとに少しずつ深くもぐれるように」。ベッカは私の手を取ると、私の胸の下、つまり彼女の首の下まで水が来るところへと連れていった。

「これぐらいで充分よ、ベッカ」。冷静なふりをして私は言った。「最初からやりすぎないようにしましょう。水に入れただけでも、うれしい。最初のレッスンとしては、もうこれで充分」

ベッカの青ざめた唇がきっと真一文字に結ばれた。「後ろ向きに考えるのはやめて。さあ、顔を水につけてみましょう」。熱心なレッスンが始まった。「それができたら、すぐに泳げるようになるから」。私たちは浮かんだり沈んだりを繰り返した。そのうち、あごの先が水面に触れるぐらい深い場所まで来た。ベッカはもぐるとき、顔を完全に水中に沈めていたので、私の顔がまったく濡れていないことに気づいていなかった。

「ほらね？　そんなに難しくないでしょう。鼻をつまめばもっと深いところまでもぐれるよ」

延々と水のなかにもぐる練習をしたあとで、ベッカは私を赤ちゃんのように抱っこして運んだ。私は最初、彼女の腕に抱きかかえられるのを楽しんでいたが、そのうちプールの深い場所に向かっていることに気づいた。

「やめて、ベッカ」。私は手足をばたつかせて、ベッカの腕から逃れ、頭が完全に沈む深さになる前に、プールの底に両足をつけようとした。「ここまでするには時間をかけなくちゃ」。ベッカが手を放したので自由になる。両足で立った瞬間、鼓動がおさまった。どうやら、その日のレッスンはそこでおしまいらしかった。

ベッカが考えたように、レイプされたからといって恐怖を感じなくなるわけではない。それどころか、たいていはその逆が正しいと思えるものなのだ。泳げるようになるという感動の物語を娘に届けるためなら、私はなんでもするだろう——一生懸命努力すれば恐怖は克服できると伝えるために。ところが、この複雑な物語のなかでは、それは間違った考え方なのだ。恐怖を克服できるとはかぎらない。克服できない恐怖だってある。せいぜい恐怖から目をそらさずに共存するだけで、それが権利もないのに振るってくる力に押しつぶされないようにするだけで、精一杯なのだ。

✣

司法省性暴力円卓会議（Department of Justice Sexual Assault Roundtable）は平日に開催予定だっ

たので、私は二日間の休暇を取った。これから二十四時間もしないうちに、はじめて会う十二人のレイプサバイバーと、窓のない会議室で輪になって座ることになる。私たちの背後には、政府職員と法執行機関の職員二十名近くが並ぶことになるだろう。私たちが着席するときには、司会者が「職員はこちらでみなさんの話を聴いています」と説明するだろう。そして、その日の予定がすべて終了すると、私たちは勇気ある存在で、とても素晴らしい会になったと言われるのだ。

私たちが集められたのは、長年忘れられていた法医学的証拠が今になって全米各地で検査されはじめ、そこから得られた情報が全米DNA型データベースに反映されたことを、被害者にどう告知するかという複雑な問題を検討するためだった。そのための法律が整備され、費用も助成されるようになったというのに、加害者を犯罪と結びつける高精度のツールが、レイプ事件では充分に活用されていないのが不思議だった。古いレイプキットの検査を進めて、情報をFBIのデータベースに反映させるよう、鑑識に圧力をかける以上の改革が必要だった。そんな状態になった原因を分析しなければならなかった。さもないと、今レイプ被害に遭った人が、二十年後、三十年後に放置されていた自分の事件について声を上げ、ほかの誰かが涙ながらに彼女たちの勇気に感謝することになりかねない。

円卓会議の共同スポンサーである全米犯罪被害者センター（NCVC）から、暴行や法執行機関とのやりとりについて書かれた参加者の体験談が、資料としてEメールで事前に送られてきた。Eメールが受信ボックスに届いた瞬間に、私はその添付資料をプリントアウトしてオフィスのドアを閉めた。体験談には衝撃的な暴力と恐怖が綴られていた。それを読むと目まいがし、情けない気持ちになった。私が経験したのと同じような暴力の被害者には、それまで会ったことがなかった。そう考えるたび、深い孤独感に襲われてきた。自分ですらよくわからないのだから、ましてや他人が、事件のせいでどんな気持ちになるかや、何を奪われたかを理解してくれることはないと思っていた。でも、今はこの人たちがいる。私たちは小さなグループなのだ。ふと、「私のようなものを会員として受け入れるクラブには入りたくありませんね」というコメディアンのグルーチョ・マルクスの言葉が浮かんだ。絨毯の上を裸足で歩いていたら、失くしたパズルのピースを見つけたような気分だった。

彼女たちに会うのが待ち遠しかった。

メアリーは、私を空港まで車で送り、どこかに停めて出発を見送ると言ってきかなかった。「きっと大丈夫」。いつものことだが、ターミナルでゆがんで内側に折れた私の襟を直しながら、彼女が言った。だらしない格好にならないように、カジュアルに見えるように、私は心がけていたが、気を抜くとまともな格好ができなくなることがあったのだ。

メアリーは長いあいだ私を抱きしめた。

「大丈夫。私にとってはまたとない機会なんだから」。目に恐怖が浮かんでいるのに気づかれませんように——そう願いながら、私は言った。

メアリーが腕時計に目を落とした。私たちはセキュリティチェックを待つ列の近くにいて、出発までまだ時間があった。「コーヒーぐらい飲まない?」メアリーが尋ねた。

「このままゲートに直行したほうがいいと思う」。私の機内持ち込み用の青いスーツケースには、ずっと前にベッカが学校の放課後プログラムでつくってくれた虹色(レインボー)の荷札(タグ)がついていた。荷札の片側には〝マミー・ミッシー〟、その裏には〝マミー・メアリー〟と書かれている。その日の朝、スーツケースを車に運ぶときに、私は自分の名前が表に来るようにしておいた。

「ベッカ、ありがとう」。ベッカがバス停まで走って行く前に、彼女の頬にキスをしながらそう言った。

「これがあるから、荷物はなくならない」

「その恥ずかしい荷札、いつまで使うつもり？　『私はレズビアンです』って、空港中に大声で宣言するようなものじゃない」。そう言いながら、ベッカは両腕で私をぎゅっと抱きしめた。「頑張ってきてね」。私の耳元でささやいた。

セキュリティチェックの列に並ぶほかの乗客の邪魔にならないように、私とメアリーは脇に寄った。「あっちに到着してから、夕食でほかの参加者と会う前に五時間ぐらいある。レストランの名前を書いた紙がちゃんと荷物に入っているといいけど」。そんなことを話しながら、私は列のほうへと歩いていった。「集合時間が来るまでDCをぶらついて、お土産でも探してみる」

私は最後にメアリーにキスを投げた。「それとも、髪の毛を切ってもらって、老けたヒッピーに見えないようにしてもらおうかな」。振り向くと、メアリーがこちらに手を振り、そのまま去って行った。

二日後には、ベンとベッカにはチョコレートを、メアリーにはスーツケースいっぱいに詰まった土産話を抱えて家に戻ることになる。そして、このときはそんなことになるとは思いもよらなかったのだが、私はある決意を胸に帰宅することになる。そう、自分の事件についてほとんど何もわかっていない状態にいよいよ納得がいかなくなり、そろそろ真相を究明する頃合いだと思うようになっているだろう。

✣

二月のワシントンDCはボストンよりも六度ほど気温が高く、その日はよく晴れた穏やかな天気だった。乗車したタクシーがワシントン記念塔や国会議事堂の前を通り過ぎ、懐かしい思い出がよみがえった。昔、ブランダイス大の学生でいっぱいになったバスに乗ってここまで来たことがある。みんなで教会の地下室に一泊して、翌日はレズビアンとゲイの権利を求める初の全国規模の行進に参加し、ナショナル・モールまで歩いた。声を上げる大勢の人たちに囲まれて、心強さと誇らしさを感じた。

私たちが望むものは？　同性愛者の権利！

いつ欲しいの？　今すぐに！

おそらくワシントンDC再訪をきっかけに、当時の身体記憶がよみがえったのだろう――私は怖いもの知らずで、揺るぎない自信があって、社会の悪を正せる力があると信じていた。時空を超えてその若い女性に会いに行き、フォーカスグループのほかの参加者と会うことを考えて落ち着かないあいだ、そばにいてもらえたらどれだけ心強いことだろう。

ダウンタウンにあるホテルまでタクシーで直行し、チェックインを済ませ、部屋にスーツケースを置いて外に出た。飛行機のなかで何度も読み返した体験談でしか知らない女性たちに自己紹介するまで、まだ何時間もあった。資料を読み進めて、自分の体験談のところまで来ると、他人が読んだらどのように受け取るだろうかと考えた。人はその話のどんな要素を私と結びつけるだろうか。


二人組の男に襲われた、ボストンから来た人。

ナイフを突きつけられて、縛り上げられた人。

レズビアン。


それとも、私のことなど気にもしていないかもしれない。

集合時間から数分遅れてレストランに到着すると、入ってすぐのところに案内されるのを待つ女性の一団がいた。私は自己紹介を済ませ、ほかに何も言わずに済みますようにと願った。それ以外に何を話したらいいのかさっぱりわからなかったのだ。

私たちは二つのグループに分かれるのが嫌だったので、十人がけのテーブルに十六人で座った。ブリーフケースのなかに入っている体験談と、ここにいる人たちの名前や都市を結びつけたらいけないと、私は自分をいましめた——例えば、被害に遭った場所が階段の吹き抜けだった人、バス停だった人、居間で眠っているあいだに襲われた人がいた。ほとんどの人は近況だけを話して、過去にはいっさい触れないようにしていた。とにかく今晩だけは、レイプの体験談で判断されるのは嫌だったから。ところが、名前と住んでいる都市を順番に言っていくことになって、その雰囲気が一変した。そこにいた女性のうち四人がダラスから来ていたのだ。

「偶然なの？　それとも知り合い？」と誰かが訊いた。

「ええ、今では知り合いよ。ダラスの刑事が昔のレイプキットの調査を始めて、私たちそれぞれにDNAの一致が見つかったと連絡してきたの。それ以来、友達づき合いをしてる」

ラヴィニアという名の女性が、「私はここに集まったなかではきっと最年長ね」と笑いながら言った。「年齢がということじゃなくて、私の事件は一九八五年に起こったから。解決されたなかではいちばん古い事件ってことよ」

それに対してキャロルが反論した。「いいえ、ラヴィニア。私の事件は一九八四年だったわ。忘れたの？　このあいだ話したじゃない」。ダラスから来た女性たちは、自分たちの体験や、事件が起こった時期や、DNAの一致が判明したという連絡を受けたときのことを話した。

それ以降の話は、私の耳にほとんど入ってこなかった。二人とも、私とほぼ同じ時期に襲われて、犯人が誰なのか知っている。どちらの場合も、DNA検査で判明したという。警察が私のレイプキットを見つけたら、私を襲った男たちの身元も判明するかもしれない。私はその場から抜け出して、家に電話をかけた。メアリーの声を聞きたかった。

「メアリー、レストランのトイレからかけてるの」。私は小声で言った。「今のところ順調よ」

「こっちもうまくやってる。チキンを焼き過ぎてパサパサになったけど。子どもたちはケチャップをかけてなんとか食べてた。でも私に毒を盛られるのが嫌だから、あなたがいつ帰ってくるのか知りたがってる。そっちはどう?」

「まだうまく説明できない。もっと話したいから、あとでホテルの部屋からかけるわ」。私は言った。「ベンとベッカにおやすみを言える?」

「ええ、待ってて。あの子たちに受話器を向けるから。一秒たったらどうぞ」。メアリーの大声が聴こえてきた。「ねえ、ママから電話よ。おやすみを言いたいんだって」

犬が吠え出して、その向こうからベンとベッカがそれぞれ大きな声で叫んだ。「こんばんは、ミッシー。早く帰ってきて。愛してる。楽しんでね。メアリーが夕食を焦がしちゃったの。明日はうまくいくといいね。数学のテストがすごくよかったよ。愛してる。おやすみ、ママ。大統領にはもう会った?」

二人にはそのままずっと話していてほしかった。私が築いてきた生活と家族の愛が、私を光で満たしてくれた。そのおかげで、この先何が起きても大丈夫だと思えた。

夕食の席に戻ると食事が届けられていた。私たちは重い共通点を持つ他人どうしだったが、本や趣味、子どものことなど、これまで築いてきた人生を肯定してくれる、レイプ以外の共通点を知りたかった。私たちはおしゃべりをしながら食事をして、デザートを注文した。最初に帰ることにしたのは私だった。「みなさんにお会いできてとてもうれしかったです。でも、もう寝ないと。今日までよく眠れなかったせいで疲れているんです」。そこにいた唯一の男性で、デビー・スミスの夫のロブ〔ロバート〕が、ホテルまで送りましょうと申し出た。

「送らせてください。夜のワシントンDCで女性に一人歩きはさせられません」

私は彼を見て、愛する女性が襲われた直後に顔を合わせるという体験は、どんなものだったのだろうかと想像した。「私たちは決して離れません」。自己紹介のときに彼はそう言っていた。彼の顔つきは、ERで私を見つけたときのリースの表情とそっくりだったので、好感を持てた。それで、その申し出を受け入れそうになったが断った。「食事を中断させては申し訳ないですから。タクシーで帰ると約束します」

すでに客を乗せたタクシーを何台か見送って、私はそのまま歩き続けた。ホテルは歩いて十分だったし、そこは街のなかでも明るくて人通りの多い地域だったので、怖がる理由はなかった。ロブが過保護になる気持ちも理解できたが、エスコートは不要だった。その日の夕方、席に案内されるのを待っているあいだ、私は炭酸水のグラスをバーカウンターに置いていた。彼はそれを手に取って、胸に大切に抱くようにして言った。「飲み物を置いたままにしてはいけませんね」。そのレストランで飲み物に何かを混ぜられて、誰かに連れて行かれるとは思えなかったが、彼の態度には憎めないものがあったので、言い返さずにただ「おっしゃるとおりです」と返した。あとになって、ロブはそのときのことを謝った。「ちょっと過保護になってしまってすみませんでした。退職したとはいえ、警官根性が抜けなくて」

「わかりますよ」。私がそう言うと、彼は笑った。

「ありがとう。そう言っていただけてうれしいです」

睡眠導入剤の助けを借りて一晩寝たあとで、私はタクシーで司法省ビルへと向かった。そこで分厚いガラスのドアと金属探知機に出迎えられた。私が危害なんて加えるわけないでしょう。ブリーフケースを調べる警備員を前に、私はそう思った。会議が始まる前に目についた最初のトイレに入って、メアリーにメッセージを送った。「ここにいると何かの罪で逮捕されそうな気がする」。個室のなかでそう打ち込んだ。すると、メアリーからの返信が次々と届いた。

〝忘れずに息を吸って〟

〝あなたがいないから、みんなさみしがってる〟

〝夕食には何をつくったらいいと言ってたっけ？〟

参加者が着席すると、司会者が自己紹介した。「本日みなさんにお集まりいただいたのは、サバイバーへの告知方法についてご意見をうかがいたいからです。私たちにとってはみなさんの体験について知る貴重な機会です。順番にお名前と、ご自分の体験を教えていただけますか？」

おそらく司会の女性は、事件の証拠が検査されていないという事実を知ったときの気持ちや、DNA検査の結果が判明したという連絡がどのような形で来たかについて、参加者に話してほしかったのだろう。ところが、最初の説明がわかりにくかったので、女性たちは資料に書いてある恐ろしい暴力被害の体験を語り出した。それが延々と続いた。休憩時間に私はデビーと一緒に外に出た。午前中ずっと隣どうしで座っていたのだ。私たちは半円に並べられた席の端に座っていたので、発言の順番がまだ来ていなかった。

「わけがわかりません」。私は言った。周囲の高層ビルのあいだを強風が吹き抜けていたので、私は聞こえるように、大声を張り上げなければならなかった。「襲われたときの体験を今さら話したって、向こうの知りたいことのヒントになるわけじゃないのに。暴行によって被る影響と、事件から二十五年後に被害者に事件が解決したと連絡することとは、まったく別の話でしょう」

デビーはほほえんだ。「そう考えていたのは私だけかと思った。私は普段、事前に準備できるとき以外は自分の事件のことは話さないようにしているの。つらすぎるから」

「こうしませんか。職場で方向性がはっきりしない会議に出ているときに、私がよく使う手があるんです。『私の体験談はみなさん資料で読んだはずなので、今日は私たちの体験がどう役立つのかはっきりさせたいと思います』というようなことを言ってみます」

「完璧ね。もし順番が先だったら、私もそう言ってみる」。デビーはそう言った。そのとき私は、彼女と出会ってまだ二十四時間も経っていないというのに、想像以上に彼女に親しみを覚えていた。

私の順番が来ると、予定どおり短い発言で済ませた。誰も反対しなかったし、自分の体験を語るべきだとも言われなかった。それからランチの時間になった。「食事が終わりましたら」――サンドウィッチが並べられたトレーを指さしながら司会者が言った。「本日私たちが最優先でおうかがいしたい、いくつかの質問から始めます。ご自分のレイプキットから得られた情報がCODISに反映され、DNAの一致が見つかったという連絡を、どのように受けたのかをお聞かせください」

会議に出席している女性のほとんどは、何年も経ってから証拠の検査がおこなわれて、加害者の身元が判明したという経験を持つ数少ない人たちなのだ。これからレイプキットの検査数が増えるにつれて、DNAの一致もそれだけ多く判明するようになると見越した主催者側は、連絡方法や連絡を受けたときのサバイバーの反応を知りたがっていた。

サバイバーがレイプされたことを周囲に公表していない場合はどうするのか。

DNA情報の「ヒット」が出て、犯人の余罪が判明したらどうするのか。その自治体は訴えられるだろうか。一般市民への説明はどうするのか。

被害者の女性たちに連絡を取って知らせるには、どのような方法があるのか。被害者の周囲の人がレイプについて知らなかったらどうするのか。連絡することで過去の傷が開いたりしないだろうか。

一筋縄ではいかない問題ばかり噴出したので、私たちが集められたのだ。ここにいる女性の多くが、レイプの証拠の検査がおこなわれず、捜査が早々に打ち切られる体験をした初期の「サバイバー」であり、想定される懸念に対して意見を持っていた。読んでいるうちに引き込まれる彼女たちの体験談は、レイプキットが検査され、DNAの一致が判明し、彼女たちがついにレイピストの顔と名前を知るところで終わっていた。一方、私は自分の事件について調査中だったため、曖昧なことしか言えなかった。なぜ自分が招待されたのか、一日のうちに何度も疑問に思った。

「未処理の」キットが検査されて未解決事件が「解決」する物語は、長いあいだ何もおこなわれなかった悲劇として、主人公が注目を集め、きまりの悪い思いを味わうことになる。筋書きはどれも似たりよったり。普通に暮らしていた罪のない女性が、突然暴力的な犯行の被害者となり、傷つけられ、虐待され、危うく死にかける。その後、トラウマの影響に苦しめられ、一般市民を守るのが仕事のはずの法執行機関からも無視されて何年も過ごしたのちに、ほこりを被った彼女のキットがようやく検査され、ＤＮＡの一致が判明する。それから裁判に進むのかもしれない。加害者が連続犯だったと判明するのかもしれない。被害者が被った影響について聞き取る会に出席するよう依頼されるのかもしれない。最後にはついに「正義」が果たされ、癒しの瞬間が訪れる。そのような女性たちが何人も、のちに国会で証言することになった。バイデン副大統領〔当時〕と並び、今後の状況改善と助成金の充実を宣言した。自分たちの物語を世界に向けて発信した。レイピストが裁判にかけられる場面でクライマックスを迎えるある女性の物語は、ＨＢＯ〔アメリカの有料ケーブルテレビ放送局〕の犯罪ドキュメンタリー番組で取り上げられ、また別の女性の物語は、女性向けチャンネルのライフタイムで放映された。

だが、とうの昔に忘れ去られた事件からＤＮＡの一致が判明する物語以外にも、語られなければならない別の物語がある。自治体が回収したと認めた未検査のレイプキットが何万個もあって、そのなかで事件の解決に至ったのはまだ一握りなのだ。つまり、自分の事件の証拠がどこにあるのかわからず、劣化したり、破壊されたり、廃棄された可能性がある私のような女性が、ほかにも大勢いるということだ。

自分の事件に対して、あるかどうかわからない正義がもたらされるのか、そもそも何らかの形で結末を迎えることができるのか、そのときの私はまだよくわかっていなかった。わかっていたのは、自分のレイプキットが紛失したという事実だけだった。でも、あきらめずに調べ続けたら、いつかキットが見つかるかもしれないという期待をまだ抱いていた。新しく出会った友人たちみたいになることができたら、私の怒りや世間から無視されているという気持ちも少しはやわらぐかもしれない。私の身に起こった出来事が深刻なことだと誰かが認めてくれ、何かしてくれたら、たとえそれが何十年か遅かったとしても、少しは心の傷が癒えるのかもしれない。目隠しの布がついに外され、私の人生を一変させた男たちの顔や名前はどんなものかと、どんな事情があって犯行に及んだのかと、思い悩むこともなくなる。それでも、私の考えはどこかおかしいのではないかという気持ちは、なくならないだろう。事件が決着し、心の平安を得た女性たちの姿を見て、私もそんなふうになれるかもしれないと思うだけでは、この悲劇的な状況の本質を完全にはとらえ切れないようだった。

周囲の女性たちの話に耳を傾けながら座っているうちに、暴力犯罪の被害者になったというトラウマは、何があっても消えないのだと思わずにはいられなかった。そこで語られた数々のレイプ事件は、それがずっと前に解決できたはずのものだという事実は、どうしても消えなかった。私たちの社会では、レイプはほかの重罪とは区別されているらしく、軽視されているという事実もなくならない。事件発生から数十年経って「解決」に至るのは素晴らしいことだと強調されるが、実のところ、それは悲劇的で許されざる大規模な無視が存在したという証拠にほかならない。私たちサバイバーは互いの手を取り合いながら、変化を起こそうとする活動にどんな意味があるのかを理解していった。自分たちの物語が本当に起こったことだと思えなかった。誰かに理解してもらえると心強かった。私にはこの新しい仲間が必要だった。私たちは互いを必要としていた。

二〇一八年、ワシントン・ポスト紙が、レイプの証拠が何十年も検査されていない問題を記事にした。「昨年まで、未検査の証拠に対する国からの指示やガイドラインは存在しなかった。どのキットを検査すべきかを決める法律は、ほとんどの州で整備されていなかったので、どの証拠を検査し、保管し、廃棄するかは、各警察署の判断に委ねられていたのだ。刑事個人がそのような判断を下すこともあった。被害女性のレイプキットの運命は、その女性がどの州在住なのかということだけでなく、どの地域に住んでいるのかや、助けを求めたときに誰が勤務中だったかにも左右された[18]」とジェシカ・コントレラが書いている。

ワシントンDCへの旅を終えてすぐに、私たちのグループは、今度はロサンゼルスに飛び、法執行機関や医療従事者のための全米統一基準をまとめるプロジェクトに協力し、被害者への告知にかんする意見を伝えた。そこでは豪華なホテルに泊まり、聞き取りがおこなわれた日には打楽器の即興演奏や美味しい食事、ダンスの時間、「気持ちを絵に描く」アクティビティが計画され、その会のテーマに私たちが耐えられるよう配慮されていた。それが終わると、私たちはメリーランドにある世界的に有名なDNA研究所(ラボ)に案内されて、全米規模の非営利団体と連携して効果的な支援をおこなうにはどうしたらいいかを学んだ。今や変化はそこまで迫っていて、問題は対処されていた。

仲間がテレビに出演するたびに、体験談が掲載されるたびに、レクチャーがおこなわれるたびに、問題に注目が集まり、私たちの「クラブ」はそれを祝った。仲間の女性たちは、私にとってかけがえのない存在になった。世間から注目される代わりに自分たちの悲劇を利用されかねない悪魔の契約みたいなものだと思いながらも、少しでもいいから将来のレイプ犯罪の対応改善につながってほしいと祈っていた。そういうことだと割り切っていた。ところが、この活動にかかわり続けるうちに将来不満を覚えるようになろうとは、「サバイバー」として話すためにはじめて招待され、ワシントンDCに向かっているときには思いもよらなかった。

活動にかかわりはじめてから一年後、私はあるイベントでミーガンという女性と出会った。彼女は、「未処理案件」と呼ばれることが増えた問題改善のために活動しても、大いに誤解を与えるだけで、その問題はもっと大きな問題の一部にすぎないと主張していた。そして、次に彼女の口から出た言葉――正確には疑問――を耳にして、私は息が止まりかけた。

「レイプが犯罪だと認識されているかどうか、それをしっかり考えなければ」。ホテルのロビーで座ってタクシーを待っているときに、彼女はそう言った。「つまり問題は、レイプが起こったときに、警察にどんな扱いを受けたかということでしょう。私たちの捜査は未処理案件になったんじゃない。そもそも捜査はまったくおこなわれなかったんだから」。彼女は私と向き合い、私の左肩越しに広いロビーを見ていた。「今になって、いろいろな機関が私たちの物語や時間を要求してくるけど、それでいったい何が変わるというの？」

私がワシントンDCでの円卓会議に参加したのは二〇一二年二月だったが、レイプの証拠が検査されないままになっている問題は今なお続いている。それに対する怒りも収まっていない。なぜそんな事態になったのか、なぜ問題は現在もなくならないのか、有効な解決策はあるのか。そんなことが、引き続き議論されている。ある州は、被害者が自分のレイプキットの情報を追跡し、どのような段階にあるのか確認できるようにするための法律を整備した。[19] またある州は、「すべてのレイプキットが検査されなければならない」とする法律を成立させた。[20] それでも、どのキットから得られた情報をＣＯＤＩＳに反映するかの判断には不透明な部分が残る。例えば、捜査官がレイプ被害の訴えを事実無根だとしたり、地方検事が裁判に持ち込むことを拒んだりすれば、証拠は活用されないだろう。レイプキット検査のための予算を増やし、性的暴行の通報をした被害者に捜査官が適切に対応するよう命じる州もある。

レイプ被害者に対応する人たちの態度が変わらずに、事件の解決率を上げるのが目的の「証拠不充分」だとか「特例として解決済み」という区分がそのままにされ、地方検事が訴追を断念し、被害者の行動が問題だったと言ってはばからない裁判官を野放しにしていたのでは、法律を変えてもなんの効果もないだろう。その上、そもそも最初から存在してはならない問題を改善するための「監視役（watchdog）」となる法律が、どうしてこれほどたくさん必要になるのだろう。法執行機関に確実に自分たちの仕事をさせて、捜査がおこなわれるようにするレイプ限定の特別な支援など、本来は不要なはずなのに。

きっと、ミーガンは正しかったのだ。私はそれまで十年働いてきて、職場では〝彼はこう言った、彼女はこう言った〟という説明はしないよう同僚に注意してきた。そのように説明すると、レイプのような深刻な事件に対して、女性が嘘をついていると受け取られかねないからだ。政治家が不用意な発言をした動画を繰り返し観ては、それを友人に送ったり、ソーシャルメディアに投稿したりした。レイプという特定の犯罪に誰も関心を抱かず、被害者に及ぼす影響についても理解されない証拠を集めるために、どれだけ長い時間パソコンの前に座り続けたかを考えると恥ずかしくなった。レイプが世間でぞんざいに扱われているという証拠を集めるうちに、何か別のものが見つかるかもしれないと、どこかで期待していたのかもしれない。レイプを通報するなんて大げさだとか、フラれた女性の腹いせだとか、まったくの嘘だとか、同意のあるセックス中の誤解だとかいう決めつけに反論している人がいるかもしれないと、期待していたのだ。でも、そんな人は見つからなかった。私が目にしたのは、レイプの大半は基本的には違法行為ではないだとか、レイプなんかよりも起こったことが誰の目にも明白で、被害が誇張されない犯罪捜査に警察は力を入れるべきだという考えを支持する人ばかりだった。

私も経験したように、ワシントンDCで会った女性の多くが、暴行された直後に事情聴取に当たった刑事から疑いの目を向けられた。刑事の質問からは、通報内容を疑っている態度が伝わった。

「私はバス停から引きずられて、車のトランクに押し込められました。何時間も経ってようやく逃げ出せました。母が警察に連れていってくれました。二人とも泣いていました。私はまだ十六歳でした」。仲間の女性の一人が涙ぐみながら語ってくれた。「警官が母の目の前でこう言ったんです。『大丈夫。ボーイフレンドのことをお母さんに知られたくなかっただけだろう？

でも、本当のことを話してもらわないと』って」

ほかにも何人かが同じようなエピソードを話してくれた。その場の空気が悲しみと怒りでいっぱいになった。

自分の事件の証拠からＤＮＡの一致が判明した女性たちは、報せを受けたときの気持ちを語ってくれた。「私は犯人がわかって本当にうれしかったんです。でも、これだけ時間がかかったことを考えると怒りが湧いてきます」。ある女性がそう言った。「今、検査を実行してＤＮＡ情報の一致を調べられるなら、どうして十年前、十五年前にそれができなかったんですか？　裁判に進むことだってできたのに。法廷で被害影響陳述（victim-impact statement）をおこなえば、ずっと抱え続けたつらい気持ちを少しでも吐き出すことができたのに」

レイプ犯がようやく判明したのは、人生を変える経験だったと女性たちは口をそろえて言ったが、彼女たちがたどってきた道のりは複雑で、入り組んだものだった――自分にとって、とてつもなく大きな意味を持つ報せを受け取ったものの、それが遅きに失したという事実は消せなかった。

私は自分の不満を吐き出した。「こんなことが正義と言えますか？　だって、ずっと昔に解決できたはずなのに、そうならなかったのだから。そういう自治体の職員は、サバイバーに連絡するだけでは不充分です。彼らは謝罪しなければならない」

背後に座っていた誰かが発言した。「被害者への告知の複雑さには、私たちもこれから取り組んでいきたいと思っています。まだ検討を始めたばかりですから。連絡を受けて人生がどのように変わったか、順にお話ししていただけませんか」

またしても、私は何も話せなかった。

円卓会議での経験は、その後何か月も私の心に残り続けた。会議に参加する前は、未解決になっている自分の事件に対して、おそるおそる調べることしかできていなかった。それが、参加後に何かが変わった。自分の事件がどうなったのかを追究する権利があるということがはっきりとしたのだ。そして、実際に行動を起こした女性たちの人生が変わったということも知った。十年前に成立したデビー・スミス法をきっかけに始まった、全米で未検査レイプキットの問題に取り組む活動の歴史を知った。それだけの労力が費やされても、いまだに捜査がおこなわれないレイプ事件が膨大な数にのぼるということも。

自分の事件について得られる情報はどんなものでも手に入れたかったし、私はそれを必要としていた。情報を手に入れることは自分を大切にすることであり、政治活動を起こす小さな一歩だった。これまでずっと沈黙し、恥だと感じていたことを考えると、法執行機関に説明を求めるだなんて、なんとも大胆な一歩のように思えた。二〇一二年九月下旬に、マサチューセッツ州鑑識部の不祥事（スキャンダル）がまたしても発覚した。ある化学者が、鑑識部に勤務していた九年間のうちに、有罪判決になった麻薬事件三万四千件以上で結果を偽造し、解雇されたという[21]。私は記事を読んで、「鑑識部の不祥事」が新聞の見出しから消えることはないと思った。ともに夕食を囲み、司法省でも一緒に座った新しい友人たちのことを思い浮かべた。私たちは泣きながらも、互いに温かくほほえんでいた。私の決意は固まった。この道を進んだ結果、どこにたどりついたとしても、私は傷つかない。そこで見つかるものを受け入れようと、ようやく思えるようになった。

行動を起こすのは、今だ。

十三章　面会

二〇一三年

ボストン性犯罪捜査班に私がはじめて出向いたのは、二〇一三年のことだった。その数週間前から、捜査班の主任刑事とEメールでやりとりしていた。最初のメールで事件の経緯を伝え、一九八四年の夏に、私の事件も含めて住居侵入事件が連続して発生していると報じたボストン・グローブ紙の「頻発するレイプ事件がオールストン・ブライトン地区に警鐘を鳴らしている[1]」という記事のリンクを送った。刑事はサム・トーマスという名前だった。被害者を思いやる姿勢で知られる評判の良い刑事だった。彼に好印象を持ってもらいたくて、そういう評判を聞いているとメールに書いたが、実際は半信半疑だった。その前年の夏、ボストン地域レイプ・クライシス・センター（ＢＡＲＣＣ）が資金集めのために開催したウォーキングイベントで、彼が表彰される様子を見ていたのだ。ソーンドラが、功績をたたえるバッジを授与していた。式典が終わると、その日の午後、彼は時間をかけてチャールズ川沿いを五キロ歩いた。私はメールの末尾に、州鑑識部の問題を知って以来、自分の事件にかんする情報を片っ端から集めていて、少し前にBARCC職員のジェニファーがそちらに問い合わせをしたはずだと書き添えた。

名前や事件当時の住所など、事件ファイルを探すのに必要な情報はすべて、リンクを送ったグローブ紙の記事に書かれていた。その後、刑事は情報を確認して、メールと電話の両方で私に謝罪した。事件の捜査に落ち度があったとすんなり認めた。彼と電話で話していると、私は感謝しているような、こびへつらうような声になった。仕事のときの自信と威厳に満ちた声とは別ものだった。やりとりしたメールをもとに、私が警察署に苦情を申し立てたり、補償を求めたりすることだってできるのに、彼はそういうことは気にしていないようだった。事件発生から数十年が経っているから、私の問い合わせは深刻な問題ではなく、考古学調査のようなものだと思われたのかもしれない。私は彼のメールをすべてフォルダに保存して、待った。数か月後にようやく彼と直接会う決心がついた。

「どんなことにも対応します」。彼はそう言った。「直接お会いするほうがいいでしょう。警官向けの研修の仕事が入っていなければ、スケジュールに融通がききます。レイプサバイバーへの対応を指導する仕事もしているものですから」。最後のひと言がいかにも自分をアピールしているようで、鼻についた。**私は仕事ができるんです。あなたみたいな人にどう対応すればいいのか、ほかの警官に教えるぐらいですからね**、と自慢しているみたいだ。相手に気を許す隙を与えたくないと思うぐらいに私は神経を張りつめていた。そういう態度が伝わったら、彼が気を悪くするのではないかと不安になった。

刑事は一貫して「サバイバー」という言葉を使った。さまざまな病気を克服した人を世間ではそう呼ぶらしい。会話のなかで何度も出てきたり、自分がそのように呼ばれたりすると私はいらついた。人はときに何かを乗り越えてサバイバーになるものだ。私は暴力犯罪の被害者であり、オリンピック選手のように努力がたたえられるような立派なことではない。私は死ななかった。それだけのこと。さっさと仕事を済ませてしまおう。

「妻の都合を確認してみますね、刑事さん。またご連絡します」

「わかりました。ところで、私のことはサムと呼んでください。奥さんにお会いできるのを楽しみにしていますよ。結局は誰かについてきてもらうことになるでしょうね。ほとんどの方がそうされます」。私たちが同性婚だと知っても彼が態度を変えなかったことを、私はそのまま受け流したが、とりあえずは「合格」だ。私のレイプキットの所在は確認できていないが、そのほかにわかっていることを教えてくれるとトーマス刑事は言った。「こちらにおいでになったときにくわしくお話しします」

何か情報をつかんでいると彼がほのめかしたので、私はその後、面会をキャンセルしようと思うたびに踏みとどまった。彼には伝えることがある。会いに行けばよろこんで教えてくれるだろう。本当に直接会ったほうがいいのかと電話で問い合わせると、「そのほうがいいと思いますよ」と言われた。さらに質問をするには、面会まで待たなければならなかった。

そのときの電話で、事件ファイルのほかに、事件の証拠として血のついたシーツと電気コードが保管されているのがわかったと伝えられた。「ええ、それは私の事件の証拠のようですね」。抑揚のない声で私は答えた。シーツについた血はマットレスにまでしみていた。血のしみは、ミディアムサイズのピザと同じくらいの大きさと形だった。事件の翌日、リースがほかのルームメイトと一緒に最後にアパートメントに足を踏み入れ、散乱したがらくたのなかから必要なものを回収した際に、そのマットレスをゴミ収集容器（ダンプスター）に放り込んだと聞いていた。

　私は被害者なのに、支援活動に加わるまで、なぜ人々がそこまで事件の解決にこだわるのか理解できなかった。殺人事件が解決したって、死んだ人は戻ってこないではないか。何も変わらない。事件が解決して何かが得られたとしても、失われたものとは比べものにならない。あるとき私は、テレビの犯罪番組（クライムショー）に興味を引かれた。その番組では、殺された被害者の遺族が、犯人が電気椅子に縛りつけられる様子を人生でいちばん幸せな日であるかのように見学席から眺めていた。その場面を見て汗ばんだ。それで悲しい記憶が消えるのだろうか。私にはまったく理解できなかった。息苦しくなり、電気椅子に座らされた哀れな犯人がどれだけおびえているだろうとしか考えられなくなった。私が求めていたのはそんな正義ではなかった。疑念を抱き、混乱しながらも、私は何か別のものを探し求めていた。

　愛、子育て、友情など、私が日々の生活で大切にしていたものは、暗闇のなかで暴力を受けたあの晩のダメージを完全には取り除いてくれなかった。あのとき何が起こったのかを解明する手助けをしてくれる人たちとあの晩を再訪し、ささやかな心の平穏を取り戻すために努力する決死の覚悟はできていた。レイピストたちには、犯した罪と、私から奪ったものに向き合ってほしかった。でも、彼らはどこかに消えてしまったようだから、警察に頼るしかなかった。きっとなんらかの情報が得られるだろう。それが済んだら、記憶をそっと休ませることができるだろう。

✣

私とメアリーは、私が刑事にすべき質問のリハーサルをした。「私のレイプキットはどうなったんですか？　州鑑識部にある未検査サンプルのなかに紛れ込んでいないと、なぜ断言できるんです？」州鑑識部のところに「スキャンダル続きの」とつけると、そこで会話が終わる危険性があるからやめたほうがいいと、メアリーにアドバイスされた。私は質問を紙に書き出して、声が小さくなったときに備えて「クレッシェンド」や「フォルティシモ」などの指示を書き入れた。

メアリーが刑事の役だった。「なぜ今さらこだわるんです？」手ぶりを交えながら、彼女が質問した。「時効が成立しているんですよ？　CODISシステム（複合DNA型インデックスシステム）の完全運用が始まったのは、あなたの事件から何年も経ってからでした」

私はそこでいったん、メアリーに刑事の役をやめてもらった。「ねえ、あの刑事が言いそうなことを言ったんだよね？　本当にそんなふうに思ったりしてない？　こんなことをしても無駄なのに、私に調子を合わせているだけじゃないよね？」

「ハニー、もちろん違う」。そう言って、メアリーは手のひらを私の胸に当てた。「私はあなたを百万パーセント支持してる。でも、つらい思いをすることも考えておかないと。ちょっと休憩しようか」。ボストン性犯罪捜査班での面会予定は翌日に迫っていた。仕事を休むようにとメアリーに言われていたが、私は拒否した。

「夕方五時の約束にしたのは理由があるんだから。今、仕事が忙しいのよ」。私がノートパソコンを開けて、仕事のEメールに返信しはじめても、メアリーは何も言わなかった。明日はたいした仕事はないと、彼女はお見通しだった。

トラウマのせいで、私は世界の美しさを感じられなくなっていた。生き生きとした世界をまた感じられるようになりたかった。オーブンでパンが焼けるにおいを堪能したかった。パン焼き用の型に入れる前にこねる生地のやわらかさを、べとべと手につく感触を、楽しみたかった。顔のまわりで飛んでいるハエに気づいて、誤って生地に入ったらレーズンと見分けがつかなくなるかもしれないと、心配したかった。

でも現実は、週末は何をしていたのかと訊かれると、ただ「パンを焼いた」という言葉しか出てこなかった。

ワシントンDCに行ってからというもの、私は「レイプ仲間たち」と連絡を取り合っていた――彼女たちをそう呼ぶと、メアリーは悲しそうな顔をした。そうやって私は、自分を取り戻しつつあった。以前よりもぼんやりすることが少なくなったし、会話の途中で話の内容が半分もわからなくなることも減った。ある日、手に持っていたオレンジのつんとする香りがわかった。皮を剝くと、指の先が白くなることにも気づいた。ギリギリ死んでいない状態ではなく、ちゃんと生きているのだと、無数のなんでもない瞬間に気づいてはよろこびを感じられた。それがうれしかった。頭で考えるだけで何も行動に移さなかったら、あっという間にもう二十五年くらい過ぎてしまいそうだった。刑事と面会すれば、自分の事件についてもっと知ることができるだろうし、うまく行けば私のレイプキットが見つかって、事件が解決するかもしれない。一方で、何も起こらない可能性だってある。いずれにせよ、私は前に進んで、手を尽くして情報を集める。あとはなるようになるだろう。

希望のあとに失望が続くこともざらだ。それでも私たちは希望を持ち続ける。希望が宿る場所には、可能性、約束、成功、勝利の味わいも同時に存在する。

もしかしたら、最後には夢が叶うかもしれない。あの仕事に就けるかもしれない。彼女も私のことが好きなのかも。志望大学の合格通知がもうすぐ届くはず。

そうやって希望が宿る場所にいるかぎり、いつだって奇跡が起きる可能性がある。だからこそ、私たちはどれだけでも待てるのだ。前向きな結果が出る見込みは薄かったが、私はボストン警察の手を借りることで、その場所から出て、決着をつけることにした。

✣

面会前日の晩、私は一睡もできなかった。メアリーがびっくりするぐらい熱いお風呂を入れて、心が落ち着くようにお茶を淹れてくれたのに、効果はまったくなかった。翌日のことや、ずっと夢見つつも避けてきた面会の約束のことを考えると、胃がひっくり返りそうだった。コモンウェルス・アベニューまで来ると、メアリーはすぐに車を停められる場所を見つけた。彼女はそのやり方を「念（intention）」と呼んでいた――この先に空いているスペースがあると念じると、それが現実になるのだ。その日はそれでうまく行った。メアリーの楽観主義はとても頼りになる。いつもなんらかの形でそこにあって、私が必要なときにさっと登場して助けてくれる。メアリーは車のカップホルダーに二十五セント硬貨を四枚用意していた。それだけあれば一時間は停めておける。

「これで充分かな？」縦列駐車をしようとした車に追突されて傾いたとおぼしきメーターの、グレーの投入口に硬貨を入れながら、メアリーが言った。

「ええ、そうじゃないと困る」。メーターから硬貨を取り出して、時間を巻き戻せたらいいのにと思いながら、私は答えた。

「小銭はこれだけしか持ってないのよ。まあ、駐車違反の切符を切られても、世界最悪の出来事ってわけでもないしね」。メアリーは私の手を取り、刑事に指示された番地を探しながら歩き出した。

「全然わからないじゃない」と私は言った。「警察は自分たちの居所を知られたくないのかしら」。そこに立ち並んでいる建物は、私にはどれも同じように見えた。数階建てで、さまざまな濃さの薄汚い赤茶けた煉瓦の建物ばかり。たいてい一階には店舗が入っていて、上階はアパートメントになっていた。「ここにはどんな人たちが住んでいるんだろうね」。私は目前に迫った面会のことを考えて頭がいっぱいになっているのに、メアリーは首を伸ばして上を見上げていた。

コモンウェルス・アベニューは、ボストンの街中を何キロにもわたって貫く道だ。私たちが足を踏み入れた地区は、ボストン大学から数ブロック西にあり、私が以前住んでいた地区と隣接していた。私は二十五年前の記憶を探って、見覚えのある場所がないか探した。街角の商店やお気に入りだったカフェに気づくかもしれない。昔住んでいたアパートメントから、友人のローラが飛び出してきて、スープと前菜が両方ともつく中華料理のランチスペシャルを食べに行かないかと今にも誘われそうだった。

「メアリー、そろそろ見つけないと約束の時間に遅れちゃう。自力で探すのはあきらめて、誰かに聞いてみようよ。刑事の電話番号は職場に置いてきちゃったみたい。連絡先にも登録してないし」。私は携帯電話を見つめながらゆっくり歩いていた。「グーグルで調べてみようか」

メアリーは私の手をぎゅっと握ってそのまま歩き続けた。「もうちょっと待って。ここまで来たんだから」。彼女は立ち止まると、私のあごをつまみ、顔を上げさせた。「ねえ、上を向いてよ。携帯を見ながら歩いてたら危ないでしょ。転んでやっかいごとを増やすのはやめてよね」

目的の建物はそれからすぐに見つかった——携帯で調べようと私がポケットに手を伸ばしたちょうどそのとき、建物の番地が目に入ったのだ。私たちはトーマス刑事と主任科学捜査官に面会することになっていた。実際に会ってみると、トーマス刑事は愛想がよく、深みのある大きな声で、「ようこそいらっしゃいました」と、久しぶりに会う親戚を休日の食事に迎えるような挨拶をした。ぎゅっと力を込めて私と握手した。私はハグされるかもしれないと思い、抵抗するために脚に力を入れた。一方、科学捜査官のジョンは、首を四十五度に曲げてうつむいていた。まるで、就寝時間にけんかしていた幼児が、立ったまま眠ってしまったような感じだ。ついに私の事件に「決着をつける」ときが来た。事件発生から過ぎた年月が、すでに当時の私の年齢を追い抜いていた。

私たちは、施錠されたドアを開けた先にある長い廊下を歩きながら話した。私の頭のなかでは情報が渦巻いていた。トーマス刑事は背が高くて、一・八メートル近くあった。頭は白髪交じりで、額が広かった。優しくて実直そうな顔をしていると思った。「お二人にお会いできて、とてもうれしいです。これまで大変な経験をされてきましたね」。刑事はそう言うと、施錠されたドアをカードキーで開け、先に入るよう手招きした。丸いテーブル以外、平らになっている場所はすべて書類の山で埋めつくされた、手狭な会議室だ。ゴミ箱にピザのパッケージが捨てられているのがちらっと見えたので、ランチルームなのかもしれないと思った。刑事は丸いテーブルを指さして、「どうぞおかけください」と言った。

前日の晩と、ここに来るまでにメアリーといろいろな作戦を練った。助けが必要になったら、テーブルの下で彼女の脚をつまむか、叩くように言われた。

「言いたいことがあったら遠慮しないでね。私の指示に従わなくていいから」。メアリーにはそう伝えておいた。ここ数年は、彼女も私と一緒に精神的に苦しんできたし、この面会の準備も熱心にしてくれた。私は言った。「以前トーマス刑事と電話したときの感じだと、相手が何も言わないと彼はよくしゃべるタイプみたい。私たちの発言は控えめにして、彼にしゃべらせて情報を引き出すようにしましょう」

メアリーはうなずいた。「わかった。いい作戦だね」

✢

私の事件ファイルは刑事の目の前に置かれていた。手札を守るポーカープレイヤーのように、彼は両手を広げてファイルの上に置いていた。見るからに薄っぺらいファイル。古ぼけたマニラフォルダの表紙に、私の名前が記されている。端からは、一九八四年のグローブ紙のアーカイブ記事がはみ出していた。私が送ったリンクからプリントアウトしたのだろう。私たちはトーマス刑事とジョンと向き合って座った。私はメアリーを見つめ、メアリーは彼らを見つめ、彼らは私を見つめていた。私たちはコーヒーは断った。それからしばらく世間話をした。

こちらはすぐにわかりましたか？

お子さんはおいくつですか？

「そんな近くに駐車できただなんて、信じられませんね。来客用駐車スペースが建物の前にあるとお伝えし忘れていました」。手で額を叩きながら、サムがそう言った。

その後、彼は性犯罪捜査班の歴史を説明した。「あなたの事件があった時期が気になって、ベテラン刑事に聞いて回ったんです。今、私たちが座っているこの捜査班は、あなたが住居侵入の被害に遭った一週間後に発足しています――この場所ではありませんでしたが、捜査班自体は一九八四年の六月末か七月はじめにできました」

「そうだったんですか」。それを聞いて動揺した私はメアリーを見た。彼女は普段と変わらない表情をしていた。**このまま彼にしゃべらせよう**。そう思った。

「近隣の管轄同士の連携を目指して、捜査班がつくられたのです。それ以前は、別々の警察署の刑事が管轄内で発生した事件を担当して、近くで事件が頻発していても、互いに連絡を取り合うことはありませんでした。あの年の夏に発生した、あなたやほかの人たちが被害に遭った事件は、どうも関連があったようです。中央司令部のもとで捜査がおこなわれていたら、共通の手口が浮かび上がったかもしれません」。彼はそこで深く息を吸い、その先を続けようとしたが、私はすぐに質問したいことがあった。

「その夏に起こった事件のなかで、解決されたものはありますか？　もしあるのなら、その事件の加害者が私のアパートメントに押し入った犯人と関係があるかどうか、わかるんじゃありませんか」

それについては調べてまた連絡すると、サムは約束した。

メアリー、サム、ジョン、私が座っていたその場所は、私が被害に遭ったレイプ犯罪を解決しやすくするために設置された捜査班の司令部だった。共通点の多い事件があれば、連携して慎重に捜査することになっていたという。街の治安向上とレイプ被害者の対応改善に、ボストン市は取り組んでいたのだ。

まさに私のためにつくられた捜査班ではないか。それなのに、私はそのときまで捜査班のことは何も知らなかったし、どうやら来るのが三十年遅かったようだ。それでも、私たちはそこに座っていた。ボストン性犯罪捜査班は問題に取り組み、レイプ被害者への対応を改善するために発足した組織だった。市に対応するよう迫ったのは私たちだ。住居侵入事件が相次ぐなか、助けを求めたのは私たちなのだ。性犯罪捜査班が設置されて、確かに市民は安心しただろう。だが、捜査班はきちんと仕事をしていたのだろうか？　私にはわからなかった。

被害者としてその場に座っていると、頭のなかをさまざまな考えが駆け巡った。私は答えが知りたかったし、助けてほしかった。そして今度こそ、担当者が私の期待に応えてくれますようにと願っていた。事件発生当時にちゃんとした対応を受けられなかったせいで、私は三十年後にそこに座る羽目になったのだから。当時、市内でレイプ犯罪が頻発していると広く知られるようになって、その問題に対応するために性犯罪捜査班が設置された。捜査班の名前を聞いて思い出したのは、レイプサバイバーに対する大学のポリシーや処遇に不満を抱く学生たちと話し合うために勤務先の大学が設置した「性的暴行タスクフォース（Sexual Assault Task Force）」だった。私はトーマス刑事を見つめながら、この二つの組織の共通点はなんだろうと頭のなかで考えた。この面会がどこに行きつくのか、さっぱりわからなかった。

私が襲われた一週間後にボストンで発足した捜査班の名前が、私の勤務先大学の性的暴行タスクフォースと似ていると感じたことに、何か重要な意味があるように思えた。どちらも、被害者が抱えた重大な問題が、特別な委員会や捜査班でなければ対応できない深刻な「緊急の問題（urgent concern）」とされている。性的暴行タスクフォースでは、大学のポリシーや決定が長年にわたり学生に心理的負担を与えてきたとして、学生たちが怒りの声を上げていた。変化を求める学生たちの綿密な調査と戦略的活動や、新しい段階に進むのに欠かせないリーダーシップに助けられて、私たち大学職員は改革を進めてきた。学生たちの活動を目の当たりにして、私は職員として改革を進めなければという気持ちを新たにした。そして、トーマス刑事と向き合って座りながら、学生たちの不満と怒りに深い共感を覚えた。学生主導でないと問題が改善できない状況はおかしいのではないか。

学生たちは大学に支援、対応、正義を求めていた。それなのに、学生を守る適切な制度が用意されていなかったり、裁定を下す手続きが信頼できなかったり、既存のポリシーが複雑すぎて問題解決に時間がかかる役に立たないものだったりしたら、どうなるだろう？　見捨てられ、無視され、裏切られたと感じた学生は、思い入れのある大学をあとにするしかない。

学生たちがショックを受け、怒るのも当然だった。

そして、私はそこにいた。何年もかかって、ようやくボストン性犯罪捜査班のサム・トーマス刑事と話ができるところまでこぎつけて、自分の過去にそっと触れようとしていた。学生向けの仕事をしていても感じることだが、なぜ被害者が声を上げないと改革は進まないのだろう？

無念そうにしている刑事の悲し気な瞳をのぞき込みながら、私はテーブルの下で脚を落ち着きなく動かしていた。

「どこからお伝えすればいいのか、私にもよくわからないのです」。私をじっと見据えてトーマス刑事が口を開いた。「ジョン、ボストン警察でDNAの証拠がどのように取り扱われるか、説明をしてくれないか。自分のレイプキットが州鑑識部の未検査サンプルに紛れ込んでいるのではないかと、ミシェルは心配しているんだ」

「心配している」と他人に言われて、不愉快だった。私の問題がたいしたことではなく、心配でたまらないだけだから不安さえとりのぞければいいと言われているみたいだ。私は心配なんかしていなかった。怒っていたし、混乱していたのだ。私がここに座る原因となった出来事が、そもそも起こらなければよかったのにと、そういうことばかり考えていたのだ。

　ジョンは顔を上げて、八〇年代のDNAテクノロジーについてすらすらと説明し出した。

「当時はジョンソン検査（Johnson test）と呼ばれていました。その検査をすればなんらかの情報は得られますが、検査をおこなうとDNAが破壊されて、それ以上は調べられなくなります。そのため、その後DNAテクノロジーが向上しても、証拠の再検査はできませんでした。さらに、全米DNA型データベースの登場以前だったので、検査結果が一致する容疑者がいなければたいして役には立ちませんでした」

　そのとき、サムがジョンソン検査の名前をからかう発言をしたので、メアリーが口を挟んだ。

「冗談抜きでお願いします」。その有無を言わさぬひと言で、話を先に進めるよう伝えるには充分だった。

「つまり、ボストン市内には未処理のままになっている証拠は存在しません」。ジョンが説明を続けた。「州鑑識部の問題が発覚したときは残念に思いましたが、うちとは事情が違いますから」

「九〇年代後半に全米DNA型データベースの本格運用が始まったときに、時効が成立しているものも含めて、手元にある検査可能な証拠はすべて検査しました。あなたのサンプルはそのなかにはありませんでした。証拠として登録された形跡がないのです。所在不明になっています」

「私の証拠があるとしたらどこですか？」私は尋ねた。「電気コードとシーツが見つかったと以前言っていましたよね。レイプキットだけ誤って州鑑識部に送られたんじゃないですか？」

私はテーブルの下でメアリーの手をぎゅっと握り、彼女の膝に自分の膝をぴたりとつけて、身体が浮き上がってしまわないようにした。私はそこで、それまでに私が出会った女性たちの話を手短にした。彼女たちの証拠は検査され、犯人が判明したのだ。「犯人がわかって、どれだけ人生が変わるかを私はこの目で見てきたんです。だから……」。私の声は尻すぼみになった。

「正確かどうかはわかりませんが、もしかしたらこうだったかもしれないという私たちの考えを、お伝えしてもよろしいでしょうか？」トーマス刑事が口を開いた。「ただし、今でもそういうやり方をしていると誤解してほしくありませんが」。私はそんな物言いを今すぐにでもやめさせたい衝動にかられた。それまで一年半のあいだに、フォーカスグループや被害者会議に出席し、「状況」がずっと変わらず、未検査のままのレイプの証拠がぞんざいに扱われている実情を知っていた。ほかよりまともな対応をする警察署もあるだろうが、自慢することではない。ボストンの場合は、マサチューセッツ州鑑識部がスキャンダルだらけなのだから、なおさらだ。きっとトーマス刑事やジョンは誠実に仕事に当たってきたのだろう。捜査官や警察署や鑑識部によっては、ほかと比べてちゃんと仕事をしているのだろう。だからといって、するべき仕事をしていると言われても、それがなんなのだという気持ちになった。今では状況が改善しているだなんて、よく言えたものだ。被害者がいまだにひどい対応を受けている話をさんざん聞いていたから、そんな言葉は到底信じられなかった。

トーマス刑事は私のファイルを開き、唇をすぼめてそれを読み上げはじめた。「調べたかぎりでは、あなたは六月末にレイプされ、その数日後に性犯罪捜査班が発足しています。最近では、住居侵入事件を担当する刑事は性犯罪捜査班に事件を回すことになっています。ですが、あなたの事件はそうなりませんでした」。刑事はコーヒーに口をつけ、首を振った。「なぜそうなったのか正確なところはわかりませんが、推測はできます……」。彼はファイルを閉じると、テーブルの上の、私が手を伸ばせば触れそうな場所に置いた。「事件を担当した刑事はすでに退職しています。でも、彼と一緒に働いていた職員がまだ残っています。どうやら彼は古いタイプの刑事だったようです。つまり、上層部に仕事を取り上げられるのを嫌がり、新しくできた捜査班に事件を渡さなかったのだと考えられます」。彼はそこで言葉を切って、その先の結論を私が導き出せるように配慮した。「あなたのレイプキットは証拠として登録されませんでした。ファイルの最後にはただ、〝証拠はロッカーに保管〟とだけあります。あらゆる場所を探しましたが、ここにないことは確かです。署を代表してお詫び申し上げます」
トーマス刑事の首と顔は真っ赤になっていた。「はじめてメールで連絡をいただいたときから、私はよく眠れませんでした。酷な知らせですし、怒って当然です。無理もありません」
私は、そうなって当然だと言われた気持ちや、それに対する彼の思い込みについて考えた。どうやら私は、怒って当然だと思われているらしい。そうなるのも普通で、理解できると。でもそのとき、そんな感情はまったく湧いてこなかった。おそらく、感覚が麻痺していら立っていたのだと思う。言われたことを理解するのに時間が必要だった。

サムの推測を聞いて驚いたが、確かにありえないことではない。「古いタイプの刑事」が面子（メンツ）を傷つけられるのを嫌がって証拠を活用せず、重罪である暴力事件の捜査を進めなかったのではないか。法執行機関の職員は、そう冷静に推測した。人生を一変させたトラウマへの理解を深めるためには、当時の担当刑事が解明したことに頼るしかなかった。でも、どうやら彼は捜査らしい捜査を何もしなかったらしい。

何かわかったらこちらから連絡すると言いませんでしたかね？

何もわかるはずはなかったのだ。

口を閉じていられない女みたいだ。

何も言葉が出てこなかった。質問も。私はただぼうぜんと黙り込むしかなかった。

十四章　結末

「どうぞ」。トーマス刑事はそう言って、私がその簡素なつくりのファイルに直接触れられるようにこちらに寄越した。まるで聖餐（せいさん）――それは私の血や肉である――を捧げるような、うやうやしい態度だ。

おずおずと差し出した手にファイルが触れたとき、私は大やけどを負うのではないかと身構えた。薄っぺらい、古くてくたびれたファイル。光の差さない湿った地下室のにおいがした。自分の名前が記されたファイルを私は手に取った。

「普通はこういうことはしません。事件ファイルは署の所有物で、被害者のものではありませんからね、念のため。でも、あなたはこれを読むべきだと思ったものですから」。刑事は穏やかな声で説明した。私がファイルを拾い上げてそのまま部屋から出て行っても、彼はきっと止めなかっただろう。

「コピーは許可できませんが、短時間で目を通してもらって結構です。私が読み上げるのもどうかと思いますので」。彼はため息をついた。両頬が擦りむいた膝のように真っ赤になっている。「写真撮影はご遠慮ください」

私はファイルを手渡されると、そのままメアリーに回した。メアリーは頭にのせていた老眼鏡を下げてそれを読んだ。

「たいしたことは書いてありませんね」。メアリーが言った。「深刻な事件なのに、これが普通なんですか？」彼女の単刀直入な質問を、今ほどありがたいと思ったことはなかった。私たちの性格の違いにはいつも驚かされてばかりだ。

「つまり、悲惨な事件のファイルがこういう感じなのは、普通のことなのかということです」。彼女はもう一度尋ねた。「驚きました。捜査された形跡なんて、ないじゃないですか」

サムは唇をきゅっと結んで、うつむいた。「いいえ、これは普通のことではありません。私からは申し訳ありませんでしたとしか言えません。こういう状況である以上、ほかに何ができるのか、私にもわからないのです。お伝えしたように、担当刑事はすでに退職しています。一人の刑事が年間に対応する事件の数を考えると、彼に話を聞いたところでどれほどの収穫があるかわかりません。正直なところ、事件を覚えているかどうかも怪しいでしょう」

「忘れるなんていう贅沢は私には許されないのに」。私がメアリーにそうささやくと、彼女はファイルを見つめながら、テーブルの下で自らの脚を私の脚にぴたりとくっつけた。

証拠はロッカーに保管――句読点のまったくないそれだけの言葉が、経年変化で黄ばみ、茶色く薄汚れたマニラフォルダに挟まれた、たった一枚の用紙の最終行に青いボールペンで書かれていた。少なくとも、私にはそれが最終行だと思えた。もしかしたら、結論づけるような言葉が続いていたのかもしれない。そうだとしたら、事件にかんする所見が書かれていただろう。私はそのファイルをまともに見ることができなかった。メアリーから戻ってきたときに、ハーマン・メルヴィルの大作『白鯨（はくげい）』を一晩で読めと指示されたかのように素早く目を通した。ファイルを読むだなんて、できっこない。それでも、できるだけのことはしよう。

「なんじを打ち負かしてやる」。エイハブ船長〔『白鯨』の主要人物の一人〕が、無益な追及をしている私に向かって有名なセリフを叫んでいた。打ち負かす相手は、もちろん私。私は彼と一緒に叫んでもいた。浜に打ち上げられ、とどめを刺される白鯨の気分だった。

✣

私は自分の身体から抜け出して、それ以上の情報をシャットダウンした。これは昔から続くトラウマの副産物で、圧倒的な感情に襲われると今でもそうなる。確かにある場所にいるのに、そこにいないという状況を、ヴァージニア・ウルフの小説『波』の一節がよく表している。「私は地面から浮いている。まっすぐに立っていないから、何かがぶつかってきて傷つけられることもないの[1]」。まず、トーマス刑事が口を動かしている様子が見えたが、言葉は聞こえなかった。それからゆっくりと、何をしゃべっているのか聞き取れるようになった。彼は話し続けている。「できることがあるとすれば、血のついたシーツの検査ですね。検査をおこなっても手掛かりを得られる可能性は低いとジョンは考えていますが、前向きに試してみるそうです。

検査をするかどうか、おふたりで検討されてはいかがでしょうか」

私は微動だにしなかった。ひと言もしゃべらなかった。これ以上長居しても、血液だとか精液だとか、体液は劣化しやすいという話題にしかならないだろう。もう終わりにしたかった。そこから出ていきたくてたまらなかった。まばたきをしたら、何もかも片がついて、気づいたら家にいたということになればいいのにと思った。

その気持ちがメアリーにも伝わったのだろう。「今日のところはこれで充分です。これ以上は受け止めきれません」。彼女は私の肘に触れると、そのままぎゅっとつかんで部屋の外へと連れ出した。

✢

それからの数日間、私は子どもたちに親として声をかけるとき以外はほとんどしゃべらなかった。

「夕食の用意ができたよ」

「あなたがシャワーを浴びる前にバスルームを使っていい?」

「学校はどうだった?」

それ以外は沈黙を貫いた。

ときに沈黙でしか耐えられないことがあるというのは、真実だ。

「本当はどんなことが書いてあったの？」私は車に乗り込むとすぐにメアリーに尋ねた。私がこれまでずっと機会を奪われ続けてきた面会の場に、彼女は同席してくれたのだから。

「今日の話をしっかり理解してから、次に打つ手を考えましょう。今、私は感情的になってるし、動揺してる。あなたがどんな気持ちなのか想像もつかないよ」。私だって自分の気持ちはさっぱりわからなかったし、想像するしかなかった。身体にその手掛かりがないか、脳が探っている状態だった。

✣

帰宅して、子どもたちが寝入ると、ファイルには唯一会話の記録があったとメアリーが教えてくれた。スティーヴのアパートメントで、担当刑事と相棒が私とエミーに事情聴取をおこなった際のやりとりが、半ページ以下で短くまとめられていたそうだ。

それを聞くと、私の頭はファイルに書かれなかったことでいっぱいになった。そこには、ボストン性犯罪捜査班と連携して捜査をおこなったとは書いていなかった。部屋から採取された指紋が証拠として登録されたとは書いていなかった――その夏に起こった、奇妙なほどに似ている、関係性が疑われる事件現場の指紋との一致を照合するためにそれが登録されたとは、書いていなかった。数週間後、数か月後、数年後、十年後に、私に連絡をしたとは書いてなかった。面会時に言われたように、のちにＤＮＡテクノロジーが向上し、科学捜査官のジョンがレイプキットの検査に忙殺されていたときも、私に連絡をしたとは書いてなかった。私のことを心配して、たとえ何も進展がなくても、どうしているか様子を尋ね、捜査の現状を親切に伝える電話をかけたとは書いてなかった。

私が経験したことは、一人の刑事の過去の不手際にとどまらない。レイプが通報されても捜査がおこなわれないという状況は、現在も続いているのだから。「捜査されないレイプ事件(uninvestigated rape cases)」という言葉をインターネットで検索すれば、その状況を伝える記事が山ほど見つかる。例えば、「警察に捜査をおこなわせるために訴訟を余儀なくされるレイプ被害者たち」という二〇一九年のニューヨーク・タイムズ紙の記事では、警察署を訴える女性が増えていると報じられている。[2] そして、国内七都市の事例が紹介されている。オースティン在住のある原告は、「レイピストがアパートメントに押し入ったのに、警察は犯行現場の指紋採取をおこなわなかった」と訴えていた。ある大学生の場合は、「助けを求める声が録音されていたにもかかわらず、面識のなかった加害者が、同意のもとのセックスだったと主張したことを受けて不起訴になった」。また別の女性は、「無理矢理モーテルに連れ込まれて三人の男にレイプされた。そのうちの一人は性的暴行キット検査でＤＮＡが確認されたのに逮捕されなかった」。イリノイ州で係争中のある事件では、警察署長が宣誓証言で、「管轄地区内で寄せられる性的暴行の通報の半分は虚偽だと思っている」と発言した。ある都市の地方検事は、性的暴行事件が司法制度のなかで進展しない要因を調べるために、「省庁間連携性的暴行対策班(Interagency Sexual Assault Team)」の設置が不可欠と考えていた。

二〇一八年に発表された、ニューヨーク市調査部による厳しい批判が盛り込まれた報告書では、市の性犯罪捜査に大きな構造的欠陥があると指摘されている。報告書発表の際に出されたプレスリリースのリード文に、その内容がわかりやすくまとめられている。「ニューヨーク市警は慢性的な人員不足の問題を抱えており、特別被害者捜査班（Special Victims Division）にまで手が回らない。このため、性的暴行事件の捜査が手薄になっている実態が調査により判明した」[3]。ちなみに、このニューヨーク市特別被害者捜査班は、長く続いているテレビドラマ『ロー&オーダー：性犯罪特捜班』のモデルだ。ドラマでは毎回熱心に捜査がおこなわれ、事件は必ず解決する——しかも、一時間のうちに。ところが現実は、「調査部がこれまでの記録を調べ、特捜班の現役捜査官やOB、性犯罪の起訴にかかわる検察官、サービス提供者、被害者支援団体に意見を聞いたところ、慢性的な人手不足と経験不足のせいで捜査が内容のない、短期間で打ち切られるものになっていることが判明した。このため、訴追の可能性が低くなり、被害者は捜査の過程でつらい経験をするので、性犯罪の通報に悪影響を及ぼしている」と指摘されている。報告書の分析はさらに続く。「年間に発生する成人による性犯罪は五千件以上だが、捜査官は六十七名しかいない。これに対して殺人の場合は、年間三百件以下の事件に百名の刑事で対応している」[4]

無知が原因でレイプ犯罪の軽視が長年まかり通っている状況は、被害者たちにいったいどんな影響を及ぼすだろう。

私の場合は、あのファイルと同じように、薄っぺらい対応しかされなかったと感じている。

仕事のメールをチェックして、子どもたちが宿題を済ませたかを気にして、牛乳が残り少なくなり、コーヒーを切らしていると普段どおり考えながらも、私は消化できないもやもやを抱えていた。そもそも、何をしたらいいのかという初歩的なことがよくわからなかった。山頂に積もった雪に両足が埋もれて、凍りついたように動けなかった。そんなことではないかと思っていたが、自分の事件についてわかることがごくわずかしかないのなら、いっそ何も知らないほうがましだったかもしれない。

担当刑事が私の事件の捜査を進めなかったのは、私や彼について、彼が所属する組織について、何かを説明するものではないと自分に言い聞かせたが、もし自分が刑事だったら、被害者にどんな対応をするだろうかと考えずにはいられなかった。レイプは重罪なのだから、当然それ相応の敬意と真剣さをもって、法執行機関が捜査に当たると被害者に伝えるだろう。レイプの苦情申し立ての大半を退けたり、被害者が信用できないと思う理由を探すことに時間をかけたりはしないだろう。さらに、レイプ被害者が無視され、軽視されているように感じていたら、そんなことはないと安心させようとするだろう。法執行機関に相談しても傷つくことはないとわかれば、レイプを通報する被害者の数は増えるはずだから。

ほとんど何も書かれていない一枚の用紙が、あまりに多くを物語っていた。その用紙には内容や分量がほとんどなかった。だからこそ、私は必要なことがすべて理解できた。

メアリーと一緒に考えなければならないことがまだあった。ジョンのチームが証拠のシーツを検査できるが、結果はあまり期待できない、とトーマス刑事は言っていた。シーツについた血が私のものであるのは間違いないから、そこから犯人のＤＮＡが抽出できるとは思えなかった。ショックな知らせを聞いたばかりなのに、また失望を味わうのは賢い選択だと思えなかった。私はひと息ついて、どこかに消えてしまった自分の身体を取り戻さなければならなかった。それでも、仲間の女性たちに支えられながら、自分の力で最後までやり遂げられるかもしれないとも思っていた。

「次の段階に進む前に、自分のしていることの意味を考えて、それがまだ大切だと思える理由を見つけないといけない」。刑事との面会のためにダウンタウンに出かけてから数日後、私はメアリーにそう言った。それは土曜日の午前中のことで、メアリーはポットにお代わりのコーヒーを淹れているところだった。ベンとベッカは近所で友達とバスケットボールをしていた。

「レイピストの身元や、彼らがその後どうなったかがわかれば、ワシントンＤＣで出会った女性たちみたいに前向きな気持ちになれるんじゃないかと期待していた。でも、それは勘違いだったみたい」

「続けて」。メアリーが言った。

「事件の真相を追求したって意味がないのかも。それで魔法みたいに心が穏やかになるわけじゃないから。それよりも、自分を振り返らないといけない。真相究明のことばかり考え過ぎないようにしないと」

「考えないよう自分に言い聞かせたって、そんなことできるのかな」。メアリーが口を挟んだ。私はその言葉を無視した。「私は専門的な仕事に就いて、家族を養っている。そうやって頑張る私の姿を見るのは素晴らしいことだって、みんなによく言われる。仲間の女性たちからは、よくやっていると思われているの。それなのに、私は彼女たちや、彼女たちの事件が解決したことがうらやましくてたまらない」。一気にまくしたてたので、スウェットパンツにコーヒーがしたたり落ちた。

メアリーはうなずいた。「時間をかけたらどう？　刑事との面会は大きな出来事だったから。少しずつ理解することにして、今は自分の気持ちを大切にしましょう」

「ええ、そうね」

「どんな決断を下すにせよ、サバイバーの女性たちと連絡は取り続けてね。仲間がいれば、一人じゃないって思えるから」。メアリーがそう言った。私は思い浮かべた——ヘレナ、ナターシャ、デビー、イヴォンヌ、ラヴィニア、エイミー、ジュリー、ジョニー、スーザン、キャロル、ミーガン、そのほかの女性たち。特定の方法で理解してもらいたいと思ったら、いつでも彼女たちに連絡できた。私たちは互いに気にかけていた。誰かが被害に遭った日が近づくと、ちゃんとわかった。努力したことを励まし合った。「あなたのことを考えている」だとか、「しばらく連絡がなかったけど、元気にしてる？」といった短いメッセージが送られてくることもあった。彼女たちと知り合ったことで、私は以前よりも傷つくことが少なくなった——彼女たちの示す反応が、自分のものと似ているとわかったからだ。それは、異常な出来事を経験した人にとっては、ごく正常な反応だった。人生を一変させる壮絶な経験をした彼女たちは、大胆で優しい、人を思いやる心の持ち主だった。数か月連絡が途絶えても、彼女たちは私の命綱だった。

メアリーは先を続けた。「家族はいつでもそばにいるし、私たちはあなたのことが大好きだから。でも、あなたが経験したことを深く理解できて、今も苦しむ理由がよくわかってる人がまわりにいたら心強いでしょう。それに、あなたたちは精一杯頑張っている。今後どうなっても、あなたには彼女たちが必要だし、彼女たちにもあなたが必要でしょう。今回のことを知らせてみたら？」

「もう伝えたわ。性犯罪捜査班本部に行ってきたって、メールを送った。みんな気にしてたから。それで、ほとんどのメンバーから返信があった」

「それから？」

私はそこで泣き出した。それは、ゆっくり涙が込み上げるようなものではなく、衝撃的な報せを聞いて、心が頭に追いつくのに時間が必要なときに出てくるような嗚咽（おえつ）だった。メアリーは黙ったまま、二匹の飼い犬のうち若いほう、家族の誰かがなぐさめてほしいとすぐにわかってくれるリグリーのほうを抱き上げて、私の膝にのせた。リグリーはそこで身体を丸めたので、私は彼女の身体をぎゅっと抱きしめた。「もう疲れちゃった」。ようやくそれだけ言えた。

「それは残念だったね、って言われた。それからみんな、いろいろな方法で愛を伝えてくれた。話したかったら電話してと言ってくれた人も何人かいた」

「電話するの？」

私はまた泣いた。「わからない。でも、必要なときに電話の向こう側に彼女たちがいることだけは、わかってる」

✢

シーツを検査するというサムの申し出について、私は時間をかけて考えた。「血のついたシーツ」という言葉が頭に浮かぶたびに、ぎょっとして力が抜けた。そんなシーツが存在するという事実自体が苦痛だった。あの晩に関係するものが今も残っていて、私が襲われたときの記憶が何らかの形でそこにとどめられているだなんて。私の身体から流れ出た血のしみ込んだシーツ。その上で見知らぬ男たちが私の隣に寝そべった。死を覚悟した私をそのシーツが包んでいた。その晩の秘密と記憶のすべてを抱えたシーツ。その光景が消えることはなかった。

検査を依頼するのなら、その言葉を何度か口に出さないといけない。**血のついたシーツ、血のついたシーツ、血のついたシーツ、血のついたシーツ**。私は血のついたシーツのことしか考えられなくなった。そんな恐ろしいことではなくて、もっと普通の、なんでもないことを考えていたかった。例えば、ガーデニングショップにお買い得品があるかなとか、メアリーと一日に三キロ歩く習慣を続けられるかなとか、そういうことを。子どもたちの学校にあるような黒板を持ってきて、授業中におしゃべりをした罰として何度も同じ言葉を書かされている子どもみたいに、私もその言葉を書いてみたらどうかと思った。そうやって繰り返し書くうちに胸の鼓動も収まって、刑事に連絡を取れるようになるかもしれない。「準備ができたらいつでも電話してください」。トーマス刑事はそう言っていた。「シーツはずっとここにありますから」と。

どうすべきか悩んでいる最中に、レイプキット検査数を増やすためにサバイバーの意見を聞きたがっていた非営利団体に招待され、全米随一のＤＮＡ研究所（ラボ）を訪れる機会があった。ワシントンＤＣから車で一時間ほどの、メリーランド州郊外にあるヤイロ研究所（Geillo Labs）は、高速道路を降りてすぐの企業団地（オフィスパーク）の一画にあった。私たちはそこで、ＤＮＡ検査が性犯罪の解決に威力を発揮していることを知った。私がそのツアーに参加することにしたのは、仲間に会いたかったのと、支援活動にかかわれば、刑事との面会以来感じていた苦痛が紛れるかもしれないと思ったからだ。レイプの証拠が未検査のままになっている問題を広く知らしめる活動に私は積極的に取り組んでいたが、いくつもの疑問を抱くようになっていた。私たちの旅費、宿泊費、昨晩の夕食代の出どころはどこだろう？　費用を負担した人たちは、私たちの活動からどんな利益を得るのだろう？　私たちがレイプキット検査のための法整備を求めれば、ただでさえ多忙な州鑑識部に負担がかかって、検査が外部の研究所に外注されるようになる。悪意はないとわかっていても、私は活動に資金を提供する人たちの動機を胡散臭く感じるようになっていた。犯罪被害者支援活動で生計を立てている人がいた。レイプキット検査の政策が変更されれば儲かる人がいた。性暴力の苦情申し立てに対する法執行機関の対応改善につながる助成金を出す法律を再承認したと、まるで自分の手柄のように話す議員がいた。そして、「拉致・誘拐」、「拷問」、「ナイフ」、「肛門性交（ソドミー）」、「時効」、「レイプキット」、「仮出所」、「血のついたシーツ」という言葉が心のなかあふれているレイプサバイバーがいた。私たちは改善を求める運動に深入りすることを期待されていたわけではなく、ただ自分たちの「物語」を語る役割だけを求められていた。

このときもイベントの主催者から感謝された。そして、私たちは重要な活動に欠かせない存在だと言われた。

「みなさんは素晴らしい働きをしておられます」。一日の予定が始まるときに、スタッフの一人が言った。

「こちらにお迎えできて光栄です」。別のスタッフが言った。

私たちは大きなスクリーンの前で半円形に並んで座り、その後、研究所の見学に向かうことになっていた。それが済むと、自分の物語を効果的に語る方法をテレビのリポーターに指南されることになるのだろう。支援活動では、問題の根本的な原因ではなく、表面的な症状ばかりが強調されることに私は気づいていた。それでも活動から離れるつもりはなかった。何かが私を引き留めていた。活動にかかわり続ければ、それが何なのか、いずれわかるようになると思っていた。

「始める前に」と司会者が口を開いた。「自己紹介と、ここに来た理由を簡単に説明してくださいますか」

私の胃は沈んだ。こういう事態が避けられないかと、誰かに相談しておくべきだった。誰かが語りはじめると、以前聞いたことがあることでも、毎回頭を水のなかに無理矢理沈められるような気持ちになった。部屋を見回して、参加者一人ひとりを見た。私にとって大切なのは、この人たちのトラウマ体験ではなくて、この人たちそのものなのだと言い聞かせた。

一人ひとりを見ることで、その人らしさを思い出そうとした。私の左側に座っている女性は、私の故郷から三時間ほどで行けるオハイオ州内の街から来ていた。右側に座っている女性とは、ロサンゼルスのフォーカスグループに参加したときに一緒になった。休憩時間にタバコを吸う彼女を見かけたら、ごめんなさいと謝られた。私たちは過去の出来事につきまとわれているが、それだけでその人らしさが決まるわけではない。愛すべき仲間たちをそういう点だけで判断したくなかった。

私たちは順番に話しはじめた。そのころにはみな、壮絶な恐怖と暴力の物語を短くまとめることに慣れていた。でも、短くしたからと言って話の悲惨さは変わらなかった。

ランチ後に研究所内を案内してもらうことになっていた。廊下で案内されるのを待っているあいだに、記事の切り抜きが壁に額装されているのに気づいた――ＤＮＡ検査の「実績」がアピールされているのだ。何十年も未解決のままだった悪名高い殺人やレイプの証拠品であるまつ毛や爪を検査したところ、犯人が特定できたと記事は伝えていた。どうやらＤＮＡには奇跡を起こす力があるようだった。額に入れられた記事がそれを証明していた。

「州外の警察から持ってきた証拠品も検査できますか？」私は案内係に尋ねた。

「ええ、要請があればできますよ」

それを聞いた瞬間、ボストンに戻ったらサム・トーマス刑事に電話して、あのシーツをヤイロ研究所に送れるかどうか尋ねてみようと思った。シーツの検査をボストンの鑑識部に任せるのは気が進まなかったし、今日くわしい説明を受けたヤイロ研究所は全米随一の機関というではないか。

サムのはからいで、証拠のシーツをヤイロ研究所に送るのに、私が信頼を寄せるイルセという女性がかかわることになった——彼女はレイプキット問題の改善に取り組む非営利組織のスタッフだ。イルセによれば、結果が判明するまで最低でも二、三か月は待たないといけないということだった。「研究所の検査は順番待ちですから。八週間ぐらいは見ておいてください」

「二十年以上待ったのだから、二か月待つのはたいしたことありません」。私はそう答えた。

「何か話したくなったら、いつでも電話してくださいね。期待と失望のあいだで心が揺れるのは、つらいですから」

「検査は博打（ばくち）のようなものだと思っています」

「わかりました。でも、DNA検査が奇跡を起こすのを私はこの目で見てきました。期待してもいいかもしれません」

果たして期待していいのか、私にはわからなかった。

それから三か月が経ったころ、イルセにメールを送った。「ちょっと連絡してみました」。何気ない感じでそう書いた。

すると、彼女から返信があった。「連絡しようと思っていたところでした。先ほどサムと電話で話したところです。一時間後にお話しできますか？」

「大丈夫ですよ。でも、どういうことなのかヒントをもらえませんか？」そのとき私の携帯電話が鳴った。

「残念ですが、良いニュースではありません。シーツからは一人分のＤＮＡしか検出されませんでした。シーツに付着した血液があなたのものだとわかっているので、これ以上の検査はできません」。次の段階には進めなかった。私を襲った男たちを特定する方法は、もうないのだ。「あなたの体験は、ほかの人たちのものと同じぐらい重要です」。イルセは語気を強めた。「なぜ連絡がないのかわからないまま、いつまで経っても事件が解決しないレイプ被害者が大勢います。あなたはそういう人たちの想いを力強く代弁することができます。お気づきではないかもしれませんが、粘り強く説明責任を追及できたのだから、それだけあなたは回復しているのです。それは確かです」。私は電話の向こうにいる彼女を抱きしめたくなった。彼女の言葉からわずかでも希望が伝わって、うれしかった。

「最後に友人として言わせてください。あきらめずに努力したことはずっと残ります。それに、レイプキットが紛失して、あんな馬鹿げたシーツからＤＮＡが検出されなかったからといって、あなたの価値が損なわれるわけじゃありません」

正直なところ、私はそれでも事件が解決してほしかった。そう願わずにはいられなかった。でも、彼女は正しかった。もし選択肢が二つしかないとしたら、ただ絶望しているよりも、少しでも行動を起こしたほうが前向きな気持ちになれる。それから数日後に、私はボストン・グローブ紙のお気に入りのコラムニスト、イヴォンヌ・エイブラハムのEメールアドレスを調べた。数年前に彼女が州鑑識部の「未処理案件」にかんする記事を書いたとき、話したことがあったのだ。

「お伝えしたいことがあります」。メールの冒頭にそう書いた。「自分の事件の真相究明に行き詰まりました。でも、世間から忘れられたと感じているほかの人たちのためにも、何かできないかと思っています」

それから一時間も経たないうちに返信があった。「今日の午後にお時間がとれますか？」

私はほぼ二つ返事で「大丈夫です」と答えていた。

その日の仕事を終えたあと、イヴォンヌに大学のオフィスまで来てもらい、私たちはまず互いに打ち解けるために世間話をした。「それではお話を聞かせてください」。しばらくするとイヴォンヌはそう言って、小さなレコーダーを机の上に置いた。私は彼女に事の顛末を打ち明けた。

数日後、ボストン・グローブ紙の日曜版、メトロ・セクションの一面に、私の顔写真つきで、「恐怖の一夜とその後の苦しみの果てに彼女が見つけたもの」[5]という見出しの記事が掲載された。イヴォンヌの文章は、問題の本質を的確にとらえていた。「軽視され、忘れられた彼女のような犯罪被害者が大勢いる。警察が犯人を捕まえられるように、彼女たちはレイプ後に何時間もかかる検査を受けたのだ。ところが捜査はまったく進展しなかった。レイプキットの放置や、捜査に後ろ向きな姿勢、そして財源不足が原因だった」

よく打ち明けてくれたと、私は多くの人に感謝された。自分の物語を語ってくれた人もたくさんいた。その記事のおかげで、自分だけじゃないと思えるようになった人がいた。自分の怒りや苦しみを話してもいいと思えるようになった人がいた。かつて私が災難としか思えなかったこと——いきなり爆発して、その後の人生に延々と影響を及ぼす爆弾のようなものだと思っていたことが、変化した。私にとってそれは、被害者が「気づいてもらえた」と感じる以上の意味があった。私は長年、この事件には答えがあるはずだと信じ続け、わが身にふりかかった災難を理解しようと必死になっていた。その過程で、性暴力が放置される状況がまかり通っている問題により大きな視点から取り組もうという覚悟が生まれた。相変わらずレイプの証拠が無視され、通報したのに捜査はおこなわれず、申し立てをした被害者が恥をかかされ、軽視されるなどの不正がはびこっていたし、そんな状況は改善されなければならなかった。一人の被害者がまともな対応をされなかった経験をアピールしたところで、必要な社会変化にはつながらないだろうが、そんな状況が現在も続いていて、苦しんでいる人がいるという事実に、私は活動することの意義を見出すようになった。

私の考え方はゆっくりと変化していった。突然何かをひらめくのではなく、二つの疑問について考えるうちに、だんだんと考えが固まっていった。事件が「解決」したら癒されるはずだと、どうして思い込んでいたのだろう？　個人の正義を追求しても、制度の改善につながらないのであれば、それにどんな価値があるのだろう？

事件解決への望みを絶たれて、これから先、エネルギーをどこに注いだらいいのかと考える前に、なんらかの形で私の事件に決着をつけておきたかった。

✣

それは普段と変わらない夜で、メアリーはもう寝ていた。私の携帯に同僚からのメッセージが入った。

「伝えたいことがあって。でも、落ち着いて聞いてください」と書いてあった。続きが気になって朝まで待てなかった。

「すぐに教えて」と私は返信した。きっと辞表を出すと言われるのだろう。

「ホームレスシェルターの利用者が今週逮捕されたというグローブ紙の記事はもう読みましたか?」

「いいえ、読んでない」

「ボストン市内でアパートメントに侵入して、二人の女性をレイプした男が逮捕されたんです。その男の手口が、あなたの事件とよく似ていたから。こんなことをお伝えしてごめんなさい。でもあなたなら知りたがると思ったから」

「教えてくれてありがとう。記事のリンクを送ってくれる?」

しばらくしてリンクが送られてきた。記事には、「裁判記録によると、RBは三十年以上前にロックスベリーのアパートメントに侵入して、寝室で寝ていた女性に猿ぐつわをはめ、目隠しをした上で二度レイプした」[6]と書かれていた。

続けて、その男が逮捕されるきっかけとなった最近の暴行事件が説明されていた。アパートメントに住む女性二人が目隠しをされた――チェック。

両手両足を縛り上げられた――チェック。

猿ぐつわを嚙まされた――チェック。

何度もレイプされた――チェック。

私の胸の鼓動が速まった。男は私の暴行事件から数か月後に逮捕され、有罪判決を受けている。時期が重なる。犯行の手口もほぼ同じ。八〇年代なかばにアパートメントに押し入り、被害者に目隠しと猿ぐつわをして縛り上げた男が、ボストンにそんなにたくさんいるとは思えない。

私はトーマス刑事にメールを送り、記事のリンクも送信した。

返事はすぐに来た。

「その男の逮捕には私も立ち会いました。あなたのことを考えずにはいられませんでした。今は仕事で手が離せないので、明日か明後日あたりに話しましょう。そのときには、もっとくわしい情報が入っているかもしれません」

私はメアリーを起こした。「聞いてほしいことがあるの」

二時間後、互いに回した腕のなかで、私たちは眠りに落ちた。彼女に打ち明けたことで、これは現実なんだと思えてきた。犯人がわかるかもしれないという新たな可能性で頭がいっぱいになって、今後はこれまでの経験により大きな視点から意義を見つけられるようにしようという、最近したばかりの決意はどこかに行ってしまった。

✣

数日後、私はサムと電話で話した。「その男が犯人であってほしいのですが、その可能性はありますか?」私は電話を耳にぎゅっと押しつけた。サムはどこか外にいるようだった。

「八五年の事件は、あなたの事件とよく似ていますし、先週逮捕した事件も同じ手口でした」。彼のため息が聞こえた。「長い刑期を終えたあとにまた犯行を繰り返すだなんて、どういう男なのか」

「私が襲われたときに犯人から聞いたことをくわしくお伝えしたら、捜査の参考になりますか?」と言ってみた。彼は返事をしなかった。「あのとき男たちは名乗ったんです。偽名だと思いますけど、マイクとデイヴだと言ってました。もしその男が同じように名乗っていたら?」

「少し考えさせてください」

「犯罪ドラマの見過ぎかもしれませんけど、刑務所で快適な監房を約束するとかなんとか言って、自白させたらどうですか」

「数日後にお話ししましょう」。彼はそう繰り返した。

私は一年前にトーマス刑事にはじめて会ったときのことを思い出し、そのとき解消できなかった疑問について考えた。「わかりました。私はそれまでずっと、その男が犯人だったら、ということばかり考えています」

そんなことを言ったら電話を切られると思った。でも彼は、「この件に望みがあると思っているのは、あなただけじゃないんです。この男のことは慎重に調べないといけませんし、私たちはそうするつもりです」と言った。

サムとの面会の予定はなかなか決まらなかった。そのあいだ、私はずっと何かを忘れている気がしていた。メアリーと共有している「やることリスト」を確認すれば思い出すかもしれないと思った。

予算を立てる、姉にバースデーカードを送る、図書館に本を返す。

「サムとの面会予定はまだ決まらないの？」メアリーが尋ねた。「私のスケジュールにも入れておきたいから」

それを聞いて、私は独立型キッチン（アイランド）まで走って行き、**必ずサムに電話をすると**、リストのいちばん下に書き入れた。「その男が犯人ではありえないと裏づける情報をサムがつかんだかもしれない。だから会うのが怖いんだと思う。犯人はその男だって想像しているかぎり、心が落ち着くから。サムに会いたいかどうか、よくわからない」

「わかるよ」とメアリーが言った。「別に会わなくたっていい。この件については、これ以上追及してもしなくても、どちらでもいいじゃない。私はあなたの決定に従う」

その日、私はサムにメールを書いて、会う約束をとりつけた。

✣

サムとの面会当日、私は仕事を休んだ。約束の時間は午後一時。メアリーは仕事を早退して家に帰ってきた。道が混んでいなければ、ボストンには充分間に合う時間だ。

「まず腹ごしらえしてもいい？」昨日の夕飯の残りが入った容器（タッパー）を抱えたメアリーが訊いた。

「私が運転するから、車のなかで食べて」。私はキーを手に取って、家を出た。

黄色の信号をいくつも突っ切り、フェンウェイ・パークとボストン大学のそばを猛スピードで走り抜けた。「この辺でよく学生が車にひかれないものね」。Tトレインに乗ろうと飛び出してきた何人かを危うくひきそうになり、私はそう言った。

「運転、代わろうか？」メアリーが言った。

「いいよ。もうすぐだから」。サムが建物の外で待っていて、メアリーにダッシュボードに置く駐車許可証を渡した。

「ようこそいらっしゃいました」。サムはそう言って私を抱きしめた。ボタンダウンシャツを着てネクタイを締め、腰には拳銃を下げていたので、私はなんとかしてそれに触れないようにした。彼は私から身を離すと、メアリーのほうに手を伸ばした。メアリーはハグはせずに、その手を取って握手をした。

「こんにちは、サム」

見覚えのある、施錠されたドアを開けた先にある廊下を、彼のあとについて歩いた。彼は私たちをオフィスへと案内した。「少しお待ちください。連絡係をお連れしますから」。そう言って、茶色いジーパンとTシャツ姿の無口な女性を連れてきた。彼女が同席する理由は説明されなかった。

私はこんな展開を期待していた。

「それでは、一つずつ確認していきましょう」。サムがまずそう言う。最近起きた事件と、RBが有罪になった八五年の事件を彼は比較した。その結果、目隠しをし、武器をつきつけ、スカーフを使い、両手両足を縛り上げるなど、被害者を拘束する手口がそっくりだということがわかった。それで、犯人は同一人物だとサムは確信した。

先日の事件の報告書を持ち出して、男が被害者に言ったとされる言葉を読み上げた。それは、私の事件の犯人の言葉と不思議なほど一致していた。

「殺しはしない。金が必要なだけだ。これが仕事だから」。犯人はそう言っていた。

「俺の名前はマイクだ」とか「デイヴだ」とも言っていた。

刑期を終えてすぐにアパートメントに侵入し、特徴的な手口で女性をレイプする人物が、一つの都市に何人もいるわけではない。もっと調べなければならないだろうが、そのうちサムの口から思いがけない言葉を聞くことになる。「あの男を逮捕しました」と。血のついたシーツ、レイプキットの紛失、不機嫌な刑事、そんなことはもうどうでもよくなった。

もしくは、サムはすでにその男を取り調べていて、私が犯罪ドラマで何度も見たようなテクニックを駆使したのかもしれない。「まあ聞いてくれ。今度は長い刑期をくらうことになる。お前が八五年に逮捕された日の数か月前に起きた住居侵入事件のことを調べているんだ。知っていることを教えてくれたら、協力的な態度だったと裁判官に伝えよう。どうだ？」

そんな想像をしながらも、私はどこかで、ドラマチックな結末を求めても結局はがっかりするだけだということがわかっていた。ここまで来るのに車が行き交うなか乱暴な運転をし、学生を何人かひきかけたのは、思い描いた犯罪ドラマみたいな展開になる最後のチャンスだと思ったからだ。ついに正義が果たされるときが来た。私の物語の結末に、怒りに満ちたクエスチョンマークではなく、ピリオドを打つことができる。そんなことを考えていたのだ。

でも、実際には、サムはこう言った。

「最初にお話ししたときよりも、この男が怪しいという確信が持てなくなりました。噛み合わない点がいくつかあるのです」

続けて、「いわゆる未解決事件捜査班（cold case division）というのは署にありません。あったらいいのですが。それどころか、現在起こっている事件の捜査をこなすので精一杯です」と言った。

部屋の空気がしぼんでいくようだった。最後に、メアリーと私はいくつか質問をした。私が住んでいたアパートメントで犯人の指紋採取がされたはずだから、その指紋を探し出してＲＢ

のものと一致するか調べてほしかった。サムがＲＢと話せる状況にあるかどうかも確認しておきたかった。「もしかしたら、私の事件のことを自白するかもしれません」。私はまた、犯罪ドラマの刑事の真似をした。「彼の取り調べをして、便宜を図るからと持ちかけたらどうですか。捜査を助けてくれるか聞いてみたら」

最後の提案はサムに却下された。「それはありえません。あいつらはそんなことに興味を示しませんから。刑務所暮らしで気難しくなっています。誰かを助けるなんて、どうでもいいんです」

私はメアリーに、もう行こうと合図した。「言っておきますが、事件が未解決のまま何年も経ったのは私のせいじゃありません。担当刑事が性犯罪捜査班に相談せず、証拠を個人のロッカーに保管したせいです。最後にいくつかお願いしたいことがありますが、それでもうおしまいです」

「無駄な期待はさせたくないんです」とサムはさらに弁解した。「今さら期待なんかしないほうがいいって、とっくにわかってますから」

メアリーと私は車に乗り込んだ。今度はメアリーが運転した。

✣

数週間後にサムと電話で話したが、この件についてはどうにもならないということがはっきりした。

「何か忘れていることがないか、確認しておきたいんです」。彼はそう言って、私の要望をもう一度教えてほしいと言った。

「指紋を照合してください」

「犯人と私を襲った男たちの言ったことが一致するかどうか、確認してください」

「八五年の事件と男たちの手口とのあいだに、細かい特徴的な共通点がないか調べてくださ い」

「最近逮捕された男に、あなたが直接話を聞けるかどうか確認してください」

私は電話を切ると、そのまましばらく座って考えた。ボストン警察は、私のためにしっかり仕事をしてくれただろうか。過去の担当刑事の失態を挽回できただろうか。でも、私はもう前に進んでいた。こんなことで時間を無駄にしたくなかった。あとで電話をかけて、サムに伝言を頼もう。彼が直接電話に出ませんように。「ありがとう。でも、もう結構です」。そう伝えるつもりだった。

私の下した決断が理解できるなどと、彼に言ってほしくなかった。彼に認めてもらいたくなかったし、もうかかわってほしくなかった。

心の平穏を得るために、外部に何かを求めるのはもうおしまいにしよう。皮肉なことに、そうやってあきらめたら、平穏につながる道が見えてきた。ふんわり広がった髪の毛の、ブランダイス大学の女子学生は、そろそろ眠ったままでいるのに飽きてきた。その日、彼女は私の奥深くで目覚めて、私の手を握った。「そろそろ仕事にとりかかりましょう」。優しく、毅然とした声で、そう言った。

✣

一度奪われかけた人生を大切にして。トーマス刑事と決別してからしばらくずっと、その言葉が頭から離れなかった。どうしたらそうできるのか、まだわからなかったが、そのメッセージがどうしても気になって無視できなかった。ボストン市警に捜査の続行を求めないと決めてからも、前に進む道を探し続けていた。レイプが構造的に軽視され、真剣に対応されていない状況を改善するために、私の経験したことを活かすにはどうしたらいいか模索していた。気づきはじめていても、行動に移せない状態にあった私は、事件に決着をつけようとして二度失敗したダメージから回復しながら、自分の過去に少しずつ意味を見出し、決意を固めていった。

その日、メアリーは新しく来た仔犬に運動をさせ、慣れさせるために、時間をかけて散歩に出かけていた。私は家で昼寝をしていた。うとうとしはじめると、家族で旅行に出かけたときの記憶がよみがえってきた。それは、トラウマに呑み込まれそうになって家族と距離を取っていたのに、子どもたちにせがまれて一緒に遊んだときの記憶。

「ママ、水遊びしてくれるって約束したじゃない」。濡れた水着姿のベッカが私の膝に飛び乗る。砂にまみれ、湖の水でぐっしょりした、ピンクとグリーンのビーチタオルがすぐそばに落ちている。生温かい水が、彼女の水着から私のショートパンツにしみてくる。ベッカは背中を押しつけてきたが、私は胸のところで腕を組んでシャツが濡れないようにする。当時、彼女は八歳で、身体にはしっかり筋肉がつき、体重は二十八キロ。彼女の強情さや頑固さは私の手に負えなかった。

「お願い、ミッシー。もう濡れてるじゃない。それに今度の旅行では、水のなかに入って遊んでくれるって言ったでしょう」。ベッカはジャンプする。服を濡らせば気持ち悪くなって、私が着替えると思っているのだ。

「私がお菓子を食べているあいだに水着に着替えてきてね」。ベッカは目を輝かせる。「心配しないで。私たちがちゃんとママのこと見てるから。桟橋からそんなに離れなければ、水は顔の上まで来ないよ。ベンと私がずっとついてるよ。それなら大丈夫だよね」

私たちが一週間借りていた湖畔の別荘の、一階に敷き詰められた人工芝を水浸しにしないようにして、私は立ち上がる。それは、八月下旬に出かけた旅行の三日目だった。一日目、私は足首までを水につけ、二日目にはライフジャケットを着てゴムボートに乗り、「そんなに揺らさないで!」と何度も叫んだのだが、ベッカはそれでは満足しなかった。彼女にしてみれば、水遊びを一緒にするという約束はまだ果たされていなかった。

「わかった。確かに水遊びをすると約束したけど、泳ぐとは言ってない。カヌーに乗るのではだめ?」

ベッカは手を腰に当てる。「どうして子どものころに泳ぎ方を習わなかったの?」

「良い質問ね」。私は口ごもった。「私のお父さんはライフガードをしていたと言わなかったっけ？」

するとベンが興味を示して、夏休みのリーディングリストに入っていた『ロビンソン・クルーソー』から顔を上げた。「おじいちゃんはライフガードだったの？　自分の子どもに泳ぎ方を教えられなかったなんて、良いライフガードじゃなかったんだね」

「彼は私が七歳のときに亡くなったから、泳ぎを教えてもらえなかったって前に説明したよね？　私のお母さんは泳げなかったから、教えられなかった。そういうことよ」

「僕たちは二歳のころから泳いでいるのに。どうしておじいちゃんが死ぬ前に教えてもらわなかったの？　泳ごうとしても、石みたいに水中に沈むだけだったとか？」ベンは思春期前で、ひょろっとした体つきをしている。両手両足がぐんぐん成長して戸惑っているグレート・デンの仔犬みたいだ。

「私たちはシカゴに住んでいたから。泳げる場所は地域のプールだけだったし、頻繁には行けなかったの」

「ねえ、早く水着に着替えてきてよ。外で待ってるから」

「わかった。でも、私とメアリーが来るまで、水のなかには入らないこと」。私はきつい口調で言う。「それがルールだよ。水に入るときは必ず大人についてきてもらうこと」

「ママに何ができるって言うの？　どうせ助けられないじゃない。助けようとしてるママたちを、僕たちが助けることになるんじゃないの」とベンが言う。「ルールを変えるべきだよ。僕たちのどちらかがそばにいないときは、ママたちこそ一人で水に入らないこと」

私は処刑されるような気持ちで二階に上がる。子どもたちには怖気づくのではなく、努力する姿を見せたいと心から願っていたのに、この恐怖はどうにもならない。私はワンピースタイプの水着に着替えて、心を落ち着けるためにベッドの端に腰を下ろす。あの子たちは、私がつらい思いをしていることに気づいているのだろうか。私の姿が見えないときには、具合が悪いのかとメアリーに訊いたりしているだろうか。私の神経が参っているのがわからないのだろうか。最近子どもたちは、私よりもメアリーのそばにいることが多いようだ。そのほうが楽しいし、安心できるのだろう。不安に押しつぶされそうになっている自分が情けなかった。そういう状態になると、無力感にさいなまれた。

「大丈夫、できるから」。私はつぶやく。

「ママ、早く出てきて！」砂浜から子どもたちが呼ぶ。「二階にいるのはわかってるんだから」

私は窓から顔を出して、砂遊びをする子どもたちを見る。言いつけをちゃんと守って、まだ水には入っていない。私は胸がドキドキした。

「今行くから！」そう叫んで、ライフジャケットのチャックを上げる。

その午後は思ったよりも楽しい時間を過ごせた。ベッカが桟橋の近くで破れたタイヤを見つけた。私はそのなかに入ってみた。岸辺に沿って一キロほど続く浅瀬から離れないという条件で、子どもたちがタイヤを押してもいいことにした。そのうちベッカが、順番にタイヤに入るゲームをしようと提案した。それは、こういうものだ。タイヤに入っている人が何かを見つける。そして、その秘密の何かのヒントを言う。答えを当てた人が今度はタイヤに入って、また何かを見つける。私はタイヤのなかに入るよりも回すほうがよかったから、すぐにわかるヒントを出すようにした。例えば、「青いもの」と言いながら、空を見上げた。それでも、私たちはその午後いっぱい楽しんで、大切な思い出ができた。私はなんとかやり遂げた。翌日は自分から湖で遊ぼうと誘って、子どもたちよりも先にライフジャケットを手に湖に向かった。

眠りに落ちかけていた私の心のなかで、そんな記憶がよみがえってきた。**思い出を大切にして、しっかり握りしめよう**。繰り返しそう念じた。私の身体の奥深くにひそんでいる愛とよろこびは、浮上して光が当たるのを待っている。そう考えるとほっとした。この土台があるからこそ、私は前に進める。

私はそれをしっかりと握りしめた。

第三部

提言

A Manifesto

しゃべっていると不安になる
言葉が聞いてもらえなかったり
歓迎されないのではないかと。
でも、黙っていても不安になるものなのだ。
だからしゃべったほうがいい。
——オードリー・ロード

結末を求めないようにするのは難しい――私の物語に対しても、軽んじられ、非難され、徹底的に無視されることが当たり前になっているレイプ被害者たちの未完の物語に対しても。

最後にトーマス刑事と会ったあの日、面会のあとで、私とメアリーはチェスナットヒル地区にある建物前の階段でアイスクリームを食べた。無言のまま。私はチョコチップミント味、メアリーはピスタチオ味だった。刑事との話し合いの最中に、私の人生にはもうかかわってもらいたくない言葉が何度も飛び出した。精液、未解決事件、申し訳ありません、本当に申し訳ありません、やる気のない刑事、きつい仕事、PTSD、レイプ、刑務所、凶器、レイプ、レイピスト、証拠、申し訳ありません、本当に申し訳ありません、勇気のある女性、血のついたシーツ、レイプキット、折り返し連絡します、複雑、申し訳ありません、本当に申し訳ありません、わかりません、簡単ではありません、すぐにはできません、レイピスト、ナイフ、電話線、訴追、かわいそうな女性。

これからはそんな言葉を聞かずにすむ。

自分の事件に決着をつけようと奮闘するうちに、私は自分の軸となる考え方を見失っていた。それは、持続的な変化には時間と忍耐強さが欠かせず、その変化は一個人だけにかかわるものではないということだ。そしてそれ以降、自分の物語を誰かに語るとき、私はある問いを投げかけるようになった。法執行機関、政治家、そして世界が、重罪であるはずのレイプにどのように対処すれば、私たちは本当の意味で、レイプは犯罪である（rape is a crime）と言えるだろうか？　すぐには解決できない社会問題や政治問題の場合、以前よりも状況が少しでも悪化していなければ、ましになったとされる。残念なことに、性犯罪は今でもそんなたぐいの問題だとみなされている。そもそも耐えるべきではない問題が、わずかでも改善すれば素晴らしいと賞賛される一方で、世にはびこる根深い問題は、ほぼ手つかずのまま放置されている。

配偶者によるレイプは違法だ！　レイピストに親権が認められることはほとんどなくなった！　一部の権力者が性暴力を振るったという公然の秘密だった過去が、ついに暴露された！　そう声高に叫ぶ声の裏には、長年つらい状況に耐えながら破壊的かつ永続的なダメージに苦しんできた被害者がいる。レイプが及ぼした影響をなくすことはできない。それは帳消しにできない。そんな状況がなくならないのは悲劇であり、怒りを覚える。

凄惨な暴力を受けたのにまともに取り合ってもらえなかった経験と、その経験が人生にどんな影響を及ぼしたかを性犯罪の被害者が語る本は、あと何冊書かれるのだろう。アニタ・ヒル教授やクリスティン・ブレイジー・フォード博士のように、信頼でき、冷静で、広く尊敬を集める人物が、権力を持った男性に性的暴行を受けた過去を公聴会で勇敢に証言したために公の場で非難され、殺害予告を送りつけられるような事態はあと何回繰り返されるのだろう。あと何人の裁判官が、量刑ガイドラインを無視するのを正当化するために、レイプ被害者に責任があるという残念な発言をするのだろう。女性たちがあと何人の有名人を告発すれば、レイプが深刻な問題だと世間で認識されるのだろう。今後どれだけの都市が、検査されていない未処理のレイプキットを発見したと公表するのだろう。

私たちはもっと上を目指さなければならない。社会の性犯罪に対する認識の変化や、さまざまな場における性犯罪への対応改善につながらないわずかな進歩をたたえるだけで、満足していたらいけないのだ。

Me Too 運動は大いに注目を集め、結果として何人かのニュース司会者、俳優、有名シェフ、コメディアン、CEOなどが職を失ったが、すでに反発（バックラッシュ）が起こっている——権力者を守るための慣例に抗う（あらが）ときにはよくある話だ。フォーブズ誌に最近掲載された記事によれば、一部の業界では、男性と一対一のやりとりが必要になる業種で女性の雇用を控える傾向が出てきたという。とくに「魅力的な女性」がこの雇用上のバイアスの悪影響を受けている。[1]

アメリカ合衆国第四十五代大統領はこう発言した——彼自身、性暴力を振るったとして多くの女性たちから告発されているのに。「自分には非がないことで有罪になる可能性があるのだから、アメリカの若い男性にとっては恐ろしい時代になった」[2]と。虚偽の通報が全体の二から八パーセントであり、レイプの大部分が通報されず、たとえ通報されても裁判まで進むのは稀で、有罪判決もほとんど下らないという状況を考えると、男性が不当な告発を受けて性暴力の責任を問われる状況が蔓延しているという認識は端的に間違っている。彼の発言は、不当に告発されるというきわめて稀な経験と、被害者の人生を一変させるトラウマ経験——社会のあらゆる局面においてレイプが矮小化されることによりそれは悪化する——を同一視するよう要求したに等しい。その二つのうち、どちらの体験や経験が気づかれ、語られ、注目されるのかを、私たちは注意深く見ていかなければならない。

レイプや性的暴行により加害男性が有罪判決を受けたケースですら、被害者ではなく加害男性の体験が配慮の対象になりやすい。二〇一二年、オハイオ州スチューベンビルで、パーティー中にある少女がレイプされ、その様子が動画に撮影された。暴行した少年二人が少年裁判所で有罪判決を受けた。その判決を伝えたCNNのリポーターは、生放送中にこんなコメントをした。「こんなことはいまだかつてありませんでした。非常に胸に迫ります（…）少年二人はフットボールのスター選手で、将来も約束されていた優等生だったのに、人生が台無しになるのを目の当たりにすることになるとは」[3]。若い男性の人生が「台無しになる」事態を阻止するために、レイプは「過ち」や「若気の至り」だとされ、意図的な暴力行為ではなく、誤解から生じたものだとされることがあまりに多い。公の場では加害者の悲劇ばかりが強調されて、被害者やその苦しみが顧みられることはない。

レイプが暴力犯罪ではなく、被害者・加害者双方にかかわる「悲劇」だと認識されると、関係性のなかで、被害者にも何らかの「役割」があったはずだと考えられる。モンタナ州のある裁判官は、ハイスクールの教師が一年生の生徒をレイプしたとして複数年の刑を宣告したが、その後、三十一日間の服役しか要求されなかった。被害者が実年齢よりも大人びていて、「被告人同様その状況に対応する力があったと考えられる」[4]のがその理由だ。大人に、しかも教師にレイプされたというのに、被害者のティーンエイジャー側にも責任があっただなんて、よくもレイプ事件の判決を下す裁判官が判断し、口に出せたものだ。

また、あるバス運転手は、十四歳相手の第三級強姦（third-degree rape）〔相手が同意をしなかったり、同意ができない状態でおこなわれた性交を指す〕で有罪になったが、複数年の執行猶予つきの判決を受け、服役はしなかった。裁判官は、その運転手には「逮捕歴がなく、被害者も一人だけだった」[5]と判決理由を述べた。いったい何人が犠牲になれば、加害者に責任を負わせられるのだろう。海の向こうのアイルランドでは、陪審員が二十七歳男性の被告を無罪だと判断した。その理由は、被害者が路上でレイプされたときにTバックショーツを身につけていたからだった。[6]ショーツは彼女が家から穿(は)いていたもので、加害者もどんな下着をつけているのか知らないまま犯行に及んだのだ。それなのに、それが事件と関連があるとする陪審員の考え方はあきらかに間違っている。

さらに、ニュージャージー州のある裁判官は、少女をレイプし、その様子を動画に撮影し、友人に送ったメッセージで自分のしたことは「レイプ」だと表現した十六歳の少年の被告を、成人として訴追することを拒否した。その少年が「きちんとした家の出」であり、「優秀な大学」に進む可能性が高いというのがその理由だった。[7]未成年者を成人と同じ条件で裁くのが適切であるかどうかは別として（私はそれには反対の立場だ）、この裁判官の考え方からは、特権（privilege）が裁判所の決定を左右するのが当たり前になっている状況が浮き彫りになった。この裁判官は、少年が友人に送ったメッセージは「十六歳がふざけて書いたもの」だとした。この事件と、ほかのいくつかの事件がきっかけとなり、ニュージャージー州の最高裁判所は、性的暴行事件を扱う裁判官に対する教育をおこなうことになったと発表した。[8]

だからトーマス刑事、あなたは間違っている。今では状況が改善しているなんて、私には思えないし、レイプサバイバーがしかるべき対応を受けられるようになったわけでもない。それどころか、事態は悪くなる一方のようだ。というのも、テクノロジーが発展したにもかかわらず、相変わらず性的暴行の捜査はおこなわれず、被害者はまともな対応をされていないからだ。不可解なことに、性犯罪の矮小化はずっと続いている。被害者が嘘をついているか、誘惑したか、誤解したか、なんでもないことなのに大げさに騒ぎ立てているだけではないか、ということばかりが注目される。申し立てを先の段階へと進めるのに、まず被害者が正直さと信頼性のテストに合格しなければならない重罪などほかにない——そしてこのまま状況が変わらなかったら、ほとんどの被害者はそのテストに合格できないだろう。

✣

性的暴行にまつわる話を次から次へと聞かされ、性犯罪の深刻さが公然と否定され、意味のある解決につながらない状況に、私たちの多くが憤慨し、うんざりしている。Me Too の別の事例、古いレイプキットから未解決事件の連続犯が判明したという別の話、警察がレイプ事件を捜査しないことを報じる別の記事、レイプの通報が事実無根と判断された割合が全国平均よりも高い別の都市、解決できたはずの事件の捜査がおこなわれなかったとして訴訟を起こした別の被害者、レイプ被害者に心を寄せると言うものの、被害者たちが改善を求めて闘っている法律について口先だけの約束をする別の政治家……。

私たちが集団で声を上げないかぎり、状況はほとんど何も変わらない。データの数値がわずかに上がったのは、何かが少しずつ変化していることの証だとよろこぶような段階から、先に進まなければならない。そんな変化はバックラッシュによってすぐに帳消しになるし、改善を無効化する法律も登場している。正義を考えるときに基本となるのが、誰が権力を持っているかということであってはならない。正義は、平等な保護を与える公正な法律によってこそもたらされるのだ。一九七〇年代や九〇年代、さらに最近レイプカルチャーについて書いた人たちが示した教訓を胸に刻まなければならない。レイプが軽視される原因を、社会に組み込まれたミソジニーのせいだとすること自体は重要ではなく、現実的でもない。法の下の平等を求めるだけでは足りない。私たちは声を上げ、レイプ被害者が無視されている状況を世間に広く知らせなければならない。

大学院に入ったばかりのころ、人は危機的状況に陥って混乱すると、問題の根本原因が見えなくなり、意味のある変化をもたらす解決策が思いつけなくなるという話を先生から聞いた。それはこういう話だった。ある男性が川辺を散歩していると、助けを呼ぶ声が聴こえてきた。声のするほうに駆けつけると、激しく流れる川で人が溺れているのが見えた。彼はその人を助けるために川に飛び込んだ。岸に着くころには二人とも疲れ果て、恐怖に震えていた。そのとき、また助けを求める声が聴こえた。別の人が川に落ちたのだ。一日中、彼は何人も助けた。夢中になって救助に当たっていた男性は、川にかかった橋が壊れていることに気づく余裕がなかった――。そう、性犯罪への対応を改善し、レイプの軽視を存続させている「レイプカルチャー」を変えるチャンスがあるとしたら、それは橋を直すことによってなのだ。

壊れている橋とはもちろん、女性への暴力を容認している社会のことだ。レイプが捜査され、訴追に至る割合が驚くほど低く、裁判まで進んでもほとんど有罪にはならないと示すデータに甘んじている現状のことだ。国中の都市でレイプキットが何十年も放置されている状況が途方もない努力によって明るみに出て、一定の改善につながるまでそのままにされていたという事実が、今も充分には知られていないことだ。レイプを矮小化する政治家、笑いものにするコメディアンと聴衆、そして、セクシュアル・ハラスメントと性的暴行が隠蔽され、加害者のキャリアに傷がつくことのない産業界全体のことだ。壊れている橋とはこれらすべてのことであり、ほかにもまだ数多くある。

✣

そして、サバイバーたちがいる。

あなたたちに言いたいことがある。あなたの事件は捜査されなかったかもしれない。あなたは事件を誰にも打ち明けていないかもしれない。暴力犯罪のせいで人生が不安定になり、以前のように仕事を続けられず、健全な人間関係を築けず、基本的な自分のケアすらできなくなったかもしれない。そして、まわりを見渡すたびに、自分が被害に遭った暴力やその後に起こったことに誰も関心を持ってくれないと、繰り返し気づかされていることだろう。

私たちの誰もが、過去の経験から逃れられない。それでも、その経験に見出す意味や、その後の選択を変えることならできる。私にとって、この本の執筆はまさにそういうことだった――これ以上耐えられない出来事に意味を見出し、それと向き合う行為だった。

あなたが被害を受けた犯罪は実際に起こったことであり、それは間違いなく犯罪だ。その犯罪があなたに及ぼす影響は、あなた自身についてはもちろん、あなたの性格上の欠点についても、何ひとつ語りはしない。

レイプやレイプサバイバーの体験を軽んじる人に抗議するために声を上げ、懸命に活動している人たちがいる。

あなたたちの多くと同じように、私の事件は捜査されず、解決にも至らなかった。私の身に起こったことは例外ではない。信じられないほどありふれた出来事だ。暴力と恐怖によって私はとてつもない影響を受けた。それなのに、捜査の担当者にしてみれば、そんなことはほとんど取るに足らないことだった。私は残りの人生を、こんな現実を変えるために使うことにしている。あなたが自分にもできると思ったら、可能な方法で、準備ができたと思えたときに、力を貸してほしい。

私が絶望していたときに妻がかけてくれた言葉をもう一度紹介しよう。「あなたは狂ってなんかいない。狂っているのは、あなたが経験した出来事のほう」。記憶の洪水に襲われて、恐怖を感じるという正常な反応が出たとしても、自分を責めなくていい。私たち自身とレイプの物語は、別なのだ。その物語は、この先にまだよろこびが待ち受けている豊かな人生のほんの一部にすぎない。

自分の経験が軽んじられ、沈黙させられる状況を拒否するサバイバーたちが増えている。

そう、私たちは声を上げ、変化を要求するのだ。

注記

本書には三十五年間の出来事が書かれている。多くの事例について、友人、家族、同僚に、記憶している出来事や会話が間違っていないか確認した。

できるだけありのままに思い出すようにし、正確だと信じているが、本書の記憶や観点は私個人のものだ。氏名や細かい点には一部変更を加えてある。本書に登場し、経験を共有してくれた人たちに感謝を伝えたい。

私が過去を乗り越え、生き延びることができたのは、その名前をすべてここに挙げることができない大勢の人たちのおかげにほかならない。

謝辞

本書は長い時間をかけて形になったものです。その間の支援に対して感謝を伝えるべき人は大勢います。万が一お名前が漏れていたとしても、深く感謝していることには変わらないとお断りしておきます。

一生に一度のチャンスを私に与え、終始作品の価値を信じ、励ましてくださったブリン・クラークとフラット・アイアン・ブックス社にお礼を申し上げます。ブリンはこの上なく思慮深い執筆のパートナーでした。この先もずっと感謝しています。理想のエージェントであり、本書出版のために尽力してくださったニッキー・リチェジンにもお礼を申し上げます。ウェンディ・シャーマン・アソシエート社にも感謝を捧げます。リテラシー・マネジメント社とシュリーズ・フィッシャーにもお世話になりました。宣伝担当のアメリア・ポサンザは素晴らしい仕事をしてくださいました。編集者のエリザベス・カタラーノ、コピーエディターのアンジェラ・ギブソンは本書をよりよいものにする手助けをしてくださいました。フラット・アイアン・ブックスのチーム全体に感謝を捧げます。

マクダウェル・アーティスト・コロニーとラグデール・コミュニティにもお礼を申し上げます。本書の執筆初期に場所、時間、おいしい食事を提供してくださっただけでなく、そこで才能あふれる素晴らしいアーティストたちにも会うことができました。

私の作品の価値を信じ、支援してくださったアメリカ最古のフェミニスト助成団体、バーバラ・デミング記念基金と、同基金が何十年にもわたり支援してきたすべてのプロジェクトに感謝を捧げます。

駆け出しの作家のために、回想録執筆のための「メモワール・インキュベーター」という講座を開いてくださった、ボストンが誇るライティング・センター、グラブストリートにも感謝を。お世話になった先生であり相談相手、そして才能ある作家のアレックス・マルザノ・レズネヴィクは、私の本やクラスメイトの作品の価値を信じ続けてくださいました。

私の相談相手になってくれた人たちに。初期の原稿を読み、意見を伝えてくれ、ずっと友達でいてくれる、定評ある作家、アリソン・スミス。ラグデールで一緒にアフタヌーン・ティーとチョコレートを楽しみながら、ありきたりな内容では良い作品にならないということを思い出させてくれたオナー・ムーア。彼女と素晴らしい話、すぐれた知性、友情を分かち合えたことに。メモワール・インキュベーター受講中に定期的に会っていたプリシラ・カトラー・バーゴインは話し相手になり、私を励ましてくれました。

私の最初の執筆の先生であり、生涯の友人で姉も同然のエミー・ノヴィクに。エミーとともに、いちばん必要としていたときに家を提供してくれた大切な友人のスティーヴ・ゴールドスタインに。

メモワール・インキュベーターのクラスメイト、ジータ・ブラウン、アリシア・グーギンズ、アナンダ・ロウ、ジェイ・モスコウィッツ、ゲイル・ナスタシア、キャサリン・オニール、クリスティン・ポールソン・ウェン、ララ・ペリグリネリ、マイク・シナートに。才能あふれるみなさんを尊敬しています。このクラスからは過去数年間に素晴らしいエッセイがいくつか出版されており、今後も出版予定です。また、ボストン市内でノンフィクションの朗読会も始まっています。クラスのみなさんの、本書が完成するまでの支援と励ましに感謝を捧げます。

調査の手助けをしてくれた同僚に。デイヴィッド・ヘメンウェイ、リサ・ラシャンス、ペギー・バレット、ジャネット・ヤッセン、カーロ・ウン。

原稿を読んでくれ、一部を読み上げるのに耳を傾け、励まし続けてくれた親愛なる友人たちに。リース・ブロディ、ジュリー・ルーベン、リサ・ロヴェット、ジュリー・ロス、レジーナ・コラーロ、ヴァネッサ・ブリット、ステイシー・スパーリング、ローラ・ギレンウォーター、マルシア・ヒューベルバンク、キャサリン・ガスリー、エイミー・マン、ジャネット・サリヴァン、テレサとティム・ガーヴィン、ベスとマリアン・ラドウィッグ、スーザン・マホニー、グレース・タルサン、アリシア・アヴォット、マデリン・ロッシ、スーザンとキャシー・ゴーマン、ノーマ・ゴーマン。本書の執筆が進むあいだ、関心を寄せてくれた私の子どもたちの友人にも。

写真撮影を担当してくれた、優しい友人のアロンソ・ニコルスに。

参考文献で助けてくれ、素晴らしい仕事をしてくれたハンナ・ケントに。

支援活動にかかわるなかで出会った友人や仲間に――ミーガン・イボス、ジュリー・ディール・ウェイル、キャロル・バート、ヘレナ・ラザロ、ロバートとデビー・スミス、エイミー・ロバーツ、ジョニー・チェスク、キャロル・ディラード、ナターシャ・アレクセンコ、スーザン・ケンドリック・シューネマン、イヴォンヌ・ポインター、そのほか多くの人たちに。

私のために奔走してくれたベッカ・オコナーとイルセ・ネクトに。

イヴォンヌ・エイブラハム、ニック・クリストフ、ケヴィン・ロススタイン、カレン・アンダーソン、そのほか本書を宣伝してくれたジャーナリストに。

私が携わる活動が素晴らしいものだとアニタ・ヒルが認めてくれたおかげで、私は活動の重要性に気づけました。権力を前にして、毅然とした態度で真実を話す先駆けとなった彼女に心から敬意を表します。

本書を執筆して、サバイバーとして声を上げるよう励ましてくれた、タフツ大学の同僚たちに。

姉のジュディ、バー伯母さん、マーレーン伯母さん、母の記憶に。私たち家族のことを大切に思ってくれる、すべての愛する人に。支援と愛を送ってくれたリア・ケント、キム・マイルス、アラン・ガーニック、ジェフ・ヒラー、デニス・ヒラー・ウェレンバーグ、エレーヌ・ヒラー・ラマーズに。

そして、最後に私の素晴らしい家族、メアリー、ベッカ、ベンに。私が大切にしているすべてのものに、そして家族の一員として愛してきたすべての犬たちに。あなたたちのことは、言葉では言い尽くせないほど愛しています。

本書の内容の一部を改稿前に掲載してくれた文芸誌やアンソロジーに心からの感謝を。文芸誌の『レフト・フックス』、『バーニングワード・プレス』、『ガートルード・プレス』、『アナトミー・オブ・サイエンス』、そして『ワードピース』に。本書の執筆を温かく見守り、評価してくれたことは、私にとってはかけがえのないことでした。

寄稿　牧野雅子

　今、日本では、刑法の性犯罪規定の改正を求めて、被害当事者や支援者が声を上げている。それは、性暴力事件を適切に犯罪として扱うようにとの要望であり、多くの性暴力が犯罪とみなされていない現実への異議申し立てだ。本書のタイトルともなっている問い「レイプは本当に犯罪ですか？」は、この社会が突きつけられている問いと通じるものがある。

　性暴力事件がネットニュースで配信されると、コメント欄には、そんなところに行った被害者も悪いとか、ハニートラップだったのではないかとか、性犯罪には冤罪も多いとかの、加害／被害を矮小化し、被害者をバッシングするコメントが書き込まれる。それらは被害当事者にとって、この事件は犯罪だとは認めない、あなたを被害者だと認めないという主張と同義だ。

　日本は治安がよい国だと言われることがある。その理由の一つに、性犯罪の発生件数や発生率の低さがあげられる。国連薬物・犯罪事務所（ＵＮＯＤＣ）のデータによると、二〇一七年の日本の性暴力発生件数は六千九百十八件で、人口十万人あたりの発生件数である発生率は五・四。同年のフランスでは、発生は四万一千五百八十七件、発生率は六十四・一、イギリスは、十六万六千百四件、二百四十八・九である（『令和三年版犯罪白書』二十四頁）。しかし、日本の性暴力発生件数として計上されているのは、強制性交等と強制わいせつの認知件数を合計したもので、身近な性暴力である痴漢や盗撮、その他の性的犯罪の件数は含まれておらず、性的被害の実情を反映しているとは言いがたい。その上、認知件数自体が、実情を反映していないとしたら？　性犯罪は暗数の多い事件である。被害申告に赴く当事者が少ないというだけでなく、事件として認めてもらえないケースが少なくないことも指摘されている。

性暴力事件の多くは、既知の関係間で起こる。そしてそれらは、性犯罪とはみなされにくい。わたしは、性暴力の問題を研究していることもあって、当事者の方から話をうかがう機会があり、被害に遭ったと警察に行ったのに、証拠がないとか、刑法に定められているような暴行・脅迫が認められないとかの理由で、事件にはならないと言われたという話をしばしば聞く。どれも、上司や知人からの被害で、対応にあたった警察官が、「よくあることです」と気の毒そうに言うのもお決まりだ。

「よくあること」。それを言えば、目の前の当事者は、この被害は特別なことじゃないと納得し、みんな同じようなことを経験しているんだと気が楽になるとでも思っているのだろうか。自分の意思に反して性的な行為を強いられることが「よくあること」だから被害届を受理してもらえないのならば、多発している犯罪はどれもこれもよくあることだからという理由で、摘発を逃れられるのだろうか。そんなわけはない。「よくあること」であれば、そうした事件に対応する捜査担当者は経験を積み、捜査技術を磨き、知見を重ねているはずではないのか。当事者に負担をかけない捜査手法が練られていくはずではないのか。「よくあること」にしないために。なのに、「よくあること」だからといって、被害者が被害の申し立てをすることを諦めさせられてしまう。そして、被害が届けられなければそれは事件としては扱われず、なかったことにされてしまう。まるで、被害を申し立てなければ犯罪ではないかのように。

二〇一九年三月に相次いだ性犯罪無罪判決では、暴行・脅迫されて被害者がそれに抵抗したと裁判官に認められないと、十代の実の娘に対する性虐待であっても、加害者は処罰されないという現在の性犯罪規定の問題があらわになった。そう、犯罪とはみなされなかったのだ。この事件は、のちに高裁で逆転有罪判決が出たものの、以後も、性犯罪事件の無罪判決はたびたび報道され、判決を疑問視する声が上がっている。

✣

性暴力事件は、被害者の問題として語られることがあまりにも多い。性暴力を防止するためにとられる対策は、被害者になり得る人に対して、自衛するように仕向けるものだ。あるいは、被害を届けるべきであると鼓舞するものだ。だが、性暴力は被害者の問題なのだろうか。

性犯罪裁判では加害者ではなく被害者が裁かれるのだと言われ続けてきた。事情聴取という名の被害者の「取調べ」では、なぜそこに行ったのか、なぜ抵抗しなかったのか、なぜ被害後すぐに届け出なかったのか、なぜそんな服を着ていたのか、と、問いは被害者に向けられる。

あなたを責めているわけではない、そうしなかった理由を訊いているだけだ、と捜査員たちが言ったとしても、被害者への敬意を欠いているその言動や眼差しが、問いの意味を如実に物語る。被害者の職業や年齢、外見、加害者との関係などが問題になると、それによって、被害が軽いと思われたり、ときには被害とは認められなかったりする。

そもそも、二十数年前まで、刑事司法手続き上、犯罪被害者は存在しなかった。もちろん、被害者のいる犯罪は多く起こっていて、命を奪われたり、傷を負わされたり、強姦された被害者はいたのだし、「被害届」という書類も存在した。しかし、かつて被害者は刑事手続き上、犯罪を証明するための人的証拠として扱われており、法によって保護され配慮されるべき存在だとはみなされていなかったのだった。捜査や裁判からも蚊帳の外であり、事件の当事者であるにもかかわらず、被害者は、司法手続きから疎外されていたのだ。事情聴取や証拠収集などの捜査における配慮が必要だとみなされてこなかったのも、そのためだ。刑事手続きによって受ける二次被害を防止し、被害者として配慮・保護される対策が取られるようになったのは、それほど古い話ではない。

性暴力被害当事者にとっては、二次被害も事件の一部であり、性暴力だ。本書にもあるように、捜査機関が何をしたか／しなかったかは、被害当事者の人生に大きな影響を及ぼす。捜査員にとっては、何十年もの警察官人生で扱った何百件もの事件の一つに過ぎず、覚えてすらいない「取るに足りない」事件であったとしても、当事者にとっては、そうではない。通報の電話での対応、現場検証時の捜査員の振る舞い、事情聴取を受けるために赴いた警察署で担当者が来るまで待つベンチで耳にした署員同士の会話。

ＳＮＳなどでたびたび指摘されているように、性暴力被害者が刑事司法手続きのなかでどんなふうに扱われてきたかを記すことは、保護や支援が必要な被害者に、被害を届けるとこんな目に遭う、それならば黙っていたほうがまし、というメッセージとして伝わってしまう危険性があることは確かだ。だが、二次被害を受ける可能性があることを知りながら、被害申告をするよう勧めるのは、二次加害という性暴力に加担することである。本書でも述べられているように、非難されるべきは刑事手続きを担当する機関であり、必要なのは、被害者が安心して被害申告ができるようなシステムに改善することなのだから。

✣

本書を読んで、著者の姿勢に力づけられると同時に、そんな責任を負う必要なんてないのに、とも思う。本来やらなければならない人たちはほかにいるのに、と。でも、彼らに自ら変わってくれるのを期待することはできないのは明白だ。著者の姿勢は、今、日本で性暴力被害当事者たちが、性暴力に甘い社会は自分たちの世代で終わらせようと、声を上げている姿と重なる。二〇一九年四月に始まり全国に広まった性暴力に抗するフラワーデモもその一つだ。今やらなければ、この問題は繰り返されて、同じ思いをする人たちが出てきてしまう。変えなければ。もう、終わりにしなければ。

本書の終わりに記されているサバイバーへのメッセージでは、決して甘い見通しが語られているわけではない。何より、これまで本書を読んできた読者には、よく分かっている。それでも、受けた性暴力被害を「それは間違いなく犯罪だ」と言ってくれる人がいることが、どれほど心強いことか。そして著者は、「私は残りの人生を、こんな現実を変えるために使うことにしている。あなたが自分にもできると思ったら、可能な方法で、準備ができたと思えたときに、力を貸してほしい」と呼び掛ける。わたしは喜んで、それに加わるつもりだ。

（社会学・ジェンダー研究）

index.html.

[5] Alia E. Dastagir, "A Bus Driver Rapes, a Man Keeps Girl Captive and Neither Are Going to Prison," *USA Today*, May. 3, 2019, https://www.usatoday.com/story/news/nation/2019/05/03/bus-driver-shane-pinche-wont-go-prison-rape-hes-not-alone/3653181002/.

[6] Casey Quackenbush, "'You Have to Look at the Way She Was Dressed.' Ireland Protests After Lawyer Cites a Thong as Consent," *Time*, Nov. 16, 2018, https://time.com/5456712/ireland-thong-rape-case-protests/.

[7] Elisha Fieldstadt, "New Jersey Judge Spared Teen Rape Suspect Because He Came from a Good Family," NBC News, Jul. 3, 2019, https://www.nbcnews.com/news/us-news/n-j-judge-spared-teen-rape-suspect-because-he-came-n1026111.

[8] Luis Ferré-Sadurní and Nick Corasaniti, "Rape Case Judge Resigns Over 'Good Family' Remark; State Orders Training," *New York Times*, Jul. 17, 2019, https://www.nytimes.com/2019/07/17/nyregion/judge-james-troiano-resigning.html.

untested-rape-kits/94690462/.

[21] Brian Ballou and Andrea Estes, "'It's My Fault, I Messed Up Bad,' Chemist Says: State Police Report Admission of Improper Testing, Altering Results," *Boston Globe*, Sept. 27, 2012, https://www.newspapers.com/newspage/444242996/.

十三章　面会

[1] Sarah Snyder, "A Series of Rapes Alarms Allston-Brighton."

十四章　結末

[1] Virginia Woolf, *The Waves* (Wordsworth Edition Limited, 2000) 14.〔ヴァージニア・ウルフ『波』川本静子訳、みすず書房など複数の翻訳あり〕

[2] Valeriya Safronova and Rebecca Halleck, "These Rape Victims Had to Sue to Get the Police to Investigate," *New York Times*, May. 23, 2019, https://www.nytimes.com/2019/05/23/us/rape-victims-kits-police-departments.html.

[3] *An Investigation of NYPD's Special Victims Division — Adult Sex Crimes*, The City of New York, Department of Investigation, Mar. 27, 2018, https://www1.nyc.gov/assets/doi/reports/pdf/2018/Mar/SVDReport_32718.pdf.

[4] Robert Lewis, "NYPD Misled Public About Response to #MeToo: Report," WNYC News, March. 27, 2018, https://www.wnyc.org/story/nypd-misled-public-about-response-metoo-report/.

[5] Yvonne Abraham, "After Night of Terror, and Years of Anguish, She Finds Meaning," *Boston Globe*, Mar. 22, 2015, https://www.bostonglobe.com/metro/2015/03/21/after-night-terror-and-years-anguish-she-finds-meaning/PBdZmtjFqxtqlaRNDUmmSP/story.html.

[6] Laura Crimaldi and John R. Ellement, "No Bail for Sex Offender Charged in S. End Assault," *Boston Globe*, Oct. 12, 2016, https://www.bostonglobe.com/metro/2016/10/12/arrest-made-south-end-home-invasion-sexual-assault-two-people/N16mSiyyCsVRtgnBd0HyuK/story.html.

第三部　提言

[1] Kim Elsesser, "The Latest Consequences of #MeToo: Not Hiring Women,"*Forbes*, Sept. 5, 2019, https://www.forbes.com/sites/kimelsesser/2019/09/05/the-latest-consequence-of-metoo-not-hiring-women/?sh=16c3f2e6280b.

[2] Jeremy Diamond, "Trump Says It's a 'Very Scary Time for Young Men in America,'" CNN, Oct. 2, 2018, https://edition.cnn.com/2018/10/02/politics/trump-scary-time-for-young-men metoo/index.html.

[3] Adam Clark Estes, "CNN's Not the Only One Peddling Sympathy for the Steubenville Rapists,"*Atlantic*, Mar. 18, 2013, https://www.theatlantic.com/national/archive/2013/03/cnns-not-only-one-peddling-sympathy-steubenville-rapists/317249/.

[4] Ashley Forest, "Montana Teacher — Initially Given 31 Days in Rape of Student — Now Gets 10 Years," CNN, Sept. 29, 2014, https://edition.cnn.com/2014/09/26/justice/montana-rape-sentence/

insufficient-police-budgets-but-instead-a-failure-to-investigate-rape/.

[5] Corey Rayburn Yung, “Rape Law Gatekeeping,” *Boston College Law Review* 205 (Aug. 12, 2017): 208.

[6] Anna Clark, “Crowdfunders Say Solving Rape Cases Is Good for Business,” *Next City*, Mar. 26, 2015, https://nextcity.org/urbanist-news/crowdfunding-rape-kits-detroit-ups-solve-cases-economics.

[7] The Justice for All Act, Apr. 2016, U.S. Department of Justice, Office of Justice Programs, Office for Victims of Crime, https://www.ovc.gov/publications/factshts/justforall/content.html.

[8] “Profiles in DNA: Debbie Smith, Founder of H-E-A-R-T and Sexual Assault Survivor,” National Center for Victims of Crimes, https://victimsofcrime.org/profiles/debbie-smith/.

[9] Sofia Resnick, “Rape Kits: A Decade and a Billion Dollars Later, Why Can't We Fix the Backlog?” *ReWire News*, May 19, 2015, https://rewirenewsgroup.com/article/2015/05/19/rape-kits-decade-billion-dollars-later-cant-fix-backlog/.

[10] Tom Jackman, “Advocates Implore Congress to Reauthorize Funds for Backlogged DNA Rape Kits Before Sept. 30 Expiration,” *Washington Post*, Sept. 7, 2019.

[11] Ulloa, “Lack of Funding Leads to Backlogged Rape Kits.”

[12] “Testing Justice: The Rape Kit Backlog in Los Angeles City and County,” Human Rights Watch, Mar. 31, 2009, https://www.hrw.org/report/2009/03/31/testing-justice/rape-kit-backlog-los-angeles-city-and-county.

[13] Diane Dimond, “The Rapist in the Freezer,” *Huffington Post*, Dec. 18, 2008, updated May 25, 2011, https://www.huffpost.com/entry/the-rapist-in-the-freezer_b_144087.

[14] Ralph Blumenthal, “The Dangerous Rise in Untested Rape Kits,” *Marie Claire*, Aug. 10, 2010, https://www.marieclaire.com/sex-love/advice/a5101/rise-in-untested-rape-kits/.

[15] “I Used to Think the Law Would Protect Me: Illinois's Failure to Test Rape Kits,” Human Rights Watch, Jul. 7, 2010, https://www.hrw.org/report/2010/07/07/i-used-think-law-would-protect-me/illinoiss-failure-test-rape-kits.

[16] Brandi Grissom, “Testing the Evidence,” *Texas Tribune*, Jan. 28, 2011, https://www.texastribune.org/2011/01/28/thousands-of-texas-rape-kits-never-tested/.

[17] Nicholas Kristof, “Want a Real Reason to Be Outraged?” *New York Times*, Oct. 27, 2012, https://www.nytimes.com/2012/10/28/opinion/sunday/kristof-Outrageous-Policies-Toward-Rape-Victims.html.

[18] Jessica Contrera, “A Wrenching Dilemma,” *Washington Post*, Feb. 20, 2018, https://www.washingtonpost.com/news/style/wp/2018/02/20/feature/decades-worth-of-rape-kits-are-finally-being-tested-no-one-can-agree-on-what-to-do-next/.

[19] Madeleine Carlisle, “A New System to Ensure Sexual Assault Cases Aren't Forgotten — More States Are Adopting Software That Allows Sexual-Assault Survivors to Track Their Evidence Kits,” *The Atlantic*, Apr. 7, 2019, https://www.theatlantic.com/politics/archive/2019/04/many-states-are-adopting-rape-kit-tracking-systems/586531/.

[20] Jon Campbell, “New NY Law Requires Timely Rape Kit Testing,”*Democrat and Chronicle*, Nov. 30, 2016, https://www.democratandchronicle.com/story/news/politics/albany/2016/11/30/ny-

[3] Jung, "Sexual Assault Unit Introduced to Help Curb Rape in Boston."
[4] "Felonies Overall Are Down 13.5% in Boston; Murders Up Sharply," *Boston Globe*, Sept. 4, 1984.
[5] Sarah Snyder, "As Rate Climbs, Boston Seeks Ways to Fight Rape," *Boston Globe*, Apr. 1, 1985.
[6] Kevin Cullen, "Some Say Hub Is Phasing Out Sex Crime Unit," *Boston Globe*, Feb. 23, 1989.
[7] Peter Howe, "Bowing to Protests, Boston Police to Restore Staff of Sexual Assault Unit," *Boston Globe*, Mar. 22, 1989.
[8] Russlynn Ali, Letter to Colleagues, United States, Department of Education, Office for Civil Rights, Apr. 4, 2011, Obama Whitehouse Archives, https://obamawhitehouse.archives.gov/sites/default/files/dear_colleague_sexual_violence.pdf.
[9] 同上. 5.
[10] FIRE Staff, "Frequently Asked Questions: OCR's April 4th 'Dear Colleague' Guidance Letter," Aug. 15, 2011, https://www.thefire.org/frequently-asked-questions-ocrs-april-4-dear-colleague-guidance-letter/.
[11] 2020年2月の時点で教育省から新たな指針は発表されておらず、現在調査中である。
[12] "Addressing Sexual and Relationship Violence: A Trauma-Informed Approach," American College Health Association, https://www.acha.org/documents/resources/Addressing_Sexual_and_Relationship_Violence_A_Trauma_Informed_Approach.pdf.
[13] Sofi Sinozich and Lynn Langton, "Special Report: Rape and Sexual Assault Victimization Among College-Age Females, 1995-2013," U.S. Department of Justice, Office of Justice Programs, Bureau of Justice Statistics, Dec 2014, https://bjs.ojp.gov/content/pub/pdf/rsavcaf9513.pdf.
[14] Courtney Ahrens, "Being Silenced: The Impact of Negative Social Reactions on the Disclosure of Rape," *American Journal of Community Psychology* 38 (2006): 264.
[15] この事例は研修用であって、実際の臨床事例に基づいたものではない。
[16] M. C. Black et al., *The National Intimate Partner and Sexual Violence Survey: 2010 Summary Report*, National Center for Injury Prevention and Control, Centers for Disease Control and Prevention, Nov 2011, https://www.cdc.gov/violenceprevention/pdf/nisvs_report2010-a.pdf.

十二章　円卓会議

[1] Nancy Kaffer, "Kaffer: 8 years into tests of abandoned rape kits, Worthy works for justice," Detroit Free Press, Dec. 17, 2017, https://www.freep.com/story/opinion/columnists/nancy-kaffer/2017/12/17/rape-kit-detroit /953083001/.
[2] Meghna Chakrabarti, "Rape Kits Often Go Untested for Decades," On Point, Mar. 5, 2018, https://www.wbur.org/onpoint/2018/03/05/untested-rape kit-backlog.
[3] Jazmine Ulloa, "Lack of Funding Leads to Backlogged Rape Kits," *Statesman*, Sept. 1, 2012, https://www.statesman.com/story/news/local/2012/09/01/lack-of-funding-leads-to-backlog-of-untested-rape-kits/9842295007/.
[4] Meaghan Ybos, "No Backlog: Why the Epidemic of Untested Rape Kits Is Not a Symbol of Insufficient Police Budgets but Instead a Failure to Investigate Rape," *Appeal*, Oct. 11, 2017, https://theappeal.org/no-backlog-why-the-epidemic-of-untested-rape-kits-is-not-a-symbol-of-

19.
[3] Walter V. Robinson, "Supporters Rip into Sex Allegations," *Boston Globe*, Oct. 13, 1991, 22.
[4] Julia Jacobs, "Anita Hill's Testimony and Other Key Moments from the Clarence Thomas Hearings," *New York Times*, Sept. 20, 2018, https://www.nytimes.com/2018/09/20/us/politics/anita-hill-testimony-clarence-thomas.html.
[5] David Brock, *The American Spectator*, Mar. 1992.
[6] Anita Hill, *Speaking Truth to Power* (New York: Anchor Books, 1998).〔アニタ・ヒル『権力に挑む――セクハラ被害と語る勇気』伊藤佳代子訳、信山社出版〕
[7] Thomas Burr, "Sen. Hatch Says Christine Blasey Ford Is 'Mistaken' in Accusing Supreme Court Nominee Brett Kavanaugh of Assault," *Salt Lake Tribune*, Sept. 18, 2018, https://www.sltrib.com/news/politics/2018/09/17/sen-hatch-says-christine/.
[8] Bianca Seidman and Dr. Jonathan Steinman, "Kavanaugh Accuser Christine Blasey Ford Describes Memory Science, Hippocampus in Emotional Senate Testimony," ABC News, Sept. 28, 2018, https://abcnews.go.com/US/kavanaugh-accuser-christine-blasey-ford-describes-memory-science/story?id=58122643.
[9] Andrew Glass, "Senate Confirms Thurgood Marshall, Aug. 30, 1967," *Politico*, Aug. 30, 2018, https://www.politico.com/story/2018/08/30/this-day-in-politics-aug-30-1967-797371.
[10] "David Hemenway," Harvard T. H. Chan School of Public Health, https://www.hsph.harvard.edu/david-hemenway/.
[11] "Violence Against Women: Relevance for Medical Practitioners," *Journal of the American Medical Association*, 267, no. 23 (1992): 3184-89, https://www.safetylit.org/citations/index.php?fuseaction=citations.viewdetails&citationIds[]=citjournalarticle_74010_2; Angela Browne, "Violence Against Women by Male Partners: Prevalence, Outcomes, and Policy Implications," *American Psychologist* 48, no. 10 (Oct 1993): 1077–87, https://doi.org/10.1037/0003-066X.48.10.1077.
[12] Herman, *Trauma and Recovery*, 206.

十章　心的外傷

[1] "Qualified Immunity," Cornell Law School Legal Information Institute, https://www.law.cornell.edu/wex/qualified_immunity.
[2] Leonard Shengold, *Soul Murder: The Effects of Childhood Abuse and Deprivation* (New York: Ballantine Books, 1991).〔レオナード・シェンゴールド『魂の殺害――虐待された子供の心理学』寺沢みづほ訳、青土社〕
[3] Howard Snyder, *Sexual Assault of Young Children as Reported to Law Enforcement: Victim, Incident, and Offender Characteristics*, U.S. Department of Justice, Office of Justice Programs, Bureau of Justice Statistics, July 2000, https://bjs.ojp.gov/content/pub/pdf/saycrle.pdf.

十一章　手紙

[1] "New Unit to Target Sexual Assault Cases," *Boston Globe*, May. 10, 1984.
[2] Sarah Snyder, "A Series of Rapes Alarms Allston-Brighton."

五章　恩寵

[1] Herman, *Trauma and Recovery*, 93.

六章　家

[1] Michael Planty et al., "Female Victims of Sexual Violence, 1994-2010," BJS Statistics, U.S. Department of Justice, Mar. 7, 2013, https://bjs.ojp.gov/content/pub/pdf/fvsv9410.pdf.

[2] Interview with Debbie Smith, Jun 2019.

第二部　調査

八章　未検査

[1] Andrea Estes, "Crime Lab Neglected 16,000 Cases: Evidence Was Never Analyzed, Probe Finds," *Boston Globe*, Jul. 15, 2007, http://archive.boston.com/news/local/articles/2007/07/15/crime_lab_neglected_16000_cases/.

[2] Jonathan Saltzman and John Ellement, "Crime Lab Mishandled DNA Results," *Boston Globe*, Jan. 13, 2007, http://archive.boston.com/news/local/articles/2007/01/13/crime_lab_mishandled_dna_results/.

[3] John Ellement, "Backlog at Crime Lab Is in Dispute," *Boston Globe*, Jul. 26, 2007, https://www.newspapers.com/newspage/443884859/.

[4] "Why Test Rape Kits After the Statute of Limitations Has Expired?" National Center for Victims of Crime, https://evawintl.org/wp-content/uploads/why-test-expired-kits.pdf.

[5] Ruby Gonzales, "Serial Rapist Sentenced to 25 Years for Pico Rivera Attack," *San Gabriel Valley Tribune*, May. 25, 2011, https://www.dailybulletin.com/2011/05/25/serial-rapist-sentenced-to-25-years-for-pico-rivera-attack/; Associated Press "Women Express Concern over Police Rape Kit Backlog, *Washington Post*, Mar. 19, 2012, https://www.washingtonpost.com/blogs/crime-scene/post/women-express%20-concern-over-police-rape-kit-backlogs/2012/03/19/gIQATVRhMS_blog.html.

[6] データベースの情報は以下のサイトで入手できる。https://www.fbi.gov/services/laboratory/biometric-analysis/codis.

[7] Dwight Adams, "Before the Senate Judiciary Committee on Crime and Drugs: Washington, D.C.," FBI Archives, May. 14, 2002, https://archives.fbi.gov/archives/news/testimony/the-fbis-codis-program.

[8] Brian Ballou, "State Crime Lab Still Behind on DNA Testing — but No Longer Focused on Reducing Backlog," *Boston Globe*, Nov. 27, 2009.

九章　不正義

[1] Edwin Chen and Douglas Frantz, "Thomas Denies Sex Harassment, Danforth Says," *Los Angeles Times*, Oct. 7, 1991, https://www.latimes.com/archives/la-xpm-1991-10-07-mn-77-story.html.

[2] Derrick Z. Jackson, "Now It's Thomas' Turn to Face the Cameras," *Boston Globe*, Oct. 9, 1991,

[4] Nisha Chittal, "Obama Delivers Sexual Assault Message at the Grammys: It Has to Stop," MSNBC, Feb. 9, 2015, https://www.msnbc.com/msnbc/obama-grammys-delivers-message-about-sexual-assault-msna524711.

[5] Catronia Harvey-Jenner, "President Obama Speaks Out Against Rape and Domestic Violence in a Video About the Grammys, *Cosmopolitan*, Feb. 9, 2015, https://www.cosmopolitan.com/uk/reports/news/a33312/barack-obama-grammys-speech-rape-domestic-violence/.

[6] Clover Hope, "President Obama Delivers Intense Grammys PSA on Domestic Abuse," *Jezebel*, Feb. 8, 2015, https://jezebel.com/president-obama-delivers-an-intense-grammys-psa-on-dome-1684590013.

[7] ジャネット・ヤッセンとの個人的なやりとり(2019年10月)。

[8] Sarah Snyder, "A Series of Rapes Alarms Allston-Brighton," *Boston Globe*, Jun. 26, 1984.

[9] Saher Esfandiari, "A Breakdown of Tarof in Iran, and How to Navigate It," Culture Trip, Feb 2018, https://theculturetrip.com/middle-east/iran/articles/breakdown-tarof-iran-navigate/.

四章　仕事

[1] ヘレナ・ラザロによる著者宛てのEメール(2019年1月3日)。

[2] ラヴィニア・マスターズによる著者宛てのEメール(2019年7月21日)。

[3] Cora Peterson et al., "Lifetime Economic Burden of Rape Among U.S. Adults," *American Journal of Preventive Medicine* 52, no. 6 (Jun 2017): 691-701, https://doi.org/10.1016/j.amepre.2016.11.014.

[4] Rebecca Loya, "Rape as an Economic Crime: The Impact of Sexual Violence on Survivors' Employment and Economic Well-Being," *Journal of Interpersonal Violence* 30, no. 16 (Oct 2015), https://doi.org/10.1177/0886260514554291.

[5] "Help for Victims," Office for Victims of Crime, https://ovc.ojp.gov/help-for-victims/help-in-your-state.

[6] Ashley Fantz, Sergio Hernandez, and Sonam Vashi, "Where Police Failed Rape Victims," CNN Investigates, Nov. 29, 2018, https://edition.cnn.com/interactive/2018/11/investigates/police-destroyed-rapekits/springfield.html.

[7] Spraya Chemaly, "How Police Still Fail Rape Victims," *Rolling Stone*, Aug. 16, 2016, https://www.rollingstone.com/culture/culture-features/how-police-still-fail-rape-victims-97782/.

[8] Jennifer Bjorhus, Brandon Stahl, and Maryjo Webster, "Police Overwhelmed and Undertrained,"*StarTribune*, Sept. 30, 2018, https://www.startribune.com/minnesota-police-undertrained-overwhelmed-by-rape-cases-denied-justice-part-four/488413351/.

[9] 犯罪被害者補償基金申請書。https://www.mass.gov/files/documents/2019/04/02/application%20for%20web%20040119.pdf.

[10] Judith Herman, *Trauma and Recovery: The Aftermath of Violence— From Domestic Abuse to Political Terror* (New York: Basic Books, 2015), 7.〔ジュディス・L・ハーマン『心的外傷と回復』中井久夫訳、みすず書房〕

[11] 同上, 8.

[11] Rick Jones and Cornelius Cornelssen, "Coerced Consent: Plea Bargaining, the Trial Penalty, and American Racism," *Federal Sentencing Reporter* 31, no. 4-5 (Apr/Jun 2019): 265-271.

[12] "Highest to Lowest—Prison Population Total," World Prison Brief, https://www.prisonstudies.org/highest-to-lowest/prison-population%20-total?field_region_taxonomy_tid=All.

[13] "The Criminal Justice System: Statistics," RAINN, https://www.rainn.org/statistics/criminal-justice-system.

[14] Department of Justice, Office of Justice Programs, Bureau of Justice Statistics, National Crime Victimization Survey, 2010-16 (2017); Federal Bureau of Investigation, National Incident-Based Reporting System, 2012-16 (2017); Department of Justice, Office of Justice Programs, Bureau of Justice Statistics, Felony Defendants in Large Urban Counties, 2009 (2013). RAINNのホームページにあるように、「統計は複数の連邦政府による報告書の情報をまとめたものだ。異なる手法による調査を合わせたものなので、科学的推定値ではなく概算にすぎない」〔統計情報は随時更新されているため、最新の状況が気になる読者はぜひRAINNのホームページにアクセスしてみてほしい〕

[15] Rachel Morgan and Barbara Oudekerk, "Criminal Victimization, 2018," BJS Statistics, U.S. Department of Justice, Sept 2019, https://bjs.ojp.gov/content/pub/pdf/cv18.pdf.

[16] Susan Milligan, "Sexual Assault Reports Spike in #MeToo Era," U.S. News and World Report, Dec. 27, 2018, https://www.usnews.com/news/national-news/articles/2018-12-27/sexual-assault-reports-spike-in-metoo-era.

[17] Kimberly Lonsway, Joanne Archambault, and David Lisak, "False Reports: Moving Beyond the Issue to Successfully Investigate and Prosecute Non-Stranger Sexual Assault," *The Voice by the American Prosecutors Research Institute* 3 (2009), 1-11, https://www.nsvrc.org/sites/default/files/publications/2018-10/Lisak-False-Reports-Moving-beyond.pdf; David Lisak et al., "False Allegations of Sexual Assault: An Analysis of Ten Years of Reported Cases," *Violence Against Women* 16, no. 12 (Dec. 2010): 1318-34, https://journals.sagepub.com/doi/10.1177/1077801210387747; Melanie Heenan and Suellen Murray, "Study of Reported Rapes in Victoria, 2000-2003: Summary Research Report," Office of Women's Policy, Department for Victorian Communities (Melbourne, Australia), https://www.ojp.gov/ncjrs/virtual-library/abstracts/study-reported-rapes-victoria-2000-2003-summary-research-report#additional-details-0.

[18] Bernice Yeung et al., "When It Comes to Rape, Just Because a Case Is Cleared Doesn't Mean It's Solved," *ProPublica*, Nov. 15, 2018, https://www.propublica.org/article/when-it-comes-to-rape-just-because-a-case-is-cleared-does-not-mean-solved.

[19] Cassia Spohn and Katharine Trellis, "Justice Denied?: The Exceptional Clearance of Rapes in Los Angeles County," *Albany Law Review*, Mar. 22, 2011, http://www.albanylawreview.org/Articles/Vol74_3/74.3.1379%20SPOHN.pdf.

[20] Lucy Perkins, "Pittsburgh Police Dismiss Nearly One-Third of Rape Cases as 'Unfounded,'" 90.5 WESA, May. 15, 2019, https://www.wesa.fm/identity-justice/2019-05-15/pittsburgh-police-dismiss-nearly-one-third-of-rape-cases-as-unfounded.

[21] Alex Campbell and Katie Baker, "This Police Department Tosses Aside Rape Reports When a Victim Doesn't Resist 'To the Best of Her Ability,'"*Buzzfeed News*, Sept. 8, 2016, https://www.

原注

はじめに

[1] "What Is Rape Culture?" WAVAW Rape Crisis Centre, Oct. 31, 2013, https://www.wavaw.ca/what-is-rape-culture/.

[2] Emilie Buchwald, Pamela R. Fletcher, and Martha Roth, *Transforming a Rape Culture* (Minneapolis: Milkweed Editions, 2005), preamble, xi.

[3] 例えば以下を参照。Roxane Gay, ed., *Not That Bad: Dispatches from Rape Culture* (New York: HaperCollins, 2018); James Hitchings-Hales, "Emma Watson Takes on Rape Culture in Bold Speech to the UN,"*Global Citizen*, Sept. 23, 2016, https://www.globalcitizen.org/en/content/emma-watson-rape-culture-heforshe-un/.

[4] くわしくは以下を参照。Susan Brownmiller, *Against Our Will: Men, Women and Rape* (New York: Simon and Schuster, 1975); Allie Conti, "A Brief and Depressing History of Rape Laws," *Vice*, Jun. 9, 2016, https://www.vice.com/en/article/9bkje5/for-context-heres-how-various-societies-punished-rapists.

[5] "Victims of Sexual Violence: Statistics," RAINN, https://www.rainn.org/statistics/victims-sexual-violence. 使用されたデータは国立司法研究所、疾病予防管理センターによる*Prevalence, Incidence and Consequences of Violence Against Women Survey* (1998)。性暴力は実態調査が難しいことで知られており、ひとつのデータだけで犯罪の全容を示すことはできない。レイプ・虐待・近親姦全米ネットワーク（RAINN）のホームページにもあるように、調査では、「提示されたそれぞれの項目に対して最も信頼できる統計資料を選ぶようにし、読者にもとのソースを示した。調査で使われた一次データのソースは、司法省が毎年おこなっている全国犯罪被害調査である」。

[6] David Cantor, Bonnie Fisher, Susan Chibnall, Reanna Townsend, et. al. Association of American Universities (AAU), Report on the AAU Campus Climate Survey on Sexual Assault and Sexual Misconduct (September 21, 2015).

[7] Asha DuMonthier, Chandra Childers, and Jessica Milli, "The Status of Black Women in the United States," Institute for Women's Policy Research, chapter 6, "Violence and Safety," June. 26, 2017.

[8] Elizabeth Kennedy, "Victim Race and Rape," Feminist Sexual Ethics Project, Brandeis University, Sept. 26, 2003, https://www.brandeis.edu/projects/fse/slavery/united-states/kennedy.html.

[9] Chelsea Hale and Meghan Matt, "The Intersection of Race and Rape Viewed through the Prism of a Modern-Day Emmett Till," American Bar Association, Jul. 16, 2019, https://www.americanbar.org/groups/litigation/committees/diversity-inclusion/articles/2019/summer2019-intersection-of-race-and-rape/.

[10] Samuel R. Gross, Maurice Possley, and Klara Stephens, *Race and Wrongful Conviction in the United States*, National Registry on Exonerations (Newkirk Center for Science and Society, University of California, Irvine, Mar. 7, 2017), 12-13.

著者

ミシェル・バウドラー

Michelle Boudler

タフツ大学でヘルス&ウェルネス部門の責任者を務める。ハーバード公衆衛生大学院修了後は、レイプにかかわる社会正義の問題に取り組む活動に長年携わる。二〇一七年にバーバラ・デミング記念賞受賞。ラグデール・コミュニティとマクダウェル・アーティスト・コロニーのフェロー。ニューヨーク・タイムズ紙の寄稿者であり、エッセイ「いつかは子どもたちに話すときが来る（Eventually You Tell Your Kids）」、「ベイブローグ（Babelogue）」はプッシュカート賞候補となった。

訳者

竹内要江

Toshie Takeuchi

翻訳家。南山大学外国語学部英米科卒業。東京大学大学院総合文化研究科比較文学比較文化コース修士課程修了。訳書に『何もしない』（早川書房）、『レバノンから来た能楽師の妻』（岩波新書）、『デカメロン・プロジェクト　パンデミックから生まれた29の物語』（共訳、河出書房新社）、『ウェブスター辞書あるいは英語をめぐる冒険』（共訳、左右社）などがある。

翻訳協力

株式会社リベル

レイプは本当に犯罪ですか？

二〇二二年 九月一〇日 第一刷発行

著者 ミシェル・バウドラー
訳者 竹内要江
発行者 富澤凡子
発行所 柏書房株式会社
〒一一三-〇〇三三
東京都文京区本郷二-一五-一三
電話 〇三-三八三〇-一八九一 ［営業］
〇三-三八三〇-一八九四 ［編集］
装丁 木庭貴信＋角倉織音（オクターヴ）
組版 株式会社キャップス
印刷 壮光舎印刷株式会社
製本 株式会社ブックアート

ISBN978-4-7601-5463-0